Cómo superar el autosabotaje

books4pocket

Alyce Cornyn-Selby

Cómo superar
el autosabotaje

Traducción de Amelia Brito

EDICIONES URANO

Argentina - Chile - Colombia - España
Estados Unidos - México - Perú - Uruguay - Venezuela

Título original: *What's Your Sabotage?*
Copyright © 1999 by J. Alyce Cornyn-Selby

© de la traducción: Amelia Brito Astorga
© 2002 by Ediciones Urano
            Aribau, 142, pral. – 08036 Barcelona
            www.edicionesurano.com
            www.books4pocket.com

1ª edición en books4pocket octubre 2010

Diseño de la colección: Opalworks
Imagen de portada: Shutterstock
Diseño de portada: Jordi López

Impreso por Novoprint, S.A.
Energía 53
Sant Andreu de la Barca (Barcelona)

Fotocomposición: books4pocket

ISBN: 978-84-92801-62-6
Depósito legal: B-25.939-2010

Impreso en España – *Printed in Spain*

Índice

Índice

1

¿Qué demonios pasa aquí?

Cuando hacemos algo que no nos conviene lo sabemos, porque esa voz que reside dentro de nuestras cabezas es una criticona bastante vigilante. Siempre que nos aferramos a hábitos que no potencian nuestra vida, sólo nos robamos capacidad.

Sara Ban Breathnach, en Simple Abundance

Bienvenidos al creativo mundo del autosabotaje, al que a mí me gusta llamar «El fascinante arte de ser humanos». Es un mundo que se lo pondría difícil a Sherlock Holmes. Si te gusta el misterio, ¡bienvenido!

Garantía: después de esto la televisión será aburrida.

Autosabotaje es decir que queremos hacer algo y luego hacemos todo lo posible para que no ocurra.

Somos un misterio para nosotros mismos. No tenemos idea de por qué decimos que queremos bajar diez kilos mientras nos atiborramos de helado de crema con frutas y nueces. Ni de por qué decimos que queremos limpiar el garaje y 52 semanas después todavía no lo hemos limpiado.

El autosabotaje es difícil de solucionar, pero es infinitamente arreglable. No tiene por qué continuar. Después de leer este libro tendrás la opción de elegir.

No tener ninguna opción es una forma de esclavitud, aunque sea creada por nosotros. Esa falta de libertad, de no ser capaz de elegir un peso y luego conseguirlo, por ejemplo, es una frustración de alto octanaje.

«No logro tener las manos alejadas de los donuts.»

«No puedo quitarle las manos de encima a la residente.»

«No logro ganar dinero.»

«No logro organizarme.»

«No logro hacer durar una relación.»

«No puedo seguir en esto mucho tiempo más.»

Esto es estar arrinconados, y por nuestra propia conducta; es decir: «Tengo este lío y no logro dejar de hacer lo que me lía».

Autosabotaje es:

…Las resoluciones de Año Nuevo rotas antes del 1 de febrero.

…Prometer ponerse en forma, comprar el equipo de gimnasia y luego ver cómo se llena de polvo.

…Alquilar una cabaña en el bosque para escribir la Gran Novela y volver a casa sin haber escrito ni una línea.

…Quedarse atascado en el tráfico a las 22.45 del 30 de junio con toda la gente que este año volvió a dejar para última hora la declaración de renta.

…Tener un rimero de avisos de vencimientos de devolución de libros o facturas por pagar ya vencidos.

…Prometer controlarse en los gastos y no ver jamás una tarjeta de crédito en cero.

…Apuntarse a un curso universitario y no presentarse a las clases.

…Convocar a una reunión importante y «olvidarse» de invitar a las personas clave.

…Hablar de los problemas del colesterol y las calorías saboreando un Big Mac.

…Entablar y cambiar de relaciones como si fueran calcetines.

…Atender a clientes del trabajo secundario en la oficina del trabajo principal.

…Estar en dificultades económicas y comprarse joyas o instrumentos caros.

…Comprar los remedios recetados y no tomarlos nunca.

…Tener una colección de papeles y sobres especiales impresos y no escribir jamás una carta.

…Tener un armario lleno de aparatos o electrodomésticos en sus cajas o usados una sola vez.

…Prometerse aprender a bailar, a tocar la guitarra o a cantar «algún día».

…Recomenzar un nuevo plan de comidas y preparar una horneada de pasteles para otros, y luego tener que hacer otra horneada por haberse comido la primera.

…Pagar la inscripción en un club o asociación y luego no hacer nada con ella.

…Tener un montón de libros de autoayuda sin una sola arruga en el lomo (jamás abiertos).

…Armarse de libros y folletos de turismo para ir al extranjero y no sacar pasaporte.

…Dejar toallas mojadas en el suelo del cuarto de baño.

…Promesas no cumplidas a los hijos.

…Dejar caducar el seguro.

La pregunta no es: «¿Te haces sabotaje?», sino: «¿En qué te vas a sabotear hoy?».

Hay quienes dicen: «Esta conducta no es lógica», y yo digo: «Si predominara la lógica, los anuncios de publicidad parecerían informes jurídicos».

Lo creas o no, vas a descubrir un Muy Buen Motivo (una necesidad mayor) de tu misterioso comportamiento. Le encontrarás lógica. Cuando lo descubras (o «descifres el código»), tal vez te lleves un susto, pero te reirás. Tal vez sacudas la cabeza y digas «Demonios, qué increíble». Sentirás una especie de entrañable admiración por ti. Admirarás los eficientes mecanismos que te han llevado adonde estás, aunque esto sea tener 45 kilos de sobrepeso como tenía yo.

Ideé un sistema para derrotar el autosabotaje. Ha habido versiones Modelo T menos sofisticadas desde hace treinta años. Ahora tienes en tus manos la versión crucero aerodinámica, de combustión eficiente, que te llevará más rápido y cómodamente.

Durante más de quince años he enseñado este sistema a pilotos de combate de la Fuerza Aérea, presidentes de banco, bedeles e incluso agentes del FBI. Recorro todo Estados Unidos, Gran Bretaña, Canadá, hablando en congresos, convenciones y retiros para ejecutivos. Enseñar el sistema lleva un mínimo de una hora y media. La Escuela de Empresariales de la Universidad de Illinois ha llamado al programa «El único curso que podría cambiarte la vida». (Doy las gracias a todos los miles que me habéis visto dar el curso de Autosabotaje y luego me habéis contado las cosas increíbles que habéis hecho con él.)

Se me produce una pequeña reacción interna cuando leo u oigo: «¡Esto puede cambiar tu vida!». Mmmm, pienso, hay muchas cosas que no quiero que cambien. ¿Esto irá a cambiar esas cosas? Creo que es mucha audacia que alguien piense o escriba o diga que debo «cambiar mi vida». La verdad es que no quiero cambiar mi vida, lo que quiero es modificar algunos de mis comportamientos tontos. Sólo quiero marcarme un objetivo y luego hacer lo que hay que hacer para conseguirlo. Quiero decidir lo que deseo hacer (organizarme, limpiar el garaje, acabar de leer un libro, acabar de escribir un libro, ser fiel a un cónyuge, eliminar cosas, tomar clases de acordeón, lo que sea) y luego, sin tantos lamentos ni engatusamientos, hacer que ocurra. Quiero confiar en que cumpliré mis promesas a mí misma. Quiero decir en serio lo que me digo a mí misma. Quiero vivir una vida sencilla y en paz y Hacerlo. Claro que el resultado de esto sería que cambiaría mi vida.

¿Qué conduce a una persona que está a punto de alcanzar el éxito a pulsar el botón de autodestrucción? ¿Qué nos hace trabajar por quitarnos kilos y luego reponerlos? ¿Qué nos hace gastar dinero que no tenemos? ¿Qué nos hace ser el mayor y más difícil obstáculo que superar en la vida? ¿Por qué no estamos de nuestra parte? ¿Por qué somos nuestros peores enemigos?

«Conócete a ti mismo.»

Bueno, no llegamos con un manual de instrucciones bajo el brazo.

No conozco ninguna manera mejor de «conocerse a sí mismo» que el método esbozado en este libro. Te vas a tratar de tú a tú como nunca antes. Descubrirás que ha habido muchísima conversación en tu cabeza, pero nadie la ha estado escuchando. Ahora tienes la oportunidad de *influir en ti*, de decir que vas a hacer algo y luego hacerlo.

Utilizo este sistema para mantener el peso conseguido después de bajar 45 kilos, hacer mi declaración de renta a tiempo, acabar de hacer mis deberes y llevar mi negocio. He empleado este sistema como instrumento de administración, y para transformar un grupo de cuatro departamentos que estaban patas arriba en uno de los equipos de comunicación que más premios gana en Estados Unidos.

Y no carece de humor. Con frecuencia tendrás que reírte de lo que descubras, porque podrías sentirte como si hubieras ido a un cine, comprado la entrada y entrado a ver una película horrorosa, y de pronto te des cuenta de que con esa entrada puedes trasladarte a otro cine a ver una película que realmente te gusta.

Este libro te enseña a reconocer el sabotaje cuando lo veas, no en retrospectiva sino *mientras estás en él*. Harás ejercicios fáciles, cosas sencillas que pueden desatascarte, ayudarte a ser la persona organizada y satisfecha que crees deseas ser. En sólo unas cuantas páginas este libro puede ayudarte a transformar sólo esas partes de tu vida que deseas cambiar.

*Lo que **será** necesario:*
- creatividad
- disposición a ensanchar los límites del pensamiento tradicional

- capacidad de escuchar
- atención
- tiempo a solas

*Lo que **podría ser** necesario:*
- técnicas de negociación
- valentía
- compasión (capacidad de darse un descanso)

*Lo que **no será** necesario:*
- autoestima
- buena actitud

¿Se necesita autoestima para hacer a tiempo la declaración de renta?

¿Se necesita autoestima para comer un tomate en lugar de un donut?

Publicado en *20/20*: los presidiarios puntuaron más alto en tests de autoestima que los estudiantes universitarios. Un psicólogo de Oregón dijo: «Jamás ha habido un estudio que relacione la autoestima con la consecución».

«Alrededor del 46 por ciento de los alumnos de primer año de universidad tienen que tomar clases correctivas. Los estudiantes que lo hacen bien en el instituto suelen estar mal preparados para los trabajos universitarios. Motivo: para proteger su autoestima, a los alumnos se les dan ideas no realistas acerca de sus capacidades», dice Clifford Adelman, analista de investigación del Departamento de Educación.

Si lo pensamos, ¿es necesaria la autoestima para limpiar el garaje? ¿Para organizar la oficina? ¿Para llegar a tiempo?

Este libro no trata de la autoestima, trata de la acción. Trata de obtener lo que uno dice que desea. Puede que la vida sea más agradable si se tiene autoestima, pero para esto no se necesita.

¿Cómo cambian las personas? Las personas cambian cuando sirven a la verdadera necesidad de la voz que las refrena, que las obstaculiza; cuando comprenden que hay una necesidad mayor en su interior.

No creo que haya nada malo en ser gorda. Pero sí creo que hay algo malo si uno se siente infeliz por serlo. Y muchas personas se sienten desgraciadas por ser gordas.

Si te sientes totalmente feliz siendo gordo o gorda, ¡sé gordo/a!

Este libro es un instrumento para personas que desean dejar de ser desgraciadas en su vida, lograr resultados y satisfacer sus necesidades y deseos. Si estás gordo y te sientes feliz siéndolo, entonces estar delgado no es uno de tus objetivos. No es mi intención darte ningún objetivo. Estoy aquí para ayudarte a conseguir los objetivos que *tú te has propuesto*.

Si piensas como todos los demás, serás como todos los demás: limitado, despistado, incapaz de resolver el autosabotaje, falto de control y, como el 60 por ciento de los estadounidenses, estarás descontento con tu peso. Continúa pensando como piensas ahora y obtendrás los mismos resultados que has obtenido siempre.

«El mayor territorio sin explotar del mundo está bajo tu sombrero.» Vamos a usar tu cabeza para algo más que como una percha para sombreros. Cuando hayamos terminado, probablemente dirás: «Prefiero actuar con mi mente que sólo hacer cualquier cosa».

Dejar para después es, indiscutiblemente, la forma favorita número uno de autosabotaje

Si quieres dejar de aplazar las cosas, escribe un libro sobre el tema. Después de eso nadie te permitirá aplazar nada. Lo sé porque yo me convertí en la Suma Sacerdotisa de la Dilación (gracias por el título, Jerry) cuando escribí *The Time Sabotage: The Last Word in Overcoming Procrastination* [El sabotaje al tiempo: La última palabra en superación de la dilación], que antes se llamó: *Procrastinator's Success Kit* [Aperos para el éxito del tardón]. Sigue siendo el mejor libro sobre el tema de dejar para después: ese es el sabotaje a nuestro tiempo. Dejar para después es nuestra forma favorita de autosabotaje. Pero sólo es *una* forma.

Dado que escribí ese libro, solían acercárseme personas a decirme: «Ay, la dilación. Yo soy maestro en eso», y yo respondía con la pregunta: «¿Alguna vez se te ha estropeado el refrigerador y has dejado para después llamar al mecánico para que lo repare, digamos unos tres meses?». La respuesta siempre era la misma: «Ah, no, no, ¿quién haría eso?» Y yo decía: «Conozco a la persona que hizo eso. Él es el maestro en dilación. Los demás sólo pertenecemos a la categoría de aficionados».

El sistema para luchar con el aplazamiento o dilación y vencerlos es aplicable también a otros sabotajes, por ejemplo al peso, a las finanzas, a las relaciones. La gente usa el sistema para todo tipo de cosas. Yo también lo hice (muchas veces pensaba en las personas que comprarían un libro sobre la dilación y de inmediato se sentarían a leerlo; si uno es tardón de verdad, ¿no tiene que dejar envejecer el libro un tiempo sobre la mesilla de noche?).

A la gente le gusta oír historias de cómo otros han «descifrado el código» de su sabotaje, en parte para descubrir vidas paralelas y en parte porque es muy interesante. Comprender el comportamiento desconcertante de otros es algo maravilloso. Hace la vida menos confusa, menos estúpida, más comprensible.

El autosabotaje es como una tienda de comportamientos, y la dilación sólo es el departamento de producción. Hay muchísimo más ahí, y yo quería un libro sobre toda la tienda.

Me incentivó a escribir este libro observar a) a mi mejor amiga y b) al presidente de Estados Unidos, ambos casi autodestruyéndose simultáneamente ante mis ojos. Los dos casos eran frustrantes como para atontar la mente. En ambos casos todo el mundo centró la atención en los detalles del comportamiento (y hubo mucho de «¿Cómo pudo hacer eso? ¿Arriesgarse a eso?») en lugar de llamarlo por lo que era: autosabotaje. Y sin atender al sabotaje, ambas personas, lógicamente, están condenadas a repetirlo.

Mi amiga (que saboteaba su tiempo, su espacio, sus finanzas y su profesión) me envió un folleto de anuncio de un seminario. El título del seminario estaba en negrita: «Tratar eficazmente el comportamiento inaceptable del empleado», y mi amiga había escrito debajo: «Oye, ningún problema. Lo que a mí me iría bien sería cómo tratar mi comportamiento inaceptable».

Newsweek, agosto de 1988: «Una noche, Monica Lewinsky, veintidós años, le llevó una pizza (al presidente Bill Clinton). Allí, a la mortecina luz de 1995, Bill Clinton se las ingenió para echar a pique su presidencia; asegurarse un segundo periodo y paralizarlo; salvar su legado y ensuciarlo».

El presidente de Estados Unidos procedió a tener «relaciones sexuales de cierto tipo» con una becaria de la Casa Blanca y luego, en los meses y años siguientes, evidentemente mintió a su familia, a sus amigos, a los abogados, a los investigadores, a los colegas y a la prensa respecto al asunto. En otro artículo del *Newsweek* leemos: «Clinton está luchando por rescatar su reputación de sí mismo».

Esa es una definición lo más exacta posible de autosabotaje.

El comportamiento en sí no me interesa tanto como el hecho de que fue autosabotaje sin la menor duda, tanto en el caso de mi amiga como en el del presidente.

El hecho de que el líder más poderoso del mundo saboteara su puesto de trabajo me impresionó más que las manchas en el traje, las conversaciones sexuales por teléfono y los cigarros. Esas cosas son los arreos del comportamiento; son gráficas y buen pienso para la prensa, pero en último término no bastan para justificar un castigo oficial. Lo que es mucho más grave, es que el sabotaje causante de estos fiascos ha quedado, evidentemente, «sin tratar». Las motivaciones subyacentes siguen ahí, y activas.

Me citan en el *USA Today*: «La revista *Times* dice: "En 1992 Clinton triunfó pese a todos los factores en contra, cuando prometió comportarse y los estadounidenses le creyeron. Desde entonces sabía que otro escándalo sexual podría acabar con él, y sin embargo ha arriesgado su presidencia en un imprudente amorío". Durante más de quince años he escrito y hablado muchísimo sobre el tema del autosabotaje. Ahora Clinton es la ilustración gráfica de este fenómeno conductual.

»Cualquier marido mariposón del país habría llevado mejor una aventura. Teniendo todo por perder, Clinton eligió a la peor pareja posible para esta aventura, dejó mensajes telefónicos sabiendo que serían grabados, la abrazó en público, le hizo regalos y recibió regalos de ella, y se encontró con ella en la Casa Blanca, sabiendo que se registran los nombres de todos los visitantes.

»¿No está claro a estas alturas que aquí tenemos un problema más serio? Está saboteando su presidencia, su trabajo. Después de prometer que no volvería a hacerlo, y llevando la vida más pública que un ciudadano puede llevar, eligió por compañera de juego a una persona que colecciona fluidos corporales y recuerdos.

»Este horror nacional es el clásico caso de autosabotaje. Cuando te han apodado "el Chico del Retorno", tienes que vivir creando cosas de las cuales retornar. Me produce inquietud despertar sabiendo que mi país está dirigido por una persona que sabotea su carrera. Deberíamos agradecer que haya elegido el sexo por método, y no algo que involucre la seguridad nacional.

»Me temo que, a menos que Clinton descubra el origen de su sabotaje, continúe haciéndolo, y que la próxima vez pueda ser algo peor que un "escarceo" sexual. Los terapeutas profesionales tratan a personas como Clinton todos los días. Su imprudencia nos hace a todos vulnerables, y es evidente que necesita ayuda profesional.»

De pronto mis palabras se transmitieron por 70 emisoras de radio del país, y las personas que las oyeron o leyeron me dieron la razón. En el *New York Times* sugerí que en la Casa Blanca se pusiera una lista de 10 puntos llamada «Adulterio 101», para los futuros presidentes. Esta es una sencilla guía que la mayoría de los estadounidenses conocen, acerca de cómo tener una aventura extraconyugal sin involucrar al resto del país. El sentido común, como siempre, es cualquier cosa menos común.

Leslie Stahl lo expresó muy bien en una entrevista en *Modern Maturity*: «Esto es como una tragedia griega. Tantas promesas. Es como si Clinton pensara que no se merece que las cosas le vayan bien y necesitara estropearlas. O bien otra interpretación: que no es capaz de disfrutar de la vida a no ser que entrañe peligro».

Esto deja más bien pálida la dilación en la presentación de la declaración de renta, ¿verdad? Sin duda has saboteado tu peso y te has excedido con tu tarjeta de crédito unas cuantas veces, pero, comparado con ciertas personas, eres un genio motivado.

Si te apetece preguntar: «¿Por qué demonios esa persona hizo eso?», coge este libro. Podrás responder a esa pregunta tú solo.

«Es casi como si tomara el mando otra parte de la mente», dijo un paciente a un psiquiatra de California.

Tienes el deseo legítimo de poner fin a tu autosabotaje, y este libro te enseñará justamente eso. Pero también espero que esto te dé la perspectiva de que el autosabotaje, si no se trata, causa enormes problemas, no sólo a la persona que lo hace sino a todas las demás. Cuando afecta a otras personas, es «contaminación conductual»; lo lía todo. Contaminamos nuestra economía personal con el mal uso del dinero; contaminamos nuestros cuerpos con azúcar y cigarrillos, echando a nuestros cónyuges la carga de tener que convivir con nosotros y nuestras enfermedades discapacitadoras; contaminamos el lugar de trabajo cuando saboteamos a un compañero.

El sistema que presenta este libro no es conflictivo; lo sabrás cuando lo oigas; hará eco en ti. Si notas una resistencia momentánea se deberá a que el sabotaje está en peligro de experimentar un cambio; tiene Muy Buenos Motivos para desear seguir contigo.

Mike Tyson lo ha hecho; Cher lo ha hecho; Dennis Rodman lo ha hecho; Oprah lo ha hecho; Leona Helmsley lo ha hecho. La familia real británica ha reemplazado el polo y la caza del zorro por él. Presidentes de las más importantes empresas lo han hecho. Tus padres lo han hecho; tú lo has hecho. Autosabotaje. Estás en buena compañía; una compañía buena pero frustrada.

El comportamiento humano empezará a cobrar sentido por fin

Prepárate para una gran aventura. Conviértete en «viajero renovado», receptivo a lo que verás y a las experiencias, aceptando la comodidad y la incomodidad; más o menos como si hicieras un viaje por Europa. Pero vamos a entrar en el continente oscuro, el que está entre tus orejas. La mayor frontera no está en el espacio exterior, está en el espacio interior. Allí hay comedia, razones sorprendentes, cables bobos, misterios que podrían seguir siendo misterios, y protección, protección, protección.

Pon en la maleta un diario de viaje, binoculares, filtro solar, tu sentido de descubrimiento, y no olvides de poner sentido del humor. Adonde vamos no se necesita dinero; sí necesitarás algo aún más raro y valioso: tiempo tranquilo. Dado que el cerebro trabaja tan rápido, probablemente no necesitarás mucho tiempo. Descubrirás que la soledad es tu aliada, tu arma secreta y un instrumento.

Puedes conservar tu comportamiento saboteador mientras lo necesites. No te lo quitarán como si te confiscaran el pasaporte. Lamentablemente, no se perderá tu «equipaje». Comenzarás el viaje creyendo que estás solo, pero después del capítulo 3 comprobarás que en realidad estás en un viaje en grupo; una excursión, un crucero. Y has traído contigo a todos tus mejores amigos.

> El país más extranjero está en el interior. Somos nuestro propio continente oscuro, somos nuestra propia frontera salvaje.
>
> *Alice Walker*

Bueno, todo adquirirá sentido dentro de un minuto. Ya lo verás. Bienvenido al maravilloso mundo del autosabotaje. Asegúrate de que tu mesa-bandeja está en posición vertical y bien sujeta. Comprueba que tu cinturón de seguridad está bien abrochado. En el improbable caso de que haya un amerizaje, este libro será tu flotador.

2

¿Cuándo no es sabotaje?

Estoy haciendo la lista de todas las cosas que debo hacer antes de morir. Es mi deberbiografía.

Humor en Internet

El comportamiento humano no tenía mucho sentido para mí cuando comencé mi búsqueda de la Evaluación de Rendimiento Perfecta. Era directora de departamento en una empresa que tenía un sistema típico para evaluar el rendimiento de los empleados. Era un sistema defectuoso. Yo no sabía cómo sería un buen sistema puesto que nunca había visto uno, pero sí sabía que el que teníamos no era bueno. Desmotivaba a la gente.

Si se quiere crear un sistema de evaluación de rendimiento que funcione, es necesario analizar la pregunta: «¿Qué motiva a la gente a hacer un buen trabajo?» Este análisis debería llevar a «¿Qué motiva a la gente a *trabajar*?» Hay muchos estudios sobre esta pregunta pero yo puedo resumírtelos sucintamente. Los siete principales motivos de que la gente trabaje se pueden explicar en tres palabras:

Tener un efecto.

La gente trabaja para tener un efecto, en algo o en alguien.

Mi papel como directora cambió cuando comprendí esta frase. Significaba que mi tarea era hacer tomar conciencia a mi personal de que su comportamiento tenía un efecto en el cuadro total de la empresa. Cada acto o bien aportaba algo o bien sustraía algo al trabajo de nuestro departamento y a la organización en su conjunto. Necesitaba que ese mensaje fuera inmediato y claro.

En nada es más apropiado esto que en la evaluación de rendimiento. Estas hojas deben reflejar el trabajo y la entrega de un empleado durante todo un año. Normalmente acaban reflejando las tres semanas anteriores a la elaboración de las hojas de evaluación, y en la mayoría de los casos no reflejan toda la aportación de la persona.

Cuando recibí la Evaluación de Rendimiento de mi primer año completo, mi jefe me había dado una puntuación muy alta, subido el sueldo al máximo permitido, y llenado muy bien las hojas del formulario de la empresa. Y, sin embargo, la experiencia me hizo sentir tan abatida que me fui por cuatro días a Canadá, y me tomé unas muy necesitadas vacaciones.

Podrías preguntarme: «Qué, ¿estabas loca? ¿A causa de qué te sentiste abatida?»

Durante mi viaje a Canadá, casi sin ver los hermosos parajes por donde pasaba (lo que yo llamo «tiempo parabrisas»), me fui haciendo justamente esas preguntas. Comprendí un par de cosas:

a) Ese documento no era el reflejo de un año de trabajo, ni del año más difícil de mi vida hasta ese momento. Destacaba cosas corrientes que yo hacía sin darles importancia; en cambio las cosas que habían sido retos brutales, que me exigieron dar todo lo que tenía como ser humano, no se mencionaban para nada.

b) Sabía que no era una empleada perfecta, ese animal no existe. ¿Dónde estaba la instrucción y orientación que necesitaba para mejorar y progresar? ¿Dónde estaban las instrucciones para el siguiente año de trabajo? ¿Dónde estaba la inversión en mí, como directora de departamento, para hacerlo aún mejor y cualificar para más responsabilidad?

Recuerdo que en la radio del coche oí a los Beatles cantar algo sobre la luz del sol. Empezó a aparecer la luz. Comprendí que la culpa no era de mi jefe; él llenó el formulario tal como estaba mandado, como había hecho siempre para todos. Entonces se me ocurrió: no había nada mal en él, lo malo estaba en *el sistema*. El sistema no eran sólo los formularios; éstos eran una camisa de fuerza de papel.

1. El sistema de evaluación se aplicaba a todos por igual, trabajadores de producción, secretarios, directores, personal creativo; una especie de evaluación de talla única que al final no le quedaba bien a nadie.

2. El formulario no daba oportunidad de incluir ningún rasgo o característica, hábitos o consecuciones, aparte de los que preguntaba.

3. No existía ningún tipo de documento que permitiera al empleado comentar su actuación o rendimiento, pedir cambios, solicitar orientación o educación.

4. No había ningún rubro dedicado a dar instrucciones constructivas para el futuro.

Llegué a la conclusión de que nadie de mi personal debía pasar por la experiencia que yo había pasado. Si les importaba su trabajo, como a mí me importaba, se sentirían menospreciados y posiblemente insultados por ese sistema. Me pareció que lo único razonable que debía hacer era idear nuestro propio sistema.

Eso hicimos, como grupo; pero sólo después de que encontré una biblioteca de información sobre otros sistemas de evaluación de rendimiento. Comencé a coleccionarlos como sellos. Encontré los de los militares, empresas de servicios, empresas de alta tecnología, bancos, fábricas y Gobierno. En un estudio de Harvard para la American Management Association me enteré de que «al 97 por ciento de los empleados estadounidenses no les gustan sus sistemas de evaluación de rendimiento». También me enteré de que el motivo número uno de que la gente deje su empleo está relacionado directa o indirectamente con el sistema de evaluación. Esto hace que un mal sistema de evaluación de rendimiento sea *un lujo muy caro*.

Reuní tanta información que me fue necesaria la perspectiva de otras personas para simplificarla. También necesitaba saber qué pensaban las personas a las que iba a evaluar. Sólo necesitamos tres reuniones de personal bien organizadas para idear las preguntas que todos deseábamos ver en el formulario de evaluación. Al parecer, todos tienen opinión sobre este tema, y mi grupo era maravillosamente elocuente. Todos pusimos nuestro granito de arena, y no paramos hasta quedar todos contentos con el nuevo formulario.

También decidimos que la persona más importante del proceso era *la persona evaluada*, y que esa persona era la primera que debía mirar su aportación sobre papel. Ideamos un conjunto de formularios azules que permitían al empleado hacer comentarios sobre su progreso y sus logros, e incluso hacer peticiones de cambios en su ambiente laboral. Decreté que ningún supervisor ni jefe debía comenzar el proceso de evaluación sin que primero el empleado llenara sus propios formularios.

También pensé que los empleados debían mantenerse al tanto de todos sus comportamientos. Acuñé la expresión «empleados autocalificadores». Si no, un director o jefe puede pensar que dirigir es algo así como llevar una guardería de adultos, que todas esas personas son como niños encerraditos en un parque de jugar, y que cada día no es otra cosa que un problema de personal tras otro. Cuando un jefe piensa así: a) la vida es una lata, y b) podemos apostar a que hay un sistema de evaluación de rendimiento ineficaz. Lo más importante que hay que recordar es que c) se puede arreglar.

Un sistema debe *conservar la cordura y ahorrar tiempo, energía y dinero.*

Yo dirigía cuatro departamentos, y todos comenzamos a usar nuestro nuevo sistema. Dado que los formularios se «enviaban por línea» y también al personal, eran visibles. En muy poco tiempo mi jefe de división vio el valor de nuestro nuevo sistema y lo adoptó para todos los otros departamentos. En menos de dos años, toda la empresa adoptó nuestro sistema.

Yo no me propuse cambiar el sistema de la empresa; simplemente quería algo que funcionara en mi departamento. Puesto que tenía personal creativo y de producción, sabíamos que, si nos iba bien, era posible que funcionara para otras categorías de trabajo también.

Mientras hacíamos todo esto y teníamos felices resultados, seguí esta pista de preguntas exploratorias:

- ¿Qué motiva a la gente a hacer un buen trabajo?
- ¿Qué motiva a la gente a trabajar?
- ¿Qué motiva a la gente a hacer *algo*?
  y esto me llevó a:
- ¿Por qué la gente sabotea sus propios esfuerzos?

¿Me había estado saboteando mi jefe o el sistema? ¿O teníamos un sistema que no funcionaba? Esta es una pregunta importantísima.

Los jefes van posponiendo el hacer las evaluaciones de rendimiento porque en el fondo saben que sus sistemas defectuosos no motivan (problema de sistema).

Los entrenadores de perros contemplan esta pregunta cuando se encuentran con perros con «problemas de comportamiento». Muchísimos perros muy amaestrados han aparecido como héroes en televisión con las historias de que hacía solamente unas pocas horas que los habían «dejado de lado» debido a su mal comportamiento. En manos de otra persona se han convertido en perros capaces de hacer milagros.

Los psicólogos contemplan esta pregunta cuando los niños son «incontrolables». Si un niño tiene pataletas en casa pero se porta maravillosamente bien en casa del abuelo, es muy posible que el problema no sea químico sino un problema de sistema. Los problemas de sistema son ambientes en que por descuido se favorece el comportamiento indeseado.

En las relaciones personales o íntimas, ¿hay un sistema en funcionamiento entre esas dos personas para enfrentar un conflicto? Lo importante no es el *tema* del desacuerdo (finanzas, relación sexual, crianza de los hijos) sino cómo manejan los asuntos que enfrentan. ¿Hay valentía, comunicación y negociación? ¿O hay dilación, puntos de ebullición, acusaciones y ultimátums? ¿Es un problema de personas o un problema de sistema?

Cuando veas un comportamiento indeseado, hazte la pregunta: ¿es este un problema de sistema o un problema de personas? Si constantemente te quejas de tus clientes, te has creado un sistema para hacer negocio que no funciona. Cambia tu sistema y de este modo cambiará el comportamiento del cliente.

Los problemas de sistema suelen ser más fáciles de detectar en las situaciones laborales. ¿Se cometen errores (de fabricación o de comunicación) debido a que no hay suficientes controles de aprobación durante el proceso? (problema de sistema). ¿O tenemos suficientes controles y un empleado que no usa el sistema? (problema de persona).

He visto demasiados «empleados problema» en la vida empresarial que han sido trasladados a otros departamentos y allí se convierten en estrellas.

El trabajo de cambiar nuestro sistema de evaluación de rendimiento me enseñó a reconocer la diferencia entre un problema de sistema y problemas de personas.

Cuando ya teníamos un sistema de evaluación muy positivo en funcionamiento, ¿cuál fue el resultado? Ocurrieron todas las cosas buenas que podíamos esperar, como mejor moral, mejor comunicación y mayor productividad. ¿Cuál sería entonces la excusa de un empleado que no rindiera en ese ambiente positivo? Ah, ¡la cosa se complica!

Anota: ¡autosabotaje!

Si tienes claro que tus sistemas ya se han rehecho, pulido y engrasado y te funcionan perfectamente, y sin embargo sigue habiendo comportamiento indeseado, es hora de examinar la posibilidad de que alguien esté haciendo sabotaje.

Cuando me pusieron a cargo de esos cuatro departamentos, tenían programado reducirlos. En menos de siete años nos convertimos en el equipo de comunicación de su tipo más premiado del país. Desde fuera eso parece extraordinario; desde dentro, parece el progreso lógico de concentrarse en un sistema amable que funcione.

¿Cómo saber si es un problema de sistema o un problema de personas?

PROBLEMA DE SISTEMA	PROBLEMA DE PERSONAS
• Más de una persona tiene el comportamiento indeseado.	• El comportamiento es claramente «contra las reglas»: robo, mentira, fraude.
• No hay consenso en nada; da la impresión de que nadie esté «en la misma página».	• La persona conoce perfectamente las reglas y «pasa de ellas».
• Ocurre una y otra vez, pero con diferentes personas.	• El infractor reincidente es siempre el mismo.
• Tienes un bien usado Plan B.	• No se cumple una promesa. Parece irracional
• Estas personas no se comportan así en un contexto o ambiente diferente.	• Has dado instrucciones claras más de una vez.
• Nada está claramente definido.	

3

El curso: Primera parte

Si quieres acercarte a tu excelencia personal y profesional, este curso te llevará allí.

Daily Journal of Commerce

*Nunca es más creativa una persona que cuando está sabote-
ando su propio trabajo, y muchas veces nunca es más productiva que cuando está dejando algo para después.*

¿Qué ha dicho? ¿He leído bien?

Pues sí. Una directora ejecutiva del Port of Portland observó: «Ah, sí, eso lo entiendo. Mi casa nunca estuvo en mejor estado que cuando yo estaba trabajando en mi doctorado».

Bea Borden, vicepresidenta de marketing de una enorme empresa inmobiliaria, dice: «Nunca soy más productiva
que cuando tengo algo en mi lista de deberes que no deseo
hacer».

Todos tenemos nuestro asuntito personal que nos gusta
sabotear (para mí es hacer la declaración de renta). Puede que
no reconozcamos nuestro comportamiento, pero las personas

que viven con nosotros y las que trabajan con nosotros nos tienen calados.

Un caso: yo no soy lo que se podría llamar una persona doméstica; lo más doméstico de Alyce es que nació en este país. Mi idea de limpiar la casa es comprar bombillas de menos vatios. Y en mi lápida no dirá: «A su familia le gustaba la comida». Un sábado de primavera por la tarde estaba en la cocina sacando brillo a los cubiertos. Se asomó mi hija, echó una mirada y dijo: «Ah, ¿ya toca la declaración de renta?».

Así es como funciona. Somos lo menos propensos a reconocer nuestro comportamiento saboteador. Así pues, miremos el comportamiento de otras personas; es más fácil y entraña menos riesgos.

Lista de posibles comportamientos saboteadores

- «accidentes»;
- dejar para después;
- adelgazar y engordar, adelgazar y engordar, adelgazar y engordar…;
- relaciones en serie;
- trabajos en serie;
- algo que aparece más de diez veces en la lista de cosas por hacer;
- oírse hacer promesas y luego verse incumpliéndolas;
- retrasos;
- «olvidos».

◉　◉　◉

Lista de cosas que se sabotean comúnmente

- bajar de peso («Es que tengo los huesos grandes» o «Está en mis genes»);
- ejercicio («¿Quién dice que necesito hacer ejercicio? Mi cuerpo ha sobrevivido a cuatro coches»);
- tarjetas de crédito («¡Date de baja de esa tarjeta!»);
- limpiar el garaje, el ático, el armario, o el maletero del coche;
- escribir notas de agradecimiento;
- declaración de la renta y planes económicos en general;
- testamentos, instrucciones de donación de órganos, planes testamentarios;
- cosas que importan: viajes a lugares soñados, objetivos educacionales, comunicaciones «difíciles», lista de «algún día voy a».

Investigué y escribí el libro *Why Winners Win* [Por qué ganan los ganadores] y en él identifiqué seis cosas que tienen los ganadores y tres cosas que al parecer no tienen. Cuanto mayor me hago, más puedo simplificarlo: *Ganar es la ausencia de sabotaje.*

También escribí *Teamwork and Team Sabotage* [Trabajo en equipo y sabotaje al equipo] y vi que *el trabajo en equipo es la ausencia de sabotaje.* Cuando nadie sabotea el trabajo, lo llamamos equipo.

Pocas cosas en la vida son tan pintorescas, dinámicas e interesantes como el autosabotaje.

• • •

He aprendido que:

No puedes vender un producto o servicio mientras no te enfrentes al autosabotaje.

No puedes bajar de peso y mantenerlo mientras no te enfrentes al autosabotaje.

No puedes escribir un libro mientras no te enfrentes al autosabotaje.

No puedes ir adonde quieres mientras no te enfrentes al autosabotaje.

No puedes *triunfar* sin enfrentarte antes al autosabotaje.

¿Por qué alguien dice que desea algo y luego va y hace todo lo contrario? ¿Por qué estamos en la modalidad «autodestrucción»?

Alerta en las noticias: ¡Alguien intentó sabotearle el cargo al presidente! Lamentablemente, ese alguien fue el propio Bill Clinton.

¡Alguien trata de sabotear tu vida! Lamentablemente, ese alguien es la persona que debería ser tu mejor amigo o amiga: tú.

El diccionario define «sabotaje» así: a) subversión deliberada, b) un acto tendente a obstaculizar o hacer daño.

¡Alerta de salud!: En un estudio reciente se comprobó que el 80 por ciento de nosotros no sigue las recomendaciones del médico. Algunos jamás compramos los remedios recetados. Algunos los compramos y luego no los tomamos. Algunos los compramos, tomamos unos cuantos comprimidos y luego «olvidamos» tomar el resto. Unos pocos, tan sólo el 20 por ciento, seguimos realmente las recomendaciones del médico.

Y, sin embargo, queremos que el médico al que acudimos se haya titulado siendo el primero de su clase y esté al corriente de toda la información médica. Esperamos que use cada gramo de su capacidad diagnóstica para sanarnos. Si no hacemos lo que nos toca (tomar los remedios, dejar de fumar), igual podríamos haber ido a ver al médico que se tituló siendo el último de su clase. ¿No vas a usar hilo dental? Pues, ya puedes buscarte un dentista barato. Tiene que ser tremendamente frustrante para los médicos atender con entusiasmo a sus pacientes cuando de todos modos el 80 por ciento van a seguir saboteando su salud. Esto tiene que ver de lleno con el trabajo en equipo. Cualquier superviviente de cáncer te dirá que su éxito fue un trabajo de equipo. ¿Estás en tu equipo médico? ¿Estás de tu parte?

Expertos en autosabotaje

Al final de la siguiente sección serás un experto en el campo del autosabotaje. Se te hará la luz. He presentado estos ejemplos a miles de personas durante más de diez años y he relatado dos de ellos en un libro titulado *Procrastinator's Success Kit* [Aperos para el éxito del tardón], retitulado *The Time Sabotage* [Sabotaje al tiempo]. Al parecer nada es más eficaz para expresar el misterio del autosabotaje que estas dos historias.

• • •

El milagro del Volvo marrón

Imagínate que posees un Volvo marrón. Vas en tu Volvo al supermercado y no coges bien el ángulo al aparcar, y muy pronto el coche comienza a dar la impresión de que ha sido golpeado por las cuatro esquinas. Lo llevas a lavar y al entrar en el túnel de lavado olvidas bajar la antena, que se rompe. Olvidas llevarlo a la revisión de los 5.000 kilómetros y luego a la de los 8.000 kilómetros. No te acuerdas de hacerle cambiar el aceite. Un amigo que ha tenido problemas de bebida te lo pide prestado para ir al aeropuerto, y al instante le entregas las llaves.

Cada uno de estos incidentes por separado no tiene mayor importancia en sí.

Entonces un día, cuando vas a coger tu Volvo con un amigo, o mejor aún, con un socio, éste mira el coche y te dice: «Oye, ¿cuándo te vas a librar de este viejo Volvo?» (que no es tan viejo).

¡Ya está! Coges el Volvo marrón y lo das como parte de pago de ese deportivo rojo cuquísimo que has estado viendo cada día en un escaparate de camino al trabajo. Te metes en el deportivo rojo y te dices: «¡Ah, esto sí, esto es lo que me conviene!»

¿Qué ha ocurrido?

¿Un sabotaje al Volvo marrón tal vez? Es interesante observar que tu comportamiento saboteador comenzó el día en que apareció el deportivo rojo en el escaparate de la tienda.

Pero en ningún momento has tenido conciencia de tu sabotaje. No reconoces tu sabotaje por este motivo: entre esos incidentes con el Volvo marrón hubo varios miles de incidentes en tu vida. Mientras los pequeños accidentes y olvidos no están reunidos en un párrafo, no ves lo que ha ocurrido con el Volvo marrón. La mayoría de los incidentes eran tan insignificantes que no valía la pena recordarlos. Sin embargo, eran indicadores de comportamiento.

Muchas personas encuentran incorrecto comprar un coche y luego cambiarlo por otro así como así. Tenemos que tener un Muy Buen Motivo para cambiar algo, y a falta de ese motivo, tenemos que destrozar lo que tenemos para justificar su cambio por algo nuevo. Hemos de reconocer que las personas hacen esto con sus *relaciones* y con sus *trabajos*. No podemos simplemente cambiar lo viejo por lo nuevo sin *destrozar lo viejo primero.*

¿Por qué no?

Porque si lo hacemos, alguien preguntará: «¿Qué tenía de malo el viejo?» ¿Qué tenía de malo el coche? ¿Qué tenía de malo el trabajo? ¿Qué tenía de malo el cónyuge? Y no queremos que se nos considere incorrectos.

Momento para el Gran Ajá

Queremos actuar según lo que se considera correcto. De hecho, nos esforzamos más para oír las palabras «Has actuado correctamente» que para oír las palabras «Te amo». Este es un factor importante para entender la conducta humana. Y si dudas de su poder, prueba con ésta:

Digamos que eres mala ama de casa. Tus amistades saben que eres mala ama de casa, tu familia sabe que eres mala ama de casa, tus vecinos saben que eres mala ama de casa; ¿qué debes hacer para actuar «correctamente»?

Tienes que ser mala ama de casa, ¿verdad?

¿Qué ocurre si empiezas a limpiar la casa? Alguien te dirá: «¿Qué pasa? ¿Es que va a venir la abuela?»

Digamos que eres fatal para jugar al póquer. Tu familia sabe que eres malo para el póquer, tus amiguetes saben que eres malo para el póquer, tus compañeros de trabajo saben que eres malo para el póquer. ¿Qué tienes que hacer para actuar «correctamente»? Jugar mal al póquer. ¿Qué ocurre si de repente empiezas a ganar? ¿Qué dirán? «Aquí hay algo *incorrecto*. Tienes que estar haciendo trampas.»

Así pues, para actuar «correctamente» tienes que continuar siendo el mismo que has sido siempre porque todos (incluso tú) percibes que ese es el Tú Correcto. Por eso puede resultar tan difícil cambiar de la persona que uno es a la persona que se desea ser. Cualquier cambio es un reconocimiento de que lo anterior era «incorrecto». Y eso no lo podemos soportar.

Para actuar correctamente todo el tiempo hace falta estancarse. El mayor freno de un trabajo en equipo son las personas que desean «actuar correctamente». Paralizan las reuniones y ahogan la creatividad. Son capaces de convertir una empresa innovadora en una casa de zombies. «Eso ya lo probamos el año pasado.» Las cosas van cambiando continuamente, de modo que lo que no resultó hace sólo seis meses podría dar resultados ahora.

El deseo de ser considerado «correcto» es una desventaja importante. El motivo de que las personas funcionen tan bien durante un desastre es que renuncian al concepto correcto-incorrecto y hacen lo que da resultados. Los protocolos y las reglas salen por la ventana con el huracán y la inundación, y son reemplazados por cualquier cosa que nos dé lo que necesitamos en ese momento.

Miniexamen

Veamos con qué firmeza estás atrincherado en esta trampa de correcto-incorrecto. A continuación te pongo una situación que tiene una solución «correcta» imperfecta, pero también una solución perfecta. A ver si aciertas con ella antes de leerla.

Deseas comprar un vehículo, y estos son los *únicos* criterios que tener en cuenta:

- capacidad para transportar artículos del tamaño de un sofá;
- buena suspensión;
- zona de carga cubierta para proteger los artículos;
- buen acceso a la zona de carga;
- usado: con pocos kilómetros; bien cuidado; que haya estado siempre en garaje; bien tratado, que no haya sido conducido con brusquedad; bien mantenido; inmaculado;
- muy barato;
- conducción cómoda;
- aire acondicionado.

Tu solución a este problema: _____

Si has sugerido una camioneta pickup (abierta), tendrás que comprarle una cubierta; esa es una respuesta «correcta».

Si has sugerido una furgoneta o furgón, tu respuesta «correcta» podría quedar anulada ante el problema de conseguir que sea «con pocos kilómetros» y «muy barata». Si has sugerido un bus, tendrás que quitar los asientos, y tal vez olvidar la parte «inmaculado». Si has sugerido un remolque cubierto, faltará el aire acondicionado.

¿Qué podría satisfacer esta condenada lista? Renuncia a lo que sería «correcto» para ti y tendrás la solución.

¿Qué tal una ambulancia de segunda mano o, mejor aún, un coche fúnebre? Esto satisface los criterios a la perfección. Pero probablemente no es tu respuesta «correcta», ¿verdad?

«Qué les va a parecer a tus vecinos» no formaba parte de los criterios. «Poco llamativo» tampoco. «Fácil de aparcar» no estaba en la lista. «Bajo consumo de gasolina» tampoco. ¿Añadiste automáticamente estas cosas a tu lista y al hacerlo eliminaste la respuesta más perfecta?

¿Cómo acepta tu mente la solución de un coche fúnebre?

Tenemos criterios internos para todo tipo de problemas; nos gustaría tener soluciones para todos, pero a) no hacemos la lista de los criterios, b) no lo ponemos todo en la lista de criterios, c) sólo aceptamos una solución «correcta». En consecuencia, obtenemos soluciones estándar que satisfacen sólo una parte de los criterios y no toda la lista. Si casi nunca te satisfacen las personas, cosas y situaciones de tu vida, probablemente estás muy aferrado a estar «correcto».

Por lo menos has de estar dispuesto a pensar de forma diferente y proponer la solución perfecta, como comprar un coche fúnebre, por ejemplo, aunque no lo hagas.

¿Cuántas veces has pensado que la solución «correcta» es «seguir ahí» cuando sabías que la solución perfecta era marcharte? ¿Te ocurrió cuando estabas viendo una película sobrevalorada con un amigo? ¿O fue algo más serio, como quedarte en una empresa en que no te valoraban?

Trabajé con un gerente que preguntaba: «¿Cómo lograr que mis empleados actúen como hicieron el día que casi se voló el techo del edificio?» (el edificio es uno de los almacenes más grandes de Estados Unidos y se ve en las fotografías tomadas por satélite). Cuando vientos huracanados empezaron a aflojar el techo, los empleados trabajaron eficientemente juntos para salvar los productos y salvarse ellos. Desgraciadamente, ese esfuerzo de equipo desapareció cuando amainaron los vientos. Cuando el desastre acabó, también acabó el *esprit de corps*.

Cuando Estados Unidos fue golpeado por la Gran Depresión y las tormentas de polvo, la gente tuvo que dejar lo que era «correcto» para hacer lo que era necesario. Personas que sobrevivieron hablan con nostalgia de esos «buenos viejos tiempos».

En el derrumbe de la autopista Nimitz durante el terremoto de San Francisco en 1989, una mujer quedó atrapada en su coche. Uniendo todos sus esfuerzos, la brigada de rescate no logró liberarla. Cuando empezó a caer sobre ella la masa de hormigón, llamaron a un cirujano para que le cortara la pierna para poder sacarla antes de que la aplastara. Ella accedió; la sierra del cirujano ya había comenzado a funcionar cuando a un bombero se le ocurrió una última idea. Insertó una herramienta, mezcla de tenazas y gato hidráulico, y la hizo funcionar *a la inversa*; cuando tiraron de la mujer, ésta salió como un atún fresco.

La idea «correcta» casi le costó la vida y la pierna.

Hay una manía absurda que dice que la casa ha de tener una sala de estar; ésta puede ocupar hasta el 30 por ciento del espacio total, y, sin embargo, incluso aunque recibiéramos muchas visitas, sólo la usaríamos el 8 por ciento del tiempo. Luego nos quejamos de no tener espacio en la casa para instalar lo necesario para una afición. O peor aún, se alquila un almacén, a varios kilómetros de distancia, para guardar lo que no cabe en casa. La sala de estar es un buen trozo de propiedad inmobiliaria; una mujer me la definió así: «Es el espacio por donde paso cada día para ver si alguien me ha robado los muebles». Pero tener una sala de estar es lo «correcto»; tener el telar, los sedales de pesca, la costura o la cámara oscura para fotografía en un sótano frío y húmedo es lo «correcto».

Lo «correcto» se interpone entre nosotros y las soluciones logradas.

Gravitamos hacia lo conocido porque estamos impulsados y al mismo tiempo protegidos por un ego que sólo desea estar correcto.

Así pues, cambia ese Volvo marrón por el deportivo rojo, o mejor aún, por un coche fúnebre, pon tu canoa o tu trabajo de arte en tu sala de estar, sé una ama de casa fabulosa si lo deseas, o empieza a ganar al póquer.

El buen empleado que no lo era

Este es el panorama: yo era directora en Portland (Oregón) y tenía un puesto vacante en mi departamento. Pusimos anuncios, leímos currículums y entrevistamos a personas, pero no logramos encontrar a nadie con la especialidad necesaria para ocupar el puesto. Entonces pusimos el anuncio en Seattle y encontramos a un joven al que llamaré Jim.

Nos gustó su trabajo y le ofrecimos el puesto. Jim aceptó y lo trasladamos con su mujer y dos hijos a Oregón. Todo fue fabulosamente bien durante unos dos años.

De pronto Jim comenzó a llevar la contraria en cosas sin importancia; luego no se llevaba bien con las personas que le traían trabajo. Después se hizo evidente que no se llevaba bien con sus compañeros de trabajo. Como buenos ejecutivos modernos, pensamos: «¿Qué estamos haciendo mal que Jim ya no disfruta de trabajar con nosotros?»

Su supervisor no tenía suerte con su mal humor. Cuando las cosas empeoraron, el supervisor, que era un ejecutivo muy sensible y eficiente, comenzó a tomarse como ofensa personal su comportamiento. Mientras tanto, todos esperábamos que Jim volviera a ser el Jim que habíamos contratado.

Llevábamos unos dos meses sintiéndonos entre la espada y la pared cuando mi jefe comentó: «Da la impresión de que quiere que lo despidan».

Eso no se me había ocurrido jamás; no formaba parte de mi forma de ver la vida. Nunca había oído nada similar. Pero ya sabes, *es difícil ver el cuadro cuando uno forma parte de él.*

Comencé a observar su comportamiento de modo diferente, y pasado un corto periodo tuve que darle la razón a mi jefe. Cuando vino un cliente de otra empresa a traerle un trabajo a nuestra empresa, ya no pudimos seguir simulando que no había problema.

Le dimos dos opciones: o bien iba a un terapeuta ajeno a la empresa, que normalmente saca al empleado de la empresa, o iba a un terapeuta profesional (durante la carrera de un ejecutivo hay veces en que es necesaria ayuda externa. Los directores creen que tienen que resolver todos los problemas de sus empleados, cuando un profesional de fuera podría hacer un trabajo mejor. Tratar a un empleado alcohólico, por ejemplo, requiere una mano experimentada). Jim eligió ver al terapeuta profesional.

Después de tres sesiones con el terapeuta, Jim comenzó a llegar al trabajo con una sonrisa en la cara. Yo casi no me lo creía. Después de meses de creciente mal humor, Jim parecía totalmente cambiado. Yo estaba pensando que el terapeuta le había practicado cirugía cerebral, porque en el ambiente de trabajo no había cambiado nada. Su supervisor se sintió aliviado. Yo me sentí eufórica. Se restableció la armonía. ¿Qué había ocurrido?

Lo que Jim logró descubrir, con la ayuda del terapeuta profesional, fue que en realidad deseaba volver a Seattle. Su problema no tenía nada que ver con el trabajo, con otros miembros del personal, con el supervisor ni conmigo. ¡Echaba de menos su tierra! Su necesidad de estar en Seattle era mayor que la de trabajar para nosotros. Simplemente no lo sabía. No saber nuestra «necesidad mayor» es la principal arruga en el fenómeno del autosabotaje.

Lo más importante que hay que recordar de esta historia es que Jim podría haber pasado la prueba de un detector de mentiras diciendo que deseaba trabajar para nosotros. No tenía la menor conciencia de que una parte de él sentía tanta nostalgia que estaba dispuesto a que lo despidieran para volver a Seattle. Hay que tener presente que Jim no es una mala persona y que no fue enviado al planeta Tierra sólo para fastidiarme, aunque esa era la impresión que daba en esos momentos. Si él no entendía su comportamiento, no podía decirnos sus motivos. Fue necesario un asesor profesional competente para descubrirlo en sólo tres sesiones.

La pregunta ahora es: ¿por qué Jim no descubrió él solo que echaba de menos su tierra y deseaba volver? ¿Recuerdas que tenía mujer y dos hijos? Si hubiera llegado a su casa y dicho a su mujer: «Dejo mi trabajo», ella lo habría matado. Pero si llega a casa y dice:

«Me acaban de despedir», la reacción de ella habría sido: «Ay, pobre Jim. Bueno, no pasa nada, volveremos a Seattle y comenzaremos de nuevo. Todo irá bien».

Jim no era un mentiroso; no tenía más conciencia de sus impulsos interiores que la que podrías tener tú de una leve presión desagradable en alguna parte de tu cuerpo en este momento. Gran parte de lo que ocurre en nuestra vida no nos ocurre a nosotros.

La solución «correcta» en estas situaciones es despedir al empleado. Probablemente ya lo has pensado. El empleado saboteador pone al jefe en una situación de pocas opciones. Pero despedir a alguien es una tarea tremendamente estresante. Despedir es dos veces más estresante que ser despedido. Tener que despedir a un empleado multiplica por dos el riesgo de ataque al corazón.

En lugar de la «solución» estresante de costumbre, hicimos lo que yo llamo «vivir con garbo», es decir, ayudamos a Jim a encontrar un trabajo en Seattle. Le dimos una fiesta de despedida, él se marchó y nos envía postales. Todos vivimos felices después. Y estuvimos muy cerca de dar a la historia el final típico: la respuesta «correcta» de despedir al empleado.

Aprendí tanto de Jim que le habría pagado por la experiencia. Comprendí hasta qué extremos puede llegar un buen empleado para obtener lo que ni siquiera sabe que desea. Comprendí que prestamos atención a las palabras y disculpamos los actos, cuando debería ser al revés. Y comprendí también que ayudar a una persona a obtener lo que desea, lo que verdaderamente desea, es bueno para todos los involucrados, y yo me incluyo egoístamente en esto. Cuando ayudamos a las personas a obtener lo que desean, sin darnos cuenta nos ayudamos a nosotros mismos. Y con esto no me refiero sólo a las agradables sensaciones que se sienten por ayudar a otro ser humano; quiero decir que hay verdaderos beneficios, en cuanto a eficacia y eficiencia.

Los cursos de control del estrés enseñan a tratar el estrés. Lo que yo quiero es bloquear el estrés antes que llegue a mí. El estudio del autosabotaje hace eso. *Comprender el autosabotaje puede ser el más fabuloso reductor de estrés después de la meditación y el Valium juntos.* Con Jim descubrimos que el estrés se puede evitar a) comprendiendo que el problema no va a desaparecer solo; b) buscando ayuda; c) comprendiendo el poder del autosabotaje, y d) ayudando a todos a obtener lo que desean.

En la cadena de acontecimientos de mi vida nada fue casual. Todo sucedió de acuerdo a una necesidad interior.

Hannah Senesh

¿Empiezas a ver qué bellamente funciona el autosabotaje?

Tengo dos motivos para desear estudiar el autosabotaje:

1. Deseo saber si lo hago para poder otorgarme su beneficio, y entonces no tengo que sabotear para obtenerlo.

2. Deseo saber si tú lo haces para que yo no te estorbe. Deseo saber reconocer el sabotaje en otros porque no me gusta ser una observadora inocente del sabotaje de otra persona.

Y es posible que tú tampoco.

Si pudiéramos tener ambas cosas, sería un maravilloso reductor del estrés, ¿verdad? ¡Seguro!

¿Entonces, cómo reconocer el autosabotaje?

Afortunadamente, es muy sencillo: *hay disparidad entre las palabras y los actos*. Las palabras son «Quiero trabajar para vosotros», pero los actos dicen algo diferente. Las palabras son «Quiero vivir contigo», pero los actos dicen algo diferente.

Ahora estás preparado para el:

Ejercicio 1

Tal vez te sientas tentado de leer el ejercicio y no hacerlo. Pero hazlo. Cuando veas una línea en blanco, llénala. Si crees que después de terminar este libro lo vas a dejar a otra persona, cómprale un ejemplar para que tus notas queden confidenciales. No te hagas trampa no haciendo los ejercicios; ya has ido demasiado lejos como para retroceder ahora.

Piensa en alguien que esté saboteando algo. No te elijas tú, no todavía. Elige a alguien que esté saboteando su peso, sus finanzas, su educación, su profesión, o cualquier otro aspecto de su vida que te parezca. No escribas su nombre; simplemente describe el sabotaje en unas pocas palabras:

_____

Ahora piensa en dos posibles beneficios que obtiene esa persona por este comportamiento.

¿Eh? Si te cuesta imaginar un beneficio, esto te servirá para comenzar: si no otra cosa, esta persona podría atraerse la atención con su comportamiento; el hecho de que hayas pensado en ella significa que ocupa un espacio en tu conciencia. Junto con la Coca-Cola, *La guerra de las galaxias* y el BMW, esta persona tiene un *puesto* en tu mente. Le has prestado atención, si no no habrías pensado en ella. Así pues, «llamar la atención» es una respuesta común como posible beneficio. Si crees que la persona elegida se atrae la atención con su comportamiento saboteador, escribe eso y luego piensa en otro beneficio más.

Se aceptan corazonadas. No es necesario de que lo *sepas de hecho*. Para nuestros fines, cuentan las suposiciones.

Dos posibles beneficios:

1._____

2._____

No sigas leyendo mientras no hayas llenado estas dos líneas en blanco: dos beneficios posibles. Tienes 90 segundos para llenarlos.

Cuando pregunto: «¿Cuántas personas eligieron «llamar la atención» como uno de los beneficios de este sabotaje?», normalmente levantan la mano entre un 60 y un 70 por ciento de los participantes. Hay otros dos beneficios que aparecen con mucha frecuencia. Estos son:

«La persona elegida, *¿se libra* de algun tipo de responsabilidad al adoptar ese comportamiento?»

y

«¿Logra esta persona *controlar* una situación con este comportamiento?»

Estas tres cosas (atención, responsabilidad y control) suelen representar el 90 por ciento de los beneficios del sabotaje. En este momento, el gran cambio en tu forma de pensar debería ser: *hay un beneficio en el sabotaje.* Alguien obtiene algo por él. Y si te tomas 90 segundos para pensar desde esta perspectiva, te das cuenta de que no es necesario ser adivino ni tener un doctorado para ver qué pasa. Sí es necesario, no obstante, hacerse la pregunta: «¿Cuál es el beneficio?» Esto lo cambia todo.

Test personal 90 por ciento infalible

¿Has dicho alguna vez: «Hay alguien dentro de mí que…», o: «Bueno, una parte de mí quiere pero otra parte de mí no»?

¿Has deseado comprar algo, te has dicho que no puedes permitírtelo, no lo compras y después eso te «llama»? Puede que pasen horas, o tal vez días, pero ese objeto te llama. Así pues, vuelves para comprarlo, y cuando vas de camino oyes dos voces claramente distintas en tu cabeza: «¡Es fabuloso! No veo la hora de ponerle las manos encima» y «Esto es lo más estúpido que he hecho en mi vida, no puedo permitirme comprarlo».

Si has tenido esta experiencia, estás un 90 por ciento encaminado a resolver cualquiera de tus autosabotajes.

Ejercicio 2

¿Has hecho últimamente una compra importante, por ejemplo una casa, un yate, un coche, algo que te haya costado una gran suma de dinero? ¿Has sentido la tentación de comprar algo caro, como un electrodoméstico, equipo deportivo o joyas?

_____ sí _____no

Cuando viste ese artículo, ¿lo compraste enseguida o hubo una conversación en tu cabeza?

_____ sí, hubo conversación

_____ no, lo compré tan pronto como lo vi

Si te diste cuenta de que hubo una conversación en tu mente, formas parte del 95 por ciento de las personas que saben reconocerlo. Si tu respuesta fue que lo compraste al instante, entonces o bien has tenido muchas conversaciones contigo mismo acerca de esto antes, o tienes muchísimo espacio _y también_ dinero.

En este preciso momento, una parte de ti desea hacer algo distinto de leer. ¿Cómo lo sé?

Porque en la parte de atrás de muchos coches veo pegatinas que dicen: «Preferiría estar navegando», «Preferiría estar de compras en Nordstrom's», «Preferiría estar jugando a los bolos».

Sea lo que sea que estemos haciendo, una parte de nosotros desea estar haciendo otra cosa. Algunas personas miran la televisión con el pulgar firmemente puesto en el botón de cambio de canal; en realidad no desean ver lo que están viendo, quieren ver *qué otra cosa* ponen en televisión.

De acuerdo, o sea que una parte de ti desea estar haciendo otra cosa. Pero otra parte desea tanto saber lo del autosabotaje, y encuentra tan exacto todo esto, que continúas leyendo.

Ejercicio 3

Ahora quiero que me acompañes a visitar la mente de una persona que acaba de ver un hermoso coche clásico en venta. Si pudiéramos entrar en la cabeza de esta persona, podríamos oír una conversación que discurre más o menos así:

—¡Mira qué coche más precioso!

—Uy, pero es muy caro.

—Ya, pero qué agradable sería que me vieran llegar a la hospedería de la estación de esquí conduciendo precisamente ese coche. Me imagino aparcándolo delante del Timberline Lodge…

—Compras ese coche y no tienes dinero para subir en telesilla.

—Mmm. Es blanco; será difícil mantenerlo limpio.

—Ah, pero mira. Tiene tapicería de piel y salpicadero de madera.

—La Organización de Consumidores y Usuarios le da buena puntuación. Ese coche me durará muchísimo tiempo.

—Fíjate en todos los dispositivos de seguridad. Voy a ir seguro en este coche.

—Sí, ¿qué van a pensar mis parientes cuando llegue a la reunión familiar conduciendo ese coche? Tener un coche así es como estar más arriba de la cima. Probablemente mi cuñado me va a pedir que le devuelva los cincuenta dólares que le pedí prestados.

—Oye, ¡tiene aspecto de ir a 150 kilómetros por hora estando aparcado! Me gustaría saber qué hacen los guardias de tráfico cuando ven un coche de éstos. Apostaría a que les ponen bastantes multas.

—Vamos, date prisa y decídete.

En el espacio de unos segundos, se ha llevado a cabo una reunión interna en la que han participado seis partes o personajes. Cada uno ha llevado su orden del día y defendido su posición. La compra o no compra del coche depende del resultado de esta reunión.

Es posible que tú tengas personajes o voces similares dentro de tu cabeza. Estos personajes dirigen tu vida.

Soy enorme. Contengo multitudes.

Walt Whitman

Repasemos la conversación, esta vez con los nombres de los cargos que ocupan estas diversas partes, que nos servirán para identificar su función dentro de tu cabeza.

Para hacerlo imagínate que eres el gerente de tu propia empresa. Los personajes son los diferentes directores que te

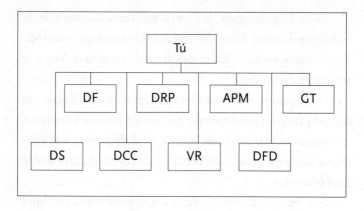

```
                        ┌──────┐
                        │  Tú  │
                        └──────┘
        ┌──────┬──────┬──────┬──────┐
     ┌─────┐ ┌─────┐ ┌─────┐ ┌─────┐
     │ DF  │ │ DRP │ │ APM │ │ GT  │
     └─────┘ └─────┘ └─────┘ └─────┘
   ┌─────┐ ┌─────┐ ┌─────┐ ┌─────┐
   │ DS  │ │ DCC │ │ VR  │ │ DFD │
   └─────┘ └─────┘ └─────┘ └─────┘
```

informan acerca de los diversos aspectos que conforman tu vida.

El primer personaje, el que dijo «qué coche más precioso» y «qué agradable sería que me vieran con este coche», es tu *Director de Relaciones Públicas interno (DRP)*. Relaciones públicas. Este es tu personaje interior responsable de cómo llega tu imagen a los demás; es la persona que te vistió esta mañana. Su finalidad es mantenerte «a la última, pulcro y estupendo» todo el tiempo. Es aquel que se siente mal cuando un compañero de trabajo te dice que toda la tarde has llevado un trozo de espinaca entre los dientes. Si eres el único que se presenta en la fiesta de Halloween con traje, bueno, te arma una escena de miedo. Tu Director de Relaciones Públicas es el que te dice: «Éstos te enviaron tarjeta de Navidad el año pasado, será mejor que les mandemos una este año».

Esta es una persona muy importante de tu interior. No estarías hoy donde estás si no fuera por tu DRP. Nadie se pone un tutú de bailarina para ir a hacer la compra, sería mal visto, sería una experiencia diferente. No es ilegal hacer una cosa así; simplemente tu DRP no te lo permite. Sin un Director de Relaciones Públicas competente podrías hacerte la vida muy desagradable.

Algunas personas dicen que las cosas eran más fáciles antes que se instituyera el uso de ropa informal en la oficina; sabían exactamente qué ponerse. Lo último que necesitaban a esa hora de tanto estrés y prisas antes del café de la mañana era tener que elegir qué ponerse. Para las personas acostumbradas a tener dos opciones (traje de trabajo o chándal) ha sido un sufrimiento tener que hacerse de un tercer guardarropa. Esto confunde al DRP interno, y no le gusta la confusión.

La voz que dijo «Es muy caro» y «Si compras ese coche no tendrás dinero para subir en telesilla» es tu *Director de Finanzas interno (DF)*. Los directores de finanzas de algunas personas son perros fieros; si eres una de ellas, no puedes levantarte y atravesar la habitación sin que tu DF te diga que está bien. Pero también hay personas cuyos Directores de Finanzas están o bien dormidos o bien drogados o ausentes; jamás revisan sus cuentas, pueden arruinarse tres veces en su vida, y la verdad es que esto no las inquieta mucho.

Pero es posible que si te sacudiéramos patas arriba serías capaz de decir cuántas monedas llevas en los bolsillos antes de que caigan al suelo. Es posible que tu Director de Finanzas te dé el estrafalario consejo de ir al supermercado a comprar un tambor de mantequilla de cacahuetes porque sólo está a 37 céntimos el kilo y jamás volverás a encontrarla a un precio como ese.

Al parecer en este país es ilegal que se casen personas que tienen directores financieros similares. Esto no ocurre con mucha frecuencia.

Si llevas meses haciendo economías y de pronto vas y te gastas todos tus ahorros en un lujo caro, has experimentado un *juego de poder* interno más o menos similar a los que ocurren en las empresas cada semana.

Luego está el personaje que dijo: «Es blanco, será difícil mantenerlo limpio. Pero es duradero. Me durará muchísimo tiempo». Esta es tu *Voz de la Razón (VR)* interior, ese sentido práctico que aconseja, aconseja y aconseja hasta que uno desea hacerla callar de un tortazo. Parte de lo que dice es calcado de lo que salía de la boca de tu madre y tu padre. Este es el personaje interno que tiene que interrumpir al Director de Relaciones Públicas para hacer oír su pregunta: «¿Cuál es su consumo medio?». El orden del día de la voz de la razón es «Seamos prácticos» Probablemente está en esa parte interior tuya que siempre intenta encontrar una ruta más corta hacia el aeropuerto. Ella fue la que compró ese Volvo marrón. Es la que mantiene en pie a empresas como L. L. Bean y Pendleton.

Luego está esa parte que dice «Fíjate en todos los dispositivos de seguridad. Voy a ir seguro en este coche». Ese es tu *Director de Salud interno (DS)*. Este personaje es responsable del biocontenedor en que vas por el mundo, es decir, tu cuerpo. Es el que te ordena que bajes unos cuantos kilos, te tomes tus vitaminas, te limpies bien los dientes y te pongas el cinturón de seguridad. Su tema es tu seguridad física. Es posible que este año hayas leído por décima vez los signos de advertencia de cáncer. O tal vez tienes un Director de Salud que habla en voz muy baja y ni siquiera conoces a un dentista. «No corras con las tijeras en la mano. No te subas en esa silla frágil para cambiar la bombilla. Desenchufa el tostador antes de tocarlo con un cuchillo.» Nuestros directores de salud tienen diversos grados de poder cuando se trata del comportamiento.

En el interior de la mayoría de las personas hay un personaje podeoroso que dice: «¿Cómo va a sentar este coche a tus parientes?» Este es el *Director del Frente Doméstico (DFD)*. Esta parte conoce tu posición en la unidad familiar. Aunque estés distanciado de tu familia, esta voz ejerce su influencia. A semejanza del Director de Relaciones Públicas, esta voz sigue directrices basadas en los valores familiares además de los valores de los medios de comunicación.

También comprende tu posición en la familia (el chico de oro, el primo cariñoso, el payaso, la oveja negra, el inútil, la niña de los ojos de papá) y te mantiene en ella con sus consejos. ¿Te sentirías cómodo llegando a la próxima reunión familiar conduciendo un Roll Royce blanco? Si dices «pues no, de ninguna manera», podemos suponer sin temor a equivocarnos que tu Director del Frente Doméstico reconoce que nunca se ha esperado de ti que ganes más dinero que tus padres. Este director podría decirte cosas más o menos del estilo: «No te eleves por encima de tu familia», o: «¿Quién te crees que eres?».

O tal vez tu DFD se parece a la madre de Franklin D. Roosevelt, que no se sorprendió en absoluto cuando a su hijo lo eligieron presidente de Estados Unidos. Tal vez tu familia espera que te vaya bien y progreses, y progresas. Tienes suerte.

La psicología se pasa gran parte de su tiempo desvelando estos mensajes del Director del Frente Doméstico y cómo influyen en nuestro comportamiento actual. No es necesario que esté presente un miembro de la familia para que nos influyan sus primeros mensajes. Muchos comediantes de éxito afinaron su comicidad tratando de hacer reír a sus padres.

El último personaje, el que dice: «Vamos, date prisa y decídete» es tu *Guardián del Tiempo interno (GT)*. Todos tenemos un reloj y una voz internos, que o están atentos a la hora o no lo están. Hay personas que cuando dices que la reunión empieza a las ocho, entienden que es a las ocho en punto, no a las 8.03; otras entienden que harán bien llegando a las 8.15. El sentido del tiempo puede ser algo cultural. Se puede esperar razonablemente que en Suiza un bus vaya más de acuerdo a las horas programadas que en Hawai. (Tengo mi teoría particular que dice que esto se debe a la influencia de las palmeras: creo que las palmeras emiten una especie de rayos que hacen abandonar sus relojes internos a la gente. Hasta el momento es sólo una teoría.)

Es posible que tengas un Guardián del Tiempo que te hace dejar incrustadas las huellas digitales en el volante cuando ya llegas en diez minutos a una cita y justo en ese momento baja la barrera del tren. Las personas fascinadas por el tiempo que se sienten motivadas por los plazos límites suelen elegir trabajos que mantienen activos e interesados a sus guardianes del tiempo (periodismo, por ejemplo).

Así pues, en las mentes de las mayoría de las personas se encuentran seis directores internos. Hay otros dos que me gustaría presentarte, es posible que también los reconozcas:

Saluda a tu *Agencia de Protección del Medioambiente (APM)*, a la que algunas personas llaman sus *Fanáticos de la limpieza*. Para algunas personas es pecado mortal dejar un plato sucio en el fregadero toda la noche. Para otras no es hora de limpiar mientras el polvo y las pelusillas no hayan crecido lo suficiente para tener nombres. ¿A cuál categoría perteneces?

Una empresa de aspiradores ordena a sus vendedores que no vendan un aspirador a nadie mientras no determinen su NTS (nivel de tolerancia a la suciedad). Así es la cosa, todos tenemos uno.

Lo que tenemos aquí es a Felix Unger y Oscar Madison (*La extraña pareja*). Cada uno tiene su propia idea acerca de lo que significa «limpio», y todos llevamos cada día nuestras excelentes ideas a nuestros lugares de trabajo. Y la APM de una persona está en guerra con las de otras. Esta guerra es aún más interesante en las relaciones personales; al parecer este es otro caso en que las personas con APM similares rara vez se casan.

Reza la leyenda que Lucille Ball limpiaba los diminutos lavabos de los aviones; *tenía que* dejarlo todo como patena porque no quería que nadie fuera a pensar que era sucia.

Podrías ser el tipo de persona que no puede comenzar un trabajo mientras no tenga el escritorio limpio y despejado. O tal vez eres de las personas que se sienten incómodas en un mundo demasiado limpio, ordenado, perfecto, con los cojines esponjados y bien puestos. Yo personalmente admiro a la persona que en su trozo con malas hierbas puso un letrero que dice: «El otro jardín de Martha Stewart».

El otro personaje que te voy a presentar es el *Director de Control de Calidad (DCC)*. Esta es la parte que llega al lugar de trabajo con experiencia, educación, e incluso con devoción, y da la impresión de que ha llevado un traje de papel de lija todo el día. Dada su experiencia y educación, sabe cómo han de hacerse las cosas. *Sabe.* Pero a causa de esa horrible bestia llamada *cambio*, las cosas ya no se hacen así por aquí. ¿Te suena a conocido?

Durante los periodos de grandes cambios (reorganización, nuevo sistema de información, planificación estratégica, reducción, fusiones, traslado de la empresa, y a veces todo esto junto), la calidad del trabajo baja un poco. Este es un periodo doloroso para las personas cuyos DCC tienen por modelo al general George Patton. Sí, todo el mundo sabe que las herramientas se han de volver a colocar en su lugar, que los archivos han de llevarse a la perfección, que las fotocopiadoras necesitan mantenimiento, pero, ¿sabes qué?, que con todo este cambio probablemente esto no ocurre. Durante esos periodos hay que tener una seria conversación con el Director de Control de Calidad, o de lo contrario se corre el riesgo de que se vuelva loco perdido.

Así pues, en las mentes de la mayoría de las personas hay ocho personajes (o voces o directores) fácilmente reconocibles. Cada persona tiene muchas más «partes» o personajes, pero al parecer este grupo principal lo tenemos todos.

Ejercicio 4

Imagínate que eres la estatua de la Libertad y que hay muchas personas pequeñitas mirando por las ventanillas de tu corona. En este momento todos tus directores internos están leyendo esta página contigo. Algunos están encantados de que por fin captes este concepto porque hace tiempo que están deseando hablar contigo. Pero otros ya se sienten amenazados y quieren que dejes de leer antes de que empieces a tomar de verdad el mando de tu vida. Todo esto es normal.

«Oye, ¡todo va a ir bien!»

Cuanto más conocemos todas nuestras partes y más nos comunicamos con todas ellas, más colaborarán ellas con nosotros.

Cobar Pita

Aumentemos más la dificultad. Tienes por lo menos ocho voces contradictorias dentro de la mente. Tu cónyuge tiene ocho partes diferentes dentro de su mente. ¿Qué posibilidades hay de que estas 16 partes se emparejen y estén de acuerdo en todos los asuntos? Cero; ninguna; nada. Podrías creer que has encontrado a tu compañero/a del alma, pero no tendréis una unión al ciento por ciento de todos vuestros directores internos.

Si crees que trabajas en una empresa pequeña, vuelve a pensarlo. Si cada empleado representa ocho posiciones diferentes al mismo tiempo, tenemos en realidad una multitud. Si piensas que las personas son incoherentes, tienes razón y ahora sabes por qué.

¿Quiénes son esos directores y cómo se metieron dentro de nuestras cabezas? El *cómo* se metieron es el tema de estudio de la psicología; yo no hago esa parte. El hecho de que estos personajes se comuniquen contigo es comunicación; esa parte sí la hago.

El análisis transaccional nos ha dado al progenitor interior, al adulto interior y al niño interior. Eso se ha ampliado al progenitor crítico, al progenitor sustentador y al crío interior. El humor popular nos ha dado:

«Mi niño interior puede darle una paliza al tuyo.»

«Mi animal de poder interior es una urraca.»

«Sus labios me dicen no, no, pero en sus ojos hay un sí, sí.»

«Mi corazón y mi mente me envían señales contradictorias, pero la llamada de mi estómago es siemple clara.»

«No estaría arruinado si las voces de mi cabeza pagaran alquiler.»

«Estaba en casa, solo y en mala compañía.»

«Si mi diosa interior no baja diez kilos, le tendré que decir que se marche.»

«Maté a mi niño interior y lo enterré con los demás.»

«Vivo tratando de conectar con mi niño interior; le voy a mandar más mantequilla de cacahuetes.»

«Comunícate con tu idiota interior.»

«Eso lo hizo mi gemelo malo.»

Aquí cabe un comentario especial sobre el concepto niño/niña interior. ¿Cuál sería? ¿El dulce bebé que eras a los dos años o el detestable adolescente que eras a los quince? ¿Tal vez el atento niño de cinco años, o el curioso preguntón de diez? ¿Qué demonios es eso de «niño» interior? En realidad hay «niños» interiores, en plural, muy plural. El testarudo adolescente que fuiste no se ha ido a ninguna parte; sigue ahí. El encantador bebé que fuiste no es de usar y tirar como un pañal. Todos los Tú que has sido siguen allí. Y buena pandilla la que forman.

La combinación de todas nuestras partes es lo que nos hace tan increíblemente únicos, no sólo de un modo espiritual especial, sino en un tipo de comunicación práctica, concreta. Eres absolutamente único, exactamente como todos los demás.

A este conjunto de partes a veces lo llamo «pandilla de bandidos», porque no se ponen de acuerdo y parecen retener a las personas como rehenes. Como a ti.

Ya te dije que esto no carecía de humor.

En estos momentos tienes algo en tu armario (tú sabes qué es) que tu Director de Relaciones Públicas no te deja usar y tu Director de Finanzas no te deja tirar.

El furgón de la Buena Voluntad viene a tu barrio y estás limpiando el armario, pero hay una prenda que cada año vuelves a guardar porque «pagaste demasiado por ella como para regalarla».

«Uy, yo tengo todo un sótano lleno de cosas como esa», oí decir a una participante de un seminario.

Brillante observación

Una participante miró su cuadro organizativo interno y dijo:

—Con mi marido me llevo francamente bien. Pero hay un aspecto… (¿No lo hay siempre?)

»Voy a decirle a mi Director de Finanzas —continuó diciendo— que le escriba a su Director de Finanzas para que los demás podamos pasarlo bien juntos.

En el instante en que oí eso supe que funcionaría. ¿Para qué involucrar a todo el personal interno cuando sólo es una parte la que requiere trabajarse? Esa mujer lo captó. ¿Saben esto los terapeutas matrimoniales? Es una idea fabulosa.

Comunicación con las partes

Sólo he tenido un cliente que ha dicho: «El dinero no es problema». Me contrataron para que le ayudara a idear un plan estratégico para su nueva empresa, una promotora de urbanizaciones. Durante una de nuestras conversaciones, David comenzó a hablar de coches. Esto no es de extrañar ya que yo estoy afectada por un virus de poca monta llamado cochechaladitis, y las conversaciones conmigo suelen decantarse hacia el tema de los coches.

David se podía comprar cualquier coche fabricado hoy, pero no lograba decidirse a comprar el coche que deseaba: un Jaguar. Una parte de él deseaba el coche y otra parte no le permitía comprárselo.

Lo que hay que tener en cuenta aquí es: «No me importa qué coche conduzca David». A mí me da igual. Pero lo que necesito es un gerente con toda la mente puesta en el plan estratégico, y la mente de él estaba ofuscada por una guerra de tira y afloja por un coche.

Después de la reunión volví a mi oficina e hice varias llamadas para informarme acerca de los Jaguar. Averigüé cuánto costaba alquilar un Jaguar por un día, una semana y un mes. Luego le escribí una carta al Director de Finanzas interno de David, no a David, sino a su parte que decía «no» al Jaguar.

Tú y yo sabemos que si David conducía un Jaguar durante una semana, al final de esa semana diría, o bien: «Este es un coche fantástico, debo tenerlo», o: «Mmmm, no es tan fabuloso. No lo necesito».

Si una parte de uno dice: «Deseo eso» (lo que sea) y otra parte dice: «No debes comprarlo», esa lucha entre las dos partes es autosabotaje. Cuando se baja de peso y luego se recupera es bastante evidente que una parte desea adelgazar y otra parte no. Si alguna vez te has sentido atraído por alguien «que no te convenía», has experimentado ese vaivén emocional.

Cuando acaba este vaivén entre «Lo deseo» y «No debo (o no debería) comprarlo», llamamos paz mental a esa serenidad.

Yo quería que cesara la guerra interna de David (por el Jaguar en todo caso) para que pudiera poner toda su mente en el plan estratégico. Repito, a mí no me importaba qué tipo de coche conduciría, pero sí me importaba la calidad de su concentración. Un cerebro en conflicto es sólo un cerebro parcial. Para lo que estábamos haciendo yo quería toda la atención que fuera posible.

Resultado: presentamos un magnífico informe para su empresa, y después el plan estratégico casi se escribió solo. David conducía su Jaguar. ¿A quién le importaba? A las partes internas de David les importaba.

Lo importante aquí es un asunto de calidad de vida. Para experimentar una mejor calidad de vida la persona necesita habilidades de administración propia. Eso significa atender a todas sus partes. Significa que cada parte necesita atención, cariño y respeto. Negarse a reconocer y respetar a una parte necesitada es favorecer el autosabotaje. Jaguar o Pontiac, no tiene importancia. Lo que tiene una importancia esencial es la guerra que se desarrolla en la mente motivada o no motivada.

Hay estudios que observan lo que ocurre cuando uno reprime o sofoca a un personaje o parte interior. Por ejemplo, digamos que tienes una parte a la que le gusta cantar. Cantas por el puro placer de hacer música con la garganta. A esto añadamos que tienes una voz menos que hermosa y no deseas dedicar tiempo ni esfuerzo a mejorarla ni quieres cambiar tu estilo de vida para convertirte en cantante profesional.

El hecho de no estar dispuesto a convertirte en profesional no es motivo para no cantar. De hecho, debes cantar; en la ducha, en el coche, mientras trabajas en el jardín, en un coro de iglesia. Si tienes una parte que necesita cantar, debes cantar. Si no cantas, dice la teoría, tendrás muchas irritaciones de garganta. Si tienes una parte a la que le gusta cantar y no cantas, si no dejas elevarse tu voz cantando, ésta se elevará de otras maneras.

> Los deseos reprimidos inconscientemente por miedo, por ansiedad y tabúes sociales pueden reaparecer con otros disfraces, como enfermedades psicosomáticas por ejemplo.

Ester Schaler Buchholz

Si sientes nostalgia de Seattle, una parte tuya puede sabotear tu trabajo hasta que finalmente vuelvas a Seattle. Si no honras a esa parte que desea conservar el peso, al despertar comprobarás que ha desaparecido comida misteriosamente, y en tu casa sólo vives tú. Si no respetas a ese adolescente gordo que fuiste, aquel que no lograba conseguir una cita, cuando te persigan de adulto podría resultarte demasiado fuerte la tentación de ponerle las manos encima a la becaria. Dice la teoría que si necesitas esculpir o hacer cosas con las manos pero te pasas décadas haciendo trabajo de escritorio, no te sorprendas cuando tus manos se vuelvan contra ti y se pongan artríticas.

¿Por qué tantas personas tienen un ataque al corazón? ¿Por qué un corazón *ataca* a su propietario? ¿Se debe a que el corazón siempre ha deseado algo que siempre se le ha negado, y finalmente ataca?

No hacer caso de las partes internas, ¿causa realmente una enfermedad? ¿Creo en esa teoría? No lo sé. Hay que reconocer que el juego con el lenguaje es muy interesante. No importa. Lo que sí sé es que necesitamos ser buenos administradores de nuestros diversos yoes, buenos pastores con nuestros ganados internos. Eso sí contribuye a una mente sana. Hemos de respetar nuestras rarezas y comprender que tenemos un buen problema de administración: cuidar de todas esas partes internas. Si no les hacemos caso durante mucho tiempo y continuamos dejándolo para después, no se quedarán tranquilas y calladas. Se harán oír de modos sorprendentes. Finalmente obtendrán lo que desean aunque para eso tengan que sabotearlo todo.

Si has deseado hacer música de alguna manera, te recomiendo que comiences. Las personas que han logrado llegar a los cien años con energía suelen tocar un instrumento musical. Los estudios indican que la música requiere al mismo tiempo leer, escuchar, memorizar y practicar habilidades manuales. Esto produce muchísimos beneficios para el cerebro, entre ellos la capacidad de resistir los traumas y la enfermedad. Se ha demostrado que la música reduce los efectos negativos del estrés. Si hasta el momento lo único que has «tocado» es la radio, apúntate a clases para aprender a tocar un instrumento musical.

Y eso es exactamente lo que voy a hacer yo si alguna vez termino este libro. Tengo la tarjeta del profesor, y si continúa vivo, tomaré clases de acordeón.

Si tienes algo en tu interior que desea hacer música, te debes a ti mismo darle tu tiempo.

Imagínate lo que podrías realizar si lograras satisfacer y negociar con esas personas que en realidad dirigen tu vida, no las personas de tu exterior sino las personas de tu interior; esas son las que dirigen tu vida. Cuando atiendes a todas tus partes se acaba el comportamiento saboteador.

4

El curso: Segunda parte

Qué don de la gracia poder coger el caos del interior
y de él crear una apariencia de orden.

Katherine Paterson

Así pues, resulta que tienes un gran reto empresarial. Eres el
gerente de la empresa llamada Yo, S.A., y tienes muchos directores que te informan sobre los diversos aspectos de tu
empresa, tu vida. Cuando no están de acuerdo, estas partes
producen el fenómeno llamado autosabotaje.

¿Llevas bien tu empresa? ¿Salen a tiempo tus proyectos
(dilación)? ¿Según el presupuesto (sabotaje financiero)?
Cuando das una orden a tu personal interno, ¿la cumplen?
¿Puedes elegir un peso para tu empresa y luego pesarlo?

Esta es una típica reunión en una empresa estadounidense:

Marketing dice: «Esta es la forma de hacerlo».
Investigación y Desarrollo dice: «Esta es la forma de ha-
    cerlo».

Relaciones Públicas dice: «Esta es la forma de hacerlo».

Fabricación dice: «Esta es la forma de hacerlo».

Y Finanzas dice «No» a todo.

Pero hay algunas empresas en que todos los directores se ponen de acuerdo en lo que es necesario hacer y en cómo debe hacerse. Es como si estuvieran enganchados al mismo arado y caminando en la misma dirección. A estas empresas las llamamos «excelentes» y escribimos libros acerca de ellas. Si tienes una empresa así, Tom Peters montará su tienda en tu puerta y escribirá artículos acerca de ti.

Ahora apliquemos ese paralelo al concepto de que cada persona tiene una empresa en su interior.

Cuando se dice de alguien que es «autoimpulsado», o que parece tener «seguridad en sí mismo», o que está «muy concentrado», o que «sabe lo que quiere», ¿sabes lo que me dice eso a mí? Me dice que todas sus partes o directores internos, o los suficientes, están de acuerdo en lo que ha de hacerse y lo hacen. Este acuerdo interno produce *comportamiento coherente*. Es necesario el comportamiento coherente para lograr la mayoría de los objetivos.

Si todas tus partes internas se ponen de acuerdo en escribir un libro, ¿qué tendremos de aquí a un año? Pues, un libro.

La duda es la consecuencia de deseos conflictivos. Si estamos seguros de lo que deseamos, la duda se hace imposible.

Curso en milagros

¡Ay, «deseos conflictivos»! Esta es la definición más perfecta que he encontrado para explicar la causa del autosabotaje. Desgraciadamente somos los últimos en saber cuáles son nuestros deseos contradictorios. Sólo oímos a un lado porque no podemos o no queremos oír al lado conflictivo. Creemos conocernos y saber lo que deseamos, pero si observamos nuestros actos, tenemos una historia diferente. Desconocida para nosotros, hay una «necesidad mayor» en nuestro interior.

Si de pronto te encontraras ante un accidente y vieras a una persona desconocida necesitada de atención médica inmediata, actuarías enseguida. Si tuvieras un teléfono móvil, lo usarías. Si la persona estuviera sangrando, buscarías algo con qué vendarle la herida aunque tuvieras que quitarte la camisa para hacerlo. Si la persona estuviera consciente, la confortarías con palabras tranquilizadoras.

Lo que no harías:

- comenzar a marcar el 911 y luego decir: «Uy, podríamos molestar a alguien, tal vez será mejor que no llame».
- comenzar a restañar la sangre y luego decir: «¿Sabes?, estás programado genéticamente para sangrar, o sea que tal vez deberías seguir sangrando».
- reprender a la persona por encontrarse en esa situación: «¿Qué tontería hiciste para que te ocurriera esto?»

¿Por qué habríamos de tratar a un desconocido necesitado mejor que lo que nos trataríamos a nosotros mismos? Fascinante pregunta. Y lo que es más extraordinario aún, si personas desconocidas nos encontraran en una situación similar, nos tratarían mejor que lo que nos tratamos nosotros.

Cuando dices que deseas algo y luego no lo haces, quiere decir que una parte de ti lo desea y otra parte no. Emprendes la tarea o misión autoimpuesta y luego, por algún motivo, la saboteas. Creo que el «motivo», si lo supieras, es un Muy Buen Motivo. Tu sabotaje es un mensaje de una parte de ti que desea algo. El mensaje está escrito en un código. Tu tarea es descifrar ese código.

«Conócete a ti mismo»

Bueno, no llegamos aquí con un manual de instrucciones. Sería estupendo tener uno. No conozco ninguna manera mejor ni más fácil de llegar a conocerse que tener instalado un sistema de Teatro Interno.

Si estamos saboteando algo en nuestra vida, es necesario satisfacer esos «deseos conflictivos» y negociar. La definición de *negociar* que da el diccionario es «conferenciar con otro para llegar a un convenio acerca de un asunto, acordar o solucionar mediante conferencia, conversaciones y concesiones».

Pregunta: ¿Cómo se negocia con los personajes que residen dentro de la cabeza?

Cuando los países quieren negociar un tratado sobre limitación de armento o las empresas quieren negociar un contrato laboral, ¿qué es lo primero en que tienen que ponerse de acuerdo? En el lugar donde se van a tener las conversaciones. ¿Y lo segundo? Establecer relaciones.

Cuando honramos y respetamos a nuestras partes, establecemos relaciones con ellas, nos tomamos confianza mutua y luego, lógicamente, podemos *influir en nosotros mismos* (¿No es extraordinaria la cantidad de información que existe sobre influir en otras personas? ¿Y no sería fabuloso si pudiéramos influir en nosotros mismos?)

El método del Teatro Interior

1. El lugar

Créate un lugar en tu imaginación/mente, donde harás tu «trabajo», el trabajo de procesar los dilemas, las preguntas, las compras, los cambios conductuales, todo, desde el bloqueo del escritor a bajar de peso. En este lugar ha de haber:

a) Un sitio cómodo para ti: un sillón muy mullido, un trono, lo que sea que te vaya bien en el centro del escenario.

b) Sitio adecuado para tus partes, tus directores, tus vicepresidentes. Algo parecido a un teatro va bien, una tribuna con gradas, una sala de congresos, un salón de baile. Es todo tuyo, crea lo que desees. Tu lugar es el principal, el centro del escenario, ya estés en tu Madison Square Garden personal o en un teatro pequeño e íntimo. Los asientos para el público son los asientos para tus partes interiores. Imagina este lugar con la idea de que tus partes internas también se puedan comunicar entre sí tanto como contigo.

2. El método

Hay tres maneras de emplear este método:

- Escuchar el diálogo en silencio.

- Pedirle a un amigo o terapeuta que te guíe en la negociación.
- Escribirlo.

Escribir tiene las siguientes ventajas: queda una relación escrita (las actas de la reunión) que después se puede repasar; mantiene en la pista (menos vagar de la mente); se ha demostrado que escribir mejora la salud; los diálogos escritos parecen guiones.

Ejemplo:
Estás en el sector salud de tu tienda de alimentos favorita, con tu lista de todas las vitaminas y suplementos que necesitas para mantener el cuerpo sano.

> *DS (Director de Salud):* Veamos, vitamina E...
> *DF (Director de Finanzas):* Diez dólares.
> *DS:* Complejo vitamínico B12.
> *DF:* Ocho dólares cincuenta.
> *DS:* Calcio.
> *DF:* ¡Cuesta doce dólares!
> *DS:* Ginkgo.
> *DF:* ¡Siete pavos!
> *DS:* Necesitamos todo esto para estar sanos.
> *DF:* Devuelve todo eso al estante. No vamos a ser la persona más sana en el asilo de pobres.
> *Tú:* Bueno, aquí hay Centrum. Sólo cuesta diez dólares y probablemente lo contiene todo.
> *DS:* No contiene ginkgo.
> *DF:* Hay cosas que no hace falta recordar.

¿Qué ha ocurrido? Se ha hecho una pequeña concesión. Y estas concesiones las hacemos todo el día en el interior. Algunas sólo en décimas de segundos; tan rápido que no nos percatamos.

Escribir tiene también la ventaja de hacer más lento el diálogo, y alcanzamos a captarlo. Cuando escribas, envía a tu corrector de pruebas a tomarse un merecido descanso. Mientras haces este trabajo, no necesitas preocuparte de ponerle las rayitas a todas las tes, ni de la ortografía ni de los puntos y aparte. Simplemente ponlo todo sobre papel.

3. El proceso: Empieza el diálogo

Hablar con un personaje que no tiene ningún interés en el asunto es como llamar a un número equivocado. Según cuál sea el asunto que elijas, habrá partes que estarán interesadísimas y otras a las que no les importará nada. Es importante hablarle a la parte más apropiada (si se trata del asunto de adelgazar, por ejemplo, no le pidas que hable al Director de Salud; si él llevara la batuta, tendrías el peso perfecto, ¿no crees? Tienes que hablar con «la persona encargada de tu peso»).

Al principio podrías oír interferencias en la línea, sobretodo si intentas comunicarte con una parte que lleva mucho tiempo controlándote un asunto. Esta parte tiene muchísimo poder y va ganando. ¿Para qué va a querer hablar contigo?

Cuando desatendemos una parte de nosotros es tan irritante como cuando otra persona no nos hace caso. Desatiéndela un buen tiempo y te creará problemas, hasta que capte tu atención con su mensaje.

Cobar Pita

Ten presente que alguien que ha estado ganando es un triunfador y se merece tu respeto. Tu primer sentimiento hacia esa parte podría ser: «Si le pongo las manos encima, lo ahorco».

Esa no es buena manera de entrar en una negociación. No entres en tu Teatro Interior con la actitud de dar patadas. Esos son tus mecanismos de supervivencia, y han hecho un excelente trabajo en cuidar de ti. Has llegado hasta aquí. Tus partes te quieren, y tienen por objetivo tu supervivencia. Tienen Muy Buenos Motivos para hacer lo que hacen; estrafalarios tal vez, pero buenos motivos. Tienen una necesidad mayor. Créeme.

Al principio podrías creer que es imposible que haya un «buen motivo» para este sabotaje, porque hay mucha información contraria a esa idea. ¿Qué beneficio podría haber en tener 45 kilos de sobrepeso? Cualquiera puede decirte que eso no es sano.

Se me ocurren muchísimos beneficios para tener sobrepeso. Algunos son válidos y algunos sólo son percibidos. Pero para una parte interna son válidos y punto (si no se te ocurre ningún beneficio del sobrepeso, por ejemplo, quiere decir que aún no estás utilizando tu creatividad. Mira el paso 6).

Los personajes de tu Teatro Interior pueden ser humanos, animales, masculinos, femeninos, vegetales, minerales, de historietas, personas famosas, parientes, e inclusos bolas de luz. No es necesario dirigir esto; no hay experiencia buena ni mala, correcta ni equivocada (¿a qué otra parte puedes ir para momentos tan deliciosos?). Tu Director de Finanzas puede no ir trajeado; tu Director de Salud puede no llevar pantalones cortos deportivos. Alégrate. Acepta lo que tengas.

Cuando tengas imaginado tu teatro, di: «Quiero trabajar el asunto _____ (llena el blanco). Quiero hablar con la parte encargada de _____. ¿Haría el favor de ponerse en pie esa persona?»

Cuando la parte se identifique, dale las gracias. «Gracias por identificarte. ¿Querrías hablar conmigo sobre este asunto?»

No hagas preguntas que comiencen por «¿Por qué?» Estas preguntas normalmente no son preguntas sino afirmaciones o llamadas a juicio muy mal disfrazadas. Haz la pregunta de otro modo: «¿En qué me beneficias?» o «Llevas mucho tiempo conmigo; tienes que ser muy importante. ¿En qué recompensa estás interesado?»

Todas nuestras partes internas son mecanismos de supervivencia, y existen para nuestra supervivencia; se sienten protectores de su misión. ¿Protección contra qué? Bueno, este es un planeta que infunde miedo, y tenemos muchísimas cosas que temer, reales e imaginadas. Cuando se trata de cómo actúan nuestras partes internas, no existe el llamado miedo irracional; todo es racional y justificado. Lo que al principio parece ilógico es muy lógico cuando se conoce el Muy Buen Motivo. No hay fórmulas hechas en esto; cada uno encuentra su propio camino.

La vida es un acontecimiento personal.

Alan Urbach

4. Directrices

¿Qué haces si quieres hablar con una parte que no te responde?

Esto no es una compañía telefónica. Si esto fuera una línea de teléfono y no lograras comunicar, ¿qué harías? Recurrirías a un modo de comunicación que no implique línea telefónica. Escribirías. Eso es exactamente lo que harías en este caso también. Cogerías papel y pluma y buscarías un lugar tranquilo para comenzar tu diálogo.

No te sorprendas si encuentras resistencia. Ésta podría deberse a varias cosas. ¿Adivinas cuáles podrían ser?

a) El Muy Buen Motivo podría estar muy protegido, ser muy personal, y el mecanismo de supervivencia no te cree capaz de hacer frente a la verdad de lo que es el buen motivo. (¿Recuerdas a Jack Nicholson en el papel del militar que debe dar testimonio en *A Few Good Men*?)

b) El mecanismo de supervivencia no se fía de ti. ¿Tiene alguna razón para fiarse? Para solventar este obstáculo, puedes demostrar tu fiabilidad a otra parte primero. Por ejemplo, comprométete con tu salud o tus finanzas, entra en negociaciones mutuamente beneficiosas, respeta ese compromiso, y las otras partes tomarán nota y estarán más dispuestas a abrirse a ti.

c) Una parte interna podría no querer comunicarse contigo porque cree que la vas a ridiculizar o vas a tratar de disuadirla de lo que piensa o siente sin atender a sus necesidades.

La finalidad de conocer a nuestras partes internas es simplemente esa: conocerlas. Conociéndolas nos conocemos a nosotros mismos.

Cobar Pita

No te interesa cambiarlas. Respetando todas tus partes, tu yo entero, descubres las que has desatendido o escondido.

5. Continuación del diálogo

Practica la frase «¿Estarías dispuesto/a…?». Son las palabras de un negociador experto. Negocia tratados de paz contigo mismo.

Ejemplos:

«¿Estarías dispuesto a trabajar conmigo este problema?»

«¿Estarías dispuesto a bajar un kilo? ¿Medio kilo?»

«¿Estarías dispuesto a pasar sin azúcar durante diez minutos?»

«¿Estarías dispuesto a ayudarme a escribir este primer borrador?»

«¿Estarías dispuesto a hacer esto hasta abril?»

«¿Estarías dispuesto a estar incómodo algunos días?»

«¿Estarías dispuesto a sólo mirar el número de teléfono?»

«¿Estarías dispuesto a reunir la información, aunque no lleguemos a ir?»

¿No sería fabuloso si pudieras hablar contigo mismo, y en serio?

6. Pregunta «¿En qué me beneficias?» o «¿A qué necesidad mayor sirves (que yo no sé)?»

7. Sé creativo

Cuando tu parte interna te haga saber cuál es su Muy Buen Motivo (ejemplo: mantener un peso extra para evitar la vuelta de un cáncer):

a) Acéptalo.

Regla fundamental: No trates de convencer a esta parte para que piense, sienta o crea de otra manera. Eso es una pérdida increíble de tiempo, esfuerzo y energía, y además es insultante. Acepta lo que te dice, por ilógico que te parezca en el momento. Decir: «No deberías pensar así» a cualquier persona (interior o exterior a ti) sólo aumenta el problema. En lugar de eso, agradécelo, y luego trabaja con ello.

b) Acepta honrar y respetar el beneficio, sea cual sea.

Ahora puedes comenzar a buscar soluciones. Puedes:

a) Idear *otras maneras* de obtener ese beneficio.

b) Pedir una postergación temporal del beneficio (fecha incluida).

Ejemplos:

«Descubrí que el motivo por el que no podía terminar de escribir la historia era que tenía miedo de lo que pensaría mi madre si la leía».

«Me enteré de que mi motivo para mantener el peso es ahuyentar a mi mujer. Ella dice que mi peso extra no es atractivo, y yo le contesto que hay cosas de ella que yo no encuentro atractivas tampoco. Hay otras maneras de llevar este problema y las voy a descubrir.»

«El motivo de que no me permitía ganar más dinero era que no quería distanciarme de mis padres y familiares que tienen ingresos más bajos.»

«Descubrí que el motivo de no poder adelgazar es que perdería a mi grupo de amigas. Me detestarían. Somos un grupo sociopolítico, y ridiculizar a las mujeres de "peso normal" forma parte de nuestras normas. Me fastidia reconocerlo, pero si estoy delgada, no confiarían en mí.»

«Dejo las cosas para el último momento en la oficina por un motivo fabuloso y delicioso: me gusta la oleada de adrenalina. Me gusta ser el centro del tiroteo. Pero esto comienza a cansar a mi personal. He de encontrar otras maneras de obtener esta sensación sin involucrar a mis compañeros de trabajo.»

Estos son ejemplos reales, relatados por personas reales que no tenían opción en su comportamiento hasta que crearon un espacio (teatro) en su imaginación/mente para que se expresaran sus partes interiores. El tiempo promedio que tardaron en descubrir estos comportamientos obstructores fue inferior a quince minutos.

Es útil preguntarse: «¿Cómo puedo atender a esta necesidad mayor, a este Muy Buen Motivo, de otra manera? ¿Cómo puedo darme el mismo beneficio, pero de otra manera, de una manera que me resulte más útil?»

A modo de práctica, antes de comenzar tu autodescubrimiento, podrías detenerte a pensar en los cinco ejemplos que acabo de dar y aconsejar a esas personas. ¿Qué le aconsejarías a la escritora para que termine su historia? ¿Cómo satisfarías a la persona que experimenta la oleada de adrenalina en la oficina? Cuando tus partes interiores te vean ser buen consejero y negociar acuerdos que respetan a las partes, automáticamente comenzarán a fiarse de ti.

¿Has estado pensando en dejar tu empleo para iniciar una empresa propia? ¿Y cada día cambias de opinión? Has de preguntarte: ¿Qué necesito para comenzar mi empresa sintiéndome a gusto? Después escribe la lista; pon en la lista todo lo que preferirías tener. Repásala y comprueba que está todo lo que absolutamente tienes que tener.

Cuando les preguntes, tus partes sabrán decirte qué tendrías que tener ya para que esté bien iniciar tu nueva empresa. Si les preguntas, te lo dirán. Escríbelo. Puede que resulte una lista terriblemente rebuscada, pero por lo menos ya sabrás qué necesitas. (La siguiente pregunta podría ser: «¿Cuánto tiempo me llevaría tener todo lo que hay en esta lista?»)

En su maravilloso libro *Wishcraft* [Artesanía en deseos], Barbara Sher recomienda hacer también una lista de todos los motivos por los que no se puede realizar el proyecto. Por ejemplo, haz la lista de todos los motivos de que no te sea posible bajar tres kilos. Tal vez tu estilo de vida te impone hacer la mitad de tus comidas fuera de casa; comes en aviones, en el coche, en almuerzos de trabajo y cenas con clientes. ¿Es un dilema solucionable? ¿Qué sugerencias harías a una persona que tuviera este problema?

Observa que, cuando te pido que soluciones un problema de «otra persona», *se te ocurren soluciones*. Rápidamente te vienen soluciones a la mente. Sin embargo, esos son los mismos problemas que acaban en tu Lista de Quejas.

¿Bloqueo de escritor? Con frecuencia, el obstáculo es el perfeccionismo. Si lo es, date permiso para hacerlo no perfecto. No trates de hacerlo bien, simplemente escribe. Es probable que te acobarde cualquier compromiso a hacer algo que producirá crecimiento. Entonces, mi siguiente pregunta sería: «¿Estarías dispuesto a estar asustado un tiempo para obtener lo que deseas?»

Las personas se asombran al descubrir que pueden contestar «sí» a esta pregunta. Cuando mantenemos los miedos bajo la superficie, sin reconocerlos, son enormes, insuperables. Pero cuando nos los dicen y los ponemos sobre papel, y cuando se hace esa pregunta mágica, de pronto tenemos valor.

8. Gratitud

Da las gracias a tus partes por:

a) Identificarse

b) Estar por ti

c) El cuidado y protección que te han dado

d) Darte información

e) Acceder a ser creativas en buscar soluciones.

9. Acepta renegociar

Tu influencia en ti aumentará cuando prometas a tus personajes internos involucrados que dentro de un tiempo vas a examinar cómo van las cosas y que estás dispuesto a renegociar.

Si adelgazas 25 kilos y tu vida se convierte en un embrollo gigantesco, y de verdad crees que el motivo es tu nueva forma esbelta y no logras encontrar la manera de remediarlo, será mejor que tengas otra conversación. Pronto.

Si empiezas a tener éxito profesional y esto asusta y confunde a tu cónyuge, probablemente es hora de tener otra conversación acerca de tus prioridades. Si deseas *tenerlo todo*, reconócelo para ti mismo y luego sugiere soluciones. Es posible que te hayas entregado demasiado a tu profesión porque querías que ésta fuera fabulosa, o solamente porque sabías que era una manera de acabar con tu relación conyugal.

Creo que muchas personas están en guerra consigo mismas en su interior. Creen que desean estar donde están, pero hay una parte de ellas que no lo desea en absoluto.

T. Duncan

Tus personajes internos trabajarán para ti si piensan que realmente los vas a escuchar y estás dispuesto a renegociar en el futuro.

Ejemplos:

(A la persona gorda interna): «¿Estarías dispuesta a soportar los comentarios de amigos "bien intencionados" mientras experimentas estar delgada?» Es posible que tu amorosa persona gorda interna te conteste: «Claro que sí, pero ¿cómo te las vas a arreglar cuando te digan: "Oh, un bocadito no te hará daño. Anda, sírvete"?».

(Al complaciente interno): «¿Estarías dispuesto a pasar unos pocos malos ratos mientras trabajo mis habilidades de autoafirmación?» La respuesta podría ser: «¿Trabajar tu autoafirmación con quién?»

(Al Director Social interno): «¿Estarías dispuesto a postergar las reuniones con amigos hasta que tenga escritos tres capítulos de mi libro?» La respuesta podría ser: «Borraré de la agenda todos los encuentros con amigos, pero no renunciaré a ningún rato con los nietos».

(Al fanático de la limpieza interno): «¿Estarías dispuesto a tolerar una casa menos que perfectamente limpia hasta que termine mi declaración de renta?» Tu Fanático de la limpieza podría contestar: «El polvo vale, pero nada de platos sucios en el fregadero».

(Al comprador interno): «¿Estarías dispuesto a no ir al centro comercial hasta que haya pagado las tarjetas de crédito?» La respuesta podría ser: «¿Cuánto tiempo llevará eso?»

(Al loco por los coches interno): «¿Estarías dispuesto a no comprar un coche nuevo durante dos años hasta haber logrado nuestro objetivo en fondos para la jubilación?» No te sorprendas si tu Loco por los coches te dice: «De acuerdo, siempre que no nos encontremos con un Cadillac convertible modelo 59 a menos de 20.000 dólares. Es decir, sé razonable; no soy un santo».

¿Captas la idea?

10. Cierre

Jamás conocerás personas más fascinantes que las que viven en el interior de tu cabeza. Encontrarás aburrida la televisión si la comparas con las conversaciones que tendrás con ellas.

Ve con actitud de gratitud: agradece siempre a tus partes por comunicarse contigo. Ellas tienen el poder, de lo contrario no estarías leyendo esto, así que tenles mucho respeto. Y el humor ciertamente ayuda.

Consejos para el Teatro Interior: Cuatro técnicas adicionales

Haz una lista de las personas a las que pedirías consejo si pudieras, o de personas que solucionan problemas de una manera que tú no has hecho hasta ahora. Piensa un momento y escribe los nombres de esas personas:

_____   _____

_____   _____

_____   _____

_____   _____

Cuando estés atascado y no logres dar con una solución, pregúntate: «¿Qué haría _____ si tuviera este problema?»

¿Qué haría el general George Patton si estuviera en tu situación? ¿Qué haría Scarlet O'Hara, la decidida a no volver jamás a pasar hambre? ¿Cómo llevaría esto George Burns? ¿Y *Winnie the Pooh*? Sé que parece divertido, pero cuando uno se hace este tipo de preguntas, logra imaginar respuestas. Y tener una respuesta, cualquier tipo de respuesta, significa que ya no se está atascado.

(Mientras escribo, mi mente está reflexionando sobre una imitación a escala tres cuartos de un coche Woody de 1934 que vi el sábado y deseé comprar. Pienso en él con cariño, y sé que el general George Patton no habría pensado mucho en este falso cochecito de playa de plástico californiano. Y si considero el consejo de Scarlet O'Hara, veo la sabiduría de dejar mi dinero en el banco y olvidar el coche. Pensando en George Burns, lo veo con su cigarro haciendo su clásico encogimiento de hombros porque no le importa. Al pensar en lo que habría hecho Winnie el Pu, veo ese extraño cochecito en mi camino de entrada. Este proceso tardó menos de un minuto. Fue un ejercicio agradable para mi mente y acabó con la pregunta: «¿O sea que esta semana quieres que Winnie dirija tu vida?» Me río para mis adentros, mi mente se despeja y soy capaz de volver al trabajo. Ves, así es como funciona.)

• • •

Otra técnica:

Una vez que se te hayan ocurrido algunas soluciones posibles, pregúntate: ¿qué estoy dispuesto a hacer hoy, o la próxima hora, o los próximos cinco minutos?

Piénsalo. No es necesario que bajes 25 kilos, ni siquiera 5. Sólo tienes que bajar medio; e incluso ese medio kilo contiene diez partes de 50 gramos. No tienes para qué escribir todo un libro; no tienes para qué escribir 250 páginas, ni 110. Escribe una página, una palabra. Si deseas romper un hábito que entraña una tentación (sexual, de fumar, de jugar dinero o de comer, por ejemplo), ¿puedes aplazarlo cinco minutos? ¿Puedes pasar diez minutos sin eso? A esto muchas personas contestan: «Por supuesto». Bueno, eso es lo único que tienes que hacer por ahora.

Si piensas que eres buenísimo para aplazar, pues entonces ejercita tu músculo aplazador. Si dejas para después hacer la declaración de renta, ¿por qué no dejar para después comer un pastel?

Otra técnica:

Pregúntate: ¿qué ocurrirá si tengo éxito?

Éxito en tener dinero, en escribir, en adelgazar, en ser creativo, en ser más organizado, en ser un éxito. Cual sea tu deseo, imagínate claramente con un éxito total. Imagina todos los detalles visuales de ti en esa situación. Tómate dos minutos y proyéctate en este cuadro de éxito.

Deja de leer e imagina ese cuadro. Deja de leer ya.

Ahora que estás totalmente inmerso en ese cuadro de éxito, imagínate que te encuentras en una fiesta. ¿Cómo reaccionan ante ti las personas? ¿Te piden consejos técnicos?

¿Te exponen problemas? ¿Pasan de ti? ¿Se interesan por tus cosas? ¿Te parecen sinceras? ¿Todas se muestran amistosas? ¿Te ofrecen comida, consejo, o te enseñan la puerta? ¿Cómo te trata el mundo?

Una próspera mujer de negocios hizo este ejercicio y comprendió que creía que, si tenía un millón de dólares, tendría que vestirse como una señora mayor y conducir un Mercedes; ella prefiere vestir chándal y conducir su Jeep. Tú y yo sabemos que puede vestirse como quiera y conducir el coche que quiera. Sin embargo, si su cuadro de sí misma millonaria era negativo para ella, iba a costarle más convencer a sus partes internas para que fueran de acuerdo a ese cuadro de éxito. Bueno, «arregló» su cuadro de cómo sería siendo millonaria y así acabó su sabotaje de dos años a sus finanzas.

Si logras éxito en obtener lo que sea que deseas, ¿cómo serían la o las personas de tu vida? Si obtuvieras lo que deseas, podrías sentirte separado de alguien o de algún grupo. ¿Qué te parece eso? ¿Y estás dispuesto a aceptarlo?

Otra técnica:

Imagínate que no tienes éxito y te sientes feliz por eso. ¿Qué pasa? Tómate dos minutos e imagínate claramente que no estás en tu cuadro de éxito y ve qué te parece eso.

Deja de leer e imagínate la situación. Si se trata de adquirir algo, no lo consigues. Si se trata de un hábito, imagínate que estás peor de lo que estás ahora. Por ejemplo, si tienes 25 kilos de sobrepeso, imagínate que tienes 40 kilos de más. Si tienes una deuda de 5.000 dólares, imagínate que la deuda es de 200.000 dólares. Si fumas, imagínate que no paras de fumar en todo el día, que enciendes un cigarrillo con el que aún no has apagado. Para hacer bien este ejercicio debes imaginarte con detalles cómo te sienta eso.

¿Cómo reaccionan las personas a esta forma tuya? ¿Se muestran amistosas, o no te hacen ni caso? ¿Y a ti te gusta eso más o menos? ¿Te tienen compasión o te piden consejo? ¿Te sientes a gusto con eso? ¿Te acogen bien? ¿Te cuentan sus cosas, o se ofrecen a cuidar de ti? ¿En qué han cambiado las cosas?

Con este ejercicio las personas hacen descubrimientos sorprendentes acerca de sí mismas y de cómo se sienten percibidas por los demás. Hazlo. Tómate dos minutos e imagínate más lejos de tu cuadro de éxito que lo que has estado.

Una mujer, que siempre había tenido controlado su problema de peso, se imaginó obesa y en una fiesta. Lo pasó en grande en su imaginación, y comprendió que estando gorda podría coquetear escandalosamente y nadie la tomaría en serio. Se divirtió muchísimo en su mente. También pensó que tendría que ser más simpática con las personas y éstas serían simpáticas con ella. Con un peso normal podía hacerse valer, pero le pareció que siendo gorda no la valorarían. Pero, también en su imaginación, en asuntos profesionales tampoco nadie la tomaba en serio. Este ejercicio mental la sorprendió; no sabía que sus partes internas estuvieran tan convencidas de esas percepciones. Después de ver claramente este cuadro, ya no le fue necesario esforzarse tanto en su plan de comidas. Sin atormentarse, empezó a subir a pie la escalera del edificio de su oficina, y encontró una bicicleta estática en unas rebajas. El ejercicio de imaginarse en la fiesta la cambió sutilmente. «No quiero tener que simular que estoy alegre cuando no lo estoy», comentó. «Eso sí que me molestaría, tener que ponerme en ese tipo de apremio.» Desde entonces hace ejercicios en esa bicicleta para tonificar los músculos.

Se cansa fácilmente cuando se la presiona, para ser interesante.

Descripción de Maris por el personaje Niles Crane, en
un episodio de «Frazier»

OTROS AJÁS Y EXPERIENCIAS RELATADAS

Mike descubrió que, dejando para última hora la declaración de renta, podía ser el centro de atención en su familia cada mes de abril. La tranquilidad de su estudio sólo era interrumpida para ofrecerle sus comidas favoritas. Hacer este trabajo era para él causa de mucho drama, y en su ajetreada familia le daba la soledad que ansiaba y una excusa perfecta para no hacer el servicio de taxista para sus hijos. La declaración de renta se hace cada año, el mismo mes, no hay ninguna sorpresa. Max tenía una necesidad mayor que satisfacía aplazándola.

El sociable Bill tuvo éxito en adelgazar 30 kilos hasta que se encontró con un grupo de conocidos y nadie lo reconoció. Siempre de ánimo para disfrutar y bromear con la gente, se sintió aniquilado. Sin que él se diera cuenta, una parte interior le hizo recuperar el peso, y ahora a este alegre gordo lo reconocen y acogen bien. Tenía mayor necesidad de ser reconocido que de estar delgado. Ahora sufre de problemas de pies y espalda. Acaba de descubrir lo que le hace su peso y está empezando a idear una estrategia creativa para solucionarlo. Sabe que su problema de peso finalmente le acortará la vida, y dice: «No necesito ser un cadáver que la gente reconozca».

Jim saboteó su trabajo hasta el punto en que casi lo despidieron. Su Muy Buen Motivo, claro, era que echaba de menos su terruño, Seattle, y necesitaba que su mujer apoyara su deseo de volver allí. Volver a su tierra le servía a una necesidad mayor que ser un buen empleado.

> Una vez que el subconsciente acepta una idea comienza a ejecutarla.
>
> *Joseph Murphy*

Un joven músico y su amigo, que visitaban por primera vez Oahu (Hawai), estaban almorzando en el Kahala Hilton. Había cientos de orquídeas en el vestíbulo, un estanque con delfines, pozos con tortugas, un exquisito bufé, y en el hermoso jardín de césped que daba a la playa se estaba celebrando una boda japonesa. El joven se sintió intimidado ante tanta elegancia y exuberancia. «Creo que no me siento cómodo aquí», comentó. «Puede que tú no —repuso su amigo—, pero yo ciertamente sí. Si no te sientes cómodo en un lugar hermoso como éste, jamás tendrás el dinero que dices desear.»

Cuando se imaginó delgada, Pamela comprendió muy bien que a su marido no le gustaría. Decidió bajar de peso de todos modos; observaba y escuchaba a su marido cuando él trataba de sabotearle los esfuerzos, hizo lo que pudo en terapias para parejas, y después de quitarse 45 kilos de encima, no le importó perder otros 81 (su marido). Bajar de peso le servía a una necesidad mayor que la de estar casada con ese determinado hombre.

Recordad que en toda nuestra desgracia estamos cómodos.

Wally Minto

Las personas realmente obtienen lo que desean. Si se quejan de lo que les ocurre, es que eso les da motivo de qué quejarse. Si bien parece locura que una persona acarree 45 kilos extras, podría deberse a que sabe qué problemas tendría si se los quitara. Si bien parece una locura que una persona viva tomando malas decisiones financieras, podría ser que eso la mantuviera cerca de sus raíces de bajos ingresos. El misterio es descubrir qué se desea verdaderamente. ¿A qué necesidad mayor se sirve? Alguien del interior desea algo y lo desea por un Muy Buen Motivo. Nuestra tarea consiste en descubrir ese motivo y darse ese beneficio sin recurrir al sabotaje.

Nuestro comportamiento es un mensaje cifrado de una parte que desea algo. Nuestro trabajo es descifrar el código.

En las seis últimas semanas, Allison había decidido seis veces romper con su amante casado. El drama de ese romance ya estaba comenzando a aburrirla, incluso a ella, que tenía enorme capacidad para soportarlo; no quería ser la otra mujer, pero no deseaba rechazar a su amante tampoco. Muchos de nosotros, por tratar de ser simpáticos y buenas personas, sacrificamos un objetivo interior. Por algo así como un capricho, Allison posó desnuda para una clase de arte. Cuando enseñó algunos de los bocetos a su amante, éste se indignó y salió para siempre de su vida. Allison sintió una sensación de alivio cuando él se marchó, sentimiento que no había esperado. Le llevó un par de días darse cuenta de que ella había creado inconscientemente esa situación y que una parte de ella la había planeado; incapaz de reunir el valor conscientemente, había tratado de «razonar» consigo misma. Una de sus partes internas decidió solucionarle el problema. Incluso ella logró encontrar el humor en la situación: un hombre que ponía objeciones a que posara para una clase de arte, pero aceptaba su propio adulterio.

Resulta entonces que tus mecanismos de supervivencia han hecho un papel excelente en tu vida; han sido eficientes, siempre alertas y resueltos. Podrías pensar que deseas algo, pero hay una parte de ti que te refrena.

> El cómo cambia la gente, ¿es una de las preguntas más importantes que podemos hacer en toda la historia de la humanidad? Cambiamos cuando servimos a la verdadera necesidad de la voz que nos lo impide.
>
> *T. Duncan*

¿Y quieres saber algo realmente radical? Cambiar es así de sencillo. No fácil, pero sencillo.

5

El curso: Tercera parte

> Me es imposible contar a las buenas personas que co-
> nozco que podrían ser aún mejores si dirigieran sus es-
> píritus al estudio de sus hambres.
>
> *M. F. K. Fisher*

Las decisiones más difíciles que hay que tomar entrañan o
permanecer o marcharse.

Esto es bastante evidente cuando hablamos de un trabajo o de una relación. Ampliemos la manera de pensar en permanecer o marcharse. También podría significar remodelar la
casa, probar un nuevo corte o color de pelo, un viaje al extranjero, cirugía dental o plástica, o incluso adoptar un animal de compañía. ¿Hay que quedarse en la situación tal como
está o ir hacia el nuevo reto?

El conflicto de permanecer o marcharse convierten en
convención política a nuestro Teatro Interior. Todos los personajes tienen un conflicto con tu conflicto y lo dicen. Quieres saber si deseas quedarte como estás (permanecer) o ir a
por ello.

«Escucha la suave vocecita interior.»

La suave vocecita. Ay, si sólo fuera una. Pero no lo es. Yo no tengo una vocecita suave, tengo un coro, y tú también. Si lo escuchamos, suena como una pelota de tenis suelta dentro de un secador de ropa. La toma de decisión se complica por la andanada de consejos, inquietudes e intereses. Si recibes opiniones de amigos o colegas exteriores, las posibilidades se multiplican.

El motivo de encontrar tan difícil iniciar la propia empresa, acabar una relación o incluso teñirse el pelo es que uno no está seguro de que va a ser feliz si toma esa decisión. De aquí a seis meses podrías decir: «¿Qué me hizo hacer eso?», u «¡Ojalá lo hubiera hecho antes!»

¿Lo lamentaré? Como una pancarta extendida a todo lo ancho del cielo raso de nuestra imaginación/mente, estas palabras nos impiden tomar una decisión. En muchos asuntos, si esperamos mucho tiempo, alguien decide por nosotros.

Tanto el dentista como el mecánico de coches emplean las frases «Puede pagarme ahora» (si es una reparación pequeña) o «Puede pagarme después» (si es algo más importante).

«No decidir es decidir.»

Sí, lo he decidido, lo haré. Al día siguiente, no, seguro que no haré esto. Adelante, atrás, un vaivén. Algunas personas han sugerido dar un voto cada día durante un mes y que al final del mes la mayoría gane. El único problema de esto es: ¿cuántas veces al día vas a votar?

Al final podrías oír a una parte interior decir: «¡Eres demasiado indeciso! ¿Es que no puedes tomar una decisión?» ¡Y qué acertado es el comentario!

¿Esas voces interiores? Cuando despierto por la mañana, ha entrado el jurado y me ha declarado culpable.

Lynn Easton

Bueno, pero ahora cuentas con el instrumento mejor
posible para tomar decisiones más rápido, y decisiones con
las que querrás vivir. Ahora tienes instalado el sistema del
Teatro Interior y allí es donde vas a trabajar.

En lugar de gruñirte cada vez que oyes otro consejo
conflictivo en tu mente, dirígelo. La autodirección es lo
opuesto a autosabotaje.

¿Cómo toma una decisión un buen director?

Un buen director escucha los consejos, elige los perti-
nentes, fija un tiempo límite y llega a una decisión. Hay
quien emplea el método de Einstein, de pasar el asunto a manos del subconsciente y esperar (y tener) la decisión al despertar por la mañana. Para evitar la «parálisis del análisis»,
un buen director comprende que nunca tendrá *toda la información que querría tener* acerca de una situación, y sabe que
tomará una decisión de todos modos. Al parecer también
confía en tener recursos internos para enfrentar lo que sea
que ocurra debido a su decisión. Está dispuesto a aceptar la
responsabilidad de sus decisiones. Por eso gana los billetes
gordos.

Las habilidades requeridas para dirigir personas son
transferibles a la imaginación/mente, a nuestro Teatro Interior. Si has hecho cursos de dirección de empresa, esa información también vale para las partes de tu yo. No reprende-

rías a tu personal por sus opiniones; los respetarías, al fin y al cabo los has contratado. Lo mismo vale para el trabajo que harás en autodirección.

Reúne las opiniones diversas y conflictivas y óyelas hasta el fin; escucha y oye todo el rollo de cada parte; no interrumpas. Toma notas. Cuando te parezca que lo has oído y escrito todo, pregunta si hay alguien más en tu Teatro Interior que tenga una opinión sobre el tema. Calla y espera. Es raro que, dada la oportunidad, no se oiga al menos una voz más. El miembro más tímido de tu personal podría tener lo más inteligente para decirte. Lo mismo vale para tus voces interiores.

> Los que tienen una vida interior profunda y real son los más capaces de arreglárselas con los irritantes detalles de la vida exterior.
>
> *Evelyn Underhill*

Lo bello de este sistema es que ahora que sabes qué hay, podrías encontrar una solución que satisfaga a todas las partes. Eso es un enorme reto en algunos asuntos, pero antes, cuando tu mente estaba en la modalidad pelota de tenis, no tenías opción. Ahora, con todo esto extendido ante ti, tienes opción. Como buen director, tu inclinación debería ser ver si hay una manera de satisfacer todas las necesidades. Eso sería lo ideal.

Si eso no es posible y es inevitable hacer concesiones, recurre a la frase «¿Estarías dispuesto a …?» para comunicarte con criterios conflictivos. Una parte que no va a obtener lo que quiere respondería bien a un marco de tiempo: «¿Estarías dispuesto a apoyar esta decisión hasta mayo?»; «Me gustaría probar esto durante seis meses y luego volver a examinarlo, y necesito el acuerdo de todas las partes». Este tipo de conversación es positiva y prácticamente elimina el sabotaje.

Veamos cómo funciona esto en la práctica. Veamos a una persona real tratando de tomar una decisión.

Jane

Jane tiene un trabajo estable, de nueve a cinco, en una compañía de seguros médico y dental. La oficina está cerca de su casa, y lleva cinco años trabajando allí. Está casada y tiene dos hijos. La mayoría de los días le gusta su trabajo, pero cada vez con más frecuencia siente que sólo lo tolera.

El problema que enfrenta Jane es: ¿continúa con su trabajo o inicia una empresa propia? Ha decidido y vuelto a decidir este asunto unas cuatrocientas veces. Si pudiéramos entrar en su Teatro Interior podríamos oír a cuatro de sus partes.

Su voz de la razón viste traje gris formal y es partidaria de la buena organización; esta parte desea que se hagan estudios de mercado, organigramas, estudios regionales y un plan de negocios; esta parte teme la ruina económica, necesita un plan B, un plan C y un plan D, y le interesa saber cómo aceptará el banco la idea de esta nueva empresa. Observa que las preocupaciones de esta parte son válidas y sensatas.

A otra parte de Jane le preocupa cómo van a afectar las exigencias de su nueva empresa a su eficiencia como madre y esposa. Ella se afana por la perfección en el frente hogareño, planifica las comidas y tiene la casa agradable y acogedora, incluido el cultivo de rosas. Esta parte defiende los valores familiares y refleja el actual frenesí de los medios de comunicación en contra de las personas que «quieren tenerlo todo». Esta parte consuela a Jane diciéndole que lo que ya tiene «no está tan mal». Esta es también la parte encantadora de Jane que no sabe de negocios, pero está dispuesta a emplear ese encanto para hacer funcionar la empresa.

Jane tiene también una niña interior afligida que no quiere crecer ni enfrentar las decisiones y responsabilidades de la persona adulta. Esta parte ansía una vida más sencilla de siestas y ocio, y el cuidado y protección de otra persona. Esta parte es simpática y sincera y logra que Jane se canse de todo el asunto; es decir, cuando oye a esta parte, pone de lado la idea de la empresa durante otro tiempo más.

Entonces viene el Yo Borrascoso de Jane a anunciarle que se va a poner belicosa si no empieza pronto a hacer lo que quiere. Esta es la Jane intrépida que todos queremos ser… a veces. Es enérgica y divertida, y le dice que al fin y al cabo el banco la necesita. Esta parte está harta de que Jane se ponga en segundo plano y anteponga los deseos y necesidades de todos los demás. Ella tiene sus propios deseos y necesidades y se considera lo suficientemente creativa para vencer cualquier dificultad. Sabe que hay talento y recursos interiores que ella todavía no ha utilizado.

Muy bien, tú eres el asesor o terapeuta profesional y esta mujer acaba de entrar en tu consulta. ¿Qué haces con ella?

¿Qué es probable que ocurra si Jane continúa así? Habrá resentimiento, si no otra cosa. Podría comenzar a sentirse resentida con su marido, con sus hijos y con su trabajo. Si continúa otro tiempo más, despertará cansada, y luego se quejará de falta de energía. Muchas personas permanecen años en esta fase. O podría pasar a la fase tres, lo que significa que podría comenzar a experimentar dolencias no diagnosticables.

Si pone en marcha una empresa, ¿qué tipo de empresa le convendría? Bueno, ella está muy aferrada a sus hijos, de modo que cualquier cosa que la obligue a estar fuera de la ciudad durante periodos largos probablemente no sea la adecuada. Es una persona sociable, de modo que una vida laboral que le exija un trabajo constante y solitario, si bien es perfecta para algunas personas, no le iría bien a Jane. Le gusta tener respuestas a sus preguntas antes de actuar y éste es un punto a favor de una aspirante a empresaria.

Para poder tener paz mental, Jane tendrá que atender a estas cuatro partes y satisfacerlas a todas. Autoadministrarse significa atender a todas las partes.

¿Y si pusiera un negocio de cultivo de rosas? Ya podemos imaginar que esto conviene al lado contable de Jane. Satisface también a sus otras partes sin sacrificar lo que le es más querido. Esto es lo que ocurre cuando una persona «descubre su pasión» o «realiza lo que la hace dichosa». Significa que suficientes partes internas están satisfechas con este plan y no lo sabotearán. Cuando ocurre esto, la persona se siente enamorada de su vida y de sus proyectos. Despierta a las cuatro y media de la mañana y no ve las horas de empezar. Dice cosas como «Haría esto aunque tuviera que pagar para hacerlo» y «Haz lo que te gusta y no tendrás que trabajar un solo día más de tu vida».

Es el deber del alma ser leal a sus deseos. Debe abando-
narse a la pasión de su dueño.

Rebecca West

El autosabotaje ocurre cuando las voces internas luchan
entre ellas. Cuando dejan de luchar, nos volvemos muy eficientes. Si otra persona nos hablara como nos hablamos a nosotros
mismos, le meteríamos pleito. Somos muy duros con nosotros mismos, muy críticos, no nos apoyamos ni alentamos con
las palabras, y los conflictos no se solucionan conscientemente.

¿De qué sirve todo esto? «Es interesante, pero...»

¿Has hecho sabotaje a tu profesión? ¿Trabajas cerca de
alguien que sabotea su profesión? ¿Y qué pasa con las resoluciones de Año Nuevo? ¿Dejar de fumar? ¿Bajar de peso? ¿Ahorrar?
¿Hacer ejercicio? ¿Dónde está tu resolución el 1 de febrero?

El motivo de que la fuerza de voluntad no funcione es que
no hay acuerdo. Para hacer una resolución de Año Nuevo sólo
necesitamos el 51 por ciento de los votos. Si el 51 por ciento de
tus voces dicen «Dejar de fumar», escribes esa resolución. ¿Pero
es suficiente el 51 por ciento para que eso ocurra? Para algo tan
difícil como dejar de fumar, probablemente no. Necesitarás el
apoyo de más del 51 por ciento para lograrlo. Pero si todos los
personajes internos están de acuerdo en dejarlo, entonces sí.

Lo sepamos o no, hay un buen motivo detrás de todo lo
que hacemos y no hacemos, de cada opción que hacemos o evitamos.

Sarah Ban Breathnach, en Simple Abundance

Damos la impresión de ser complicados, incoherentes, muchas veces irracionales, contraproducentes y confusos. No comprendemos por qué bajamos de peso y luego lo recuperamos. Comenzamos cosas y no las terminamos. Tenemos la intención de hacer «buenos trabajos» y jamás nos ponemos a ello. En resumen, somos un misterio insondable para nosotros mismos.

Lo que ganamos con un diálogo con nuestros directores internos es comprender lo que nos motiva. En lugar de no encontrarle lógica, comenzamos a ver que sí tiene lógica, y mucha. Nuestros directores, si les permitimos hablarnos, nos dirán por qué hacemos lo que hacemos.

Sean cuales fueren tus motivos, una conversación con tus directores internos te dará la información que te permitirá «conocerte».

Has leído algunas de las cosas que otras personas oyen en sus mentes y de las que yo oigo en la mía. ¿No te gustaría conocer a las partes tuyas que están dirigiendo tu vida?

Es imposible hacer incorrectamente este ejercicio. Lo único que has de hacer es guardar silencio y escuchar. No trates de dirigir. Toma lo que obtengas.

Te toca a ti

Te voy a dar el nombre del puesto de tres de tus partes o directores internos. Tu mente va a trabajar más rápido que lo que puedes leer. Cuando leas el título del director desvía la mirada hacia la derecha de la página y fija la vista en cualquier cosa de tu entorno. Y escucha la respuesta.

Si tu Director de Finanzas estuviera sentado delante de ti en este momento, ¿qué sería lo que tendría que decirte? ⇨⇨⇨⇨

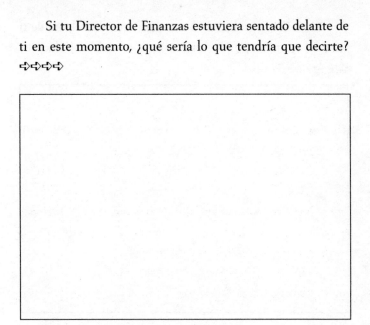

¿Recibiste una palmadita en la espalda de tu Director de Finanzas?

¿O te chilló?

¿O tuvisteis una breve conversación alentadora, del tipo «podrías hacerlo mejor si lo intentaras»?

¿Hubo enfado? ¿Frustración?

¿Recibiste una estrella de oro? ¿O el veleidoso dedo del destino?

¿Tu Director de Finanzas es una versión de Atila jefe de los hunos? ¿O de Atila el sentimental?

Ahora veamos a otro director interno. Nuevamente, después de leer su título desvía los ojos de la página y fíjala en algo de modo desenfocado. Escucha la respuesta interna.

Si tu Director de Salud estuviera sentado delante de ti en este momento, ¿qué sería lo que tendría que decirte? ⇨⇨⇨⇨

[ ]

¿Recibiste un «Bravo» de tu Director de Salud?

¿O una regañina?

¿Te hizo la crítica «emparedado»: «Esto lo haces bien, *esto tienes que trabajarlo*, esto lo haces bien»?

¿Te parece que tu Director de Salud está bien fundado en la calidad de vida para ti?

¿Cuánto caso hace tu Director de Salud de los medios de comunicación? ¿Tuviste la impresión de que te estaba midiendo según un modelo basado en lo que oyes en las noticias de la noche? ¿O está preocupado por cosas serias que podrían ser letales? ¿Te aconsejó pedir hora para un análisis o un examen médico?: ¿colesterol? ¿mamografía? ¿presión arterial? ¿colon? Si lo hizo, deja de leer, deja el libro y llama para concertar hora. Ahora mismo.

Hazlo.

Y ahora el último. Sigue con los ojos las flechitas hasta fuera de la página y fija la vista en un objeto. Escucha la respuesta interna.

Si tu Director de Relaciones Públicas estuviera sentado delante de ti en este momento, ¿qué sería lo que tendría que decirte? ⇨⇨⇨⇨

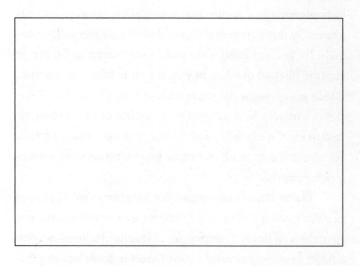

¿Recibiste unas palmaditas en la espalda de tu Director de Relaciones Públicas?

¿O te tenía una queja?

¿O te dijo: «Tenemos que ir a comprar al Nordstrom y dejar al Director de Finanzas en casa»?

La tendencia a llevar ropa informal en muchos ambientes de oficina tiene aturdido y confundido a tu Director de Relaciones Públicas. Antes todo estaba muy bien definido, ahora las cosas están confusas, pero tu Relaciones Públicas no se permite bajar la guardia. Todavía tiene una misión: mantenerte a la última moda, pulcro y estupendo, todo el tiempo, y el hecho de que los listones se hayan movido no significa que vaya a quitarle importancia a eso.

¿Te sugirió que prestaras más atención a este aspecto de tu vida?

También es posible que tengas un Director de Relaciones Públicas cuya misión es contracultural: no te considera bien presentado a menos que escandalices un poco con tus gustos. Su directriz podría ser: cualquier cosa menos lo «normal» (lo que sea esto). Esto podría ser mucho pedir, con la enorme libertad que hay hoy en día en la forma de vestirse. Puede ser agotador dar tanto trabajo a un Director de Relaciones Públicas. Si tu criterio para vestirte es «¿es lo bastante raro esto?», esa dificultad constante genera mucho estrés. Ser siempre contracultural exige mucho esfuerzo (y a veces mucho dinero).

¿O acaso estás atado a un color o ciertos colores? ¿Ese es tu color y ningún otro sirve? Ponerte algo amarillo sería, por ejemplo, «no llevar el uniforme». Estas limitaciones tienden a hacer sentirse acorralado a un Director de Relaciones Públicas, que al sentirse así podría estresar excesivamente al Director de Finanzas: «Tengo que tener ese barniz de uñas negro»; «Tengo que tener esas zapatillas deportivas de 220 dólares». «Tengo que», «Tengo que».

Muchas personas están en guerra consigo mismas en su interior; creen desear algo, pero hay una parte de ellas que tiene una necesidad mayor. Creen desear salir al mundo, pero una parte de ellas las refrena. Creen que pueden adelgazar, pero tienen una poderosa persona gorda en su interior. Creen que desean hacer cosas, pero se encuentran con sólo diez horas al día cuando todos los demás tienen veinticuatro. No podemos llevar a cabo las mejores decisiones mientras no aprendemos a satisfacer la necesidad mayor que nos lo impide.

Si estás saboteando algo (tu trabajo en ventas, tu educación, tu peso, tus finanzas o tus relaciones) quiere decir que una parte de ti lo desea y otra parte no lo desea.

Me llevó quince minutos de negociación resolver mi problema de peso de toda la vida. Estadísticamente, este problema tiene un índice de fracaso del 95 por ciento. Mis posibilidades de tener éxito eran menores que si hubiera tenido adicción a la heroína. Y en quince minutos conocí, me comuniqué y negocié con mi parte interior que me había mantenido gorda toda la vida. Claro que mis padres, hermanos, tíos y tías tenían sobrepeso. Todos eran gordos.

Herencia no equivale a destino.

T. Duncan

Hay muchos hijos de personas gordas que no son gordos. Hay muchos hijos de personas con otros tipos de problemas que no tienen esos problemas. No todos los hijos de personas pobres continúan siendo pobres. Una cosa son las circunstancias y otra son las elecciones.

El éxito no es un secreto, es un sistema.

Alyce Cornyn-Selby

Y ahora puedes coger el sistema que te *ha estado usando*, darle la vuelta y *usarlo tú*.

Este sistema de Teatro Interior es un instrumento para las personas que desean dejar de ser infelices en su vida, lograr verdaderos resultados y realizar sus objetivos. Ten presente: si eres gordo y eres feliz así, entonces estar delgado no es uno de tus objetivos. No estoy aquí para darte un objetivo; estoy aquí para ayudarte a conseguir los objetivos que tú tienes. La elección del objetivo es asunto tuyo.

Para mí ha sido cuestión de libertad: le tengo mucho respeto a esa palabra. Antes de comprender este método de Teatro Interior me sentía frustrada por lo que consideraba falta de libertad. Pensaba que debía tener la libertad de elegir una cifra y hacerla ocurrir. Debía ser capaz de elegir una cifra de la báscula y luego pesarla. Debía ser capaz de elegir una cifra monetaria y lograrla; debía ser capaz de elegir una fecha del calendario como plazo y cumplirlo; debía ser capaz de elegir una meta de tantos kilómetros, tantos minutos, tantos puntos de presión arterial, y mediante el esfuerzo, hacerlos realidad. Ser capaz de hacer eso era para mí libertad. No ser capaz de hacerlo significaba que no era libre.

Era libre para elegir un objetivo, ¿por qué no era libre para hacer que ocurriera? Tenía éxito en algunas cosas pero no en otras. Jamás dejaba de cumplir un plazo en el trabajo, pero jamás lograba la marca en la báscula. Lograba tener éxito en una medición de la presión arterial, pero no lograba el éxito en mi cuenta de ahorros.

Es muy frustrante decirse «esta vez sí» lo haré realidad. Este presupuesto, o esta dieta o este programa de ejercicios dará resultados. Hoy va a ser distinto. Llegaba la noche y nuevamente la había fastidiado. ¿Cómo era posible eso? ¿Cómo puede alguien desear tanto dar en el blanco y luego fallar?

Era un misterio para mí. Y llegué a comprender que no podía confiar en mí misma. No podía fiarme de que haría lo que decía que deseaba hacer. Ese fue un día deprimente. No podía fiarme de mí ante un bufé, en las pastelerías, en los restaurantes de comida rápida. Cuando uno no puede fiarse de sí misma, resulta (lógicamente) que tampoco puede fiarse de los demás.

De verdad creo que hay personas que son felices siendo gordas y que son hermosas siendo gordas. Creo que hay personas que en serio no necesitan mucho dinero y que de verdad no desean poseer nada.

Yo no soy una de esas personas. Tengo una saludable y larga lista de deseos. Deseo verme limpiarme los dientes cada día; deseo verme comer como es debido; deseo verme usando el cinturón de seguridad; deseo verme teniendo cantidades de dinero para poder darme el lujo de regalar una parte; deseo poder encontrar una cabina de teléfonos británica y llevármela a casa para ponerla en mi sala de estar, sólo por darme ese gusto. Deseo ver subir las cifras en mis inversiones. Deseo relaciones agradables y soledades agradables. Deseo tener la talla 42 porque así puedo ponerme ropa de talla 42, 44, 46, 48, 50 o 52; si tengo una talla 52 sólo puedo usar esa talla.

Deseo poder elegir un peso y pesarlo. Deseo poder elegir una cifra y gastarla o ahorrarla. Deseo respetar mis acuerdos conmigo misma. Deseo poder decir «hoy no tomaré azúcar», y hacerlo. Deseo la libertad de decir que voy a hacer algo y al final del día poder decir: «muy bien, has hecho lo que dijiste que ibas a hacer».

Eso es todo. Simplemente la libertad de figurar en mi própia página, de desfilar en mi propio desfile. ¿Es demasiado pedir?

¿Por qué enfadarnos por no poder hacer a los demás como queremos que sean, si no somos capaces de hacernos a nosotros mismos como queremos ser?

Proverbio japonés

Me parecía que este afán por la libertad era razonable, que no me imponía exigencias excesivas. Y sin embargo ahí estaba, sabiendo lo que debía hacer y no haciéndolo.

Se me fundían las neuronas al pensar que había una parte de mí que no deseaba lo que yo decía desear. Sí deseaba bajar de peso, lo deseaba intensamente. Pensaba que todas las fibras de mi ser ansiaban una Alyce más delgada. Bueno, ¿cómo podía estar equivocada?

En quince minutos conocí a esa parte interna mía que tenía una necesidad mayor, que tenía un Muy Buen Motivo para taparme con 45 kilos extras. Conocí a una ganadora; era evidente, ella ganaba, no yo. El peso estaba ahí y toda mi supuesta «fuerza de voluntad» no tenía la menor posibilidad contra ella. Cada día me superaba en tácticas una parte interna mía que creía que mi mejor manera de sobrevivir en el planeta Tierra era tener 45 kilos de exceso de peso encima. Y cada día yo luchaba con ella y ella me ganaba; tenía una «necesidad mayor».

Esta parte interna mía era un personaje femenino, pero tú podrías tener uno masculino, o una bola de luz o un montón de tela. Nuestras partes internas pueden presentarse con diversos disfraces. Deja que se presenten como quieran.

El ejercicio en que te pedí que escucharas a tres directores internos diferentes debió de llevarte unos 21 segundos, 7 segundos por director. Durante esos 21 segundos recibiste muchísima información. Algunos de tus directores llevaban un buen tiempo deseando hablar contigo, hablar sin interrupción, sin que los otros metieran cuchara. Había un motivo para decirte que los llamaras de a uno. Hay que darles el centro del escenario para que hablen sin conflicto, como en el ejemplo de Jane. Oíste a los personajes individualmente, no en coro.

En un buen coro, que ha ensayado bien, no deben distinguirse las voces individuales, ¿comprendes? En un buen coro, los componentes cantan como una sola voz; cada uno pronuncia las sílabas de modo que el conjunto se escuche como una sola voz. Cantar en coro es un bello acto de trabajo en equipo. La diferencia entre un buen coro y las voces que nos hablan dentro de la cabeza es que el coro ha acordado cantar la misma canción al mismo tiempo.

¿Qué hace el coro que tenemos dentro de la cabeza? Con mucha frecuencia las partes se sobreponen unas a otras, tan bien y con tanta rapidez que no logramos captar las voces individuales. El método del Teatro Interior hace más lentas las cosas. No queremos un coro; nos interesa oír las voces individuales. Una vez que empezamos a oír a nuestros personajes como sistemas de valores individuales en conflicto, empezamos a respetarlos. Podemos encontrar al que tiene la «necesidad mayor». Y una vez que hemos respetado y escuchado a esta parte o personaje, podemos empezar a negociar.

¿Cómo es una negociación?

Se parece a un guión. El ejemplo siguiente es lo que ocurre cuando una persona apoltronada ve un aparato de ejercicio en unas rebajas. Afortunadamente, esta persona tiene instalado el método del Teatro Interior, por lo que puede oír el conflicto entre cuatro de sus personajes:

El Director de Salud (DS), responsable de los problemas del cuerpo físico.

El Director de Finanzas (DF), responsable de los problemas fiscales.

El Director de Espacio (DE), responsable de la casa, el hogar, el entorno.

El Crío Interior (Crío), responsable de jugar, de lloriquear.

Ciertamente, también estás tú. Tú eres el Director de este Teatro Interior. Tienes el poder de pedir a las partes que te informen; tienes el poder de escuchar; tienes el poder de parar la discusión; tienes el poder de negociar una estrategia. Esto lo demuestra la persona del ejemplo, que tiene buenas técnicas de autodirección.

Asunto: un aparato de ejercicio, especializado y caro, que está en rebaja. Ésta es la conversación:

DS: ¡Mira qué guai! ¡Ejercicio! Esto sí, por fin podré hacer ejercicio. Puedo hacer ejercicio aunque esté lloviendo, mirando la tele…

DF: No lo sé. Es bastante caro, aunque esté de rebaja.

DE: ¿Y dónde lo vas a poner?

Crío: Pues delante del televisor. Hacer ejercicio es aburrido, por eso nunca hago.

DE: Ah, no, no lo harás. Tenemos el sótano lleno de cosas como ésta. ¿Qué me dices de ese trampolín?

DF: El director de espacio tiene razón. Esto es gastar mucho dinero en algo que no sabemos si vamos a usar…

DS: ¡Pero yo lo necesito! Si tuviera esto me tomaría en serio ponerme en forma. ¡Es aeróbico! Es cómodo para las articulaciones. Mira, ejercita la parte superior del cuerpo también.

DE: ¡No! ¡Ni hablar! No vamos a poner esto en mi dormitorio tan bien decorado. Si quieres hacer ejercicio corre alrededor de la manzana.

Crío: Hay gente mala en la calle. No quiero correr por ahí habiendo tíos malos. Y no me voy a levantar a las cinco de la mañana tampoco. Sólo quiero mirar la tele.

DS: Me sentiré mejor, bajaré de peso. La vida será maravillosa. Esta vez lo haré, si tengo este aparato. ¡Comprémoslo!

DF: Bueno, es más barato que entrar en un club de salud.

DE: Si ésta va a ser otra de las cosas que compramos y no usamos, ¡no! Ya lo veo tapado de polvo en el sótano.

DS: Sí que lo usaré. Lo usaré. Piensa en la salud cardiovascular. Piensa en los beneficios. Lee ese último artículo sobre la enfermedad cardiaca.

DE: Acabarás usándolo para colgar pijamas en el baño. Piensa en el espacio.

DF: Piensa en el dinero.

Crío: Creo que necesito dormir una siesta…

Tú: Esperad un momento. Tal vez por fin estamos dispuestos a motivarnos para hacer ejercicio, y es posible que esto resulte. Esto estará rebajado dos semanas. ¿Cuánto tardaríamos en ponernos todos de acuerdo?

DF: Bueno, si fuera gratis, yo votaría a favor.

DE: Si se pudiera plegar contra la pared, yo votaría a favor.

Tú: Hablemos en serio, ¿estaríais dispuestos a apoyar la compra si…?

DS: Si demostraras que te vas a esforzar en hacer ejercicio, si yo pensara que esto va a ser algo serio.

DF: Sí, yo lo podría respaldar económicamente si pensara que no va a ser tirar el dinero.

Tú: De acuerdo, ¿qué haría falta para demostrar eso?

DE: El precio estará bien durante dos semanas. Si veo que estas dos semanas caminamos tres kilómetros cada día, sabré que por fin nos tomamos en serio hacer ejercicio.

Crío: ¿Y si hacemos un kilómetro y medio una semana?

DE: ¡No!

DS: ¿Y si hacemos tres kilómetros diez veces en dos semanas?

DF: Sí, me gustaría tener tiempo unos días para pagar las facturas.

Tú: Muy bien, la propuesta entonces es, si caminamos tres kilómetros diez veces en las dos próximas semanas, compramos el aparato, si no, lo olvidamos.

Crío: Y entonces vamos a jugar al gimnasio laberinto del parque.

DE: Al menos los aparatos de juego siguen en el parque. Muy bien, de acuerdo.

DS: ¡Sí!

DF: Ah, bueno. Pero cómpralo al contado, no pagues los cargos por financiación. Tal vez pueda ver los informes de bolsa en televisión mientras usamos este aparato infernal.

DS *(moviendo un dedo ante el crío interior)*: ¡Y nada de grasientas patatas fritas para almorzar hoy! Y tómate tus vitaminas.

Crío: No tientes tu suerte, ¡me necesitas!

Se ha llegado a un acuerdo. Se ha acordado un comportamiento. Ha de hacerse la demostración y luego se puede hacer la compra.

Observa que en ningún momento intentaste disuadir de sus opiniones a ninguna de las partes. Ninguna de las voces dijo: «Eres un idiota, no deberías pensar eso», ni «Eso es ridículo». Este es el sello de un buen sistema de autodirección. Se respeta y se oye a todas las partes. Por desagradables o exageradas que parezcan las ideas, se toman en cuenta las opiniones de todas las partes. Si se las ridiculiza o castiga, se pasan a la clandestinidad y sabotean todos los esfuerzos. Sus mensajes se nos presentan en forma de un «código» de conducta. Nuestra tarea es descifrar ese código. Esto lo hacemos respetando, escuchando y honrando a cada una de nuestras partes.

Todo lo que escribo, todo lo que investigo, todo lo que enseño, tiene una única finalidad: ayudarte a obtener lo que deseas. El único problema podría ser que no sepas qué es eso. Podrías creer que deseas dinero, pero hay una parte de ti que tiene una necesidad mayor. Podrías creer que deseas tener una salud fabulosa, pero una parte de ti tiene una necesidad mayor. Podrías creer que deseas una relación duradera, pero una parte de ti tiene una necesidad mayor de algo diferente.

Así pues, ¿en qué te saboteas? En los siguientes capítulos encontrarás soluciones para el sabotaje a las finanzas, el sabotaje al tiempo (dilación, aplazamiento), el sabotaje al peso y el sabotaje a la relación de pareja.

Advertencia importante: El Teatro Interior no es un sistema democrático. Según sea el asunto, algunas partes tienen más poder que otras. Esto complica ligeramente las cosas; significa que no se puede sencillamente votar y tomar una decisión. Por ejemplo, tu Director Financiero interno podría ser de los que dice «no» a todo. Supongamos que tu seguro médico no te cubre la atención dental, y tienes un dolor de muela. Tu antipático Director Financiero puede impedirte acudir al dentista *durante un tiempo*, con la esperanza de que se te cure solo, pero cuando el dolor ya es demasiado intenso, dices «¡No me importa nada!, saca de mis ahorros para la jubilación. Lo único que quiero es que se me pase el dolor».

¿ERES BUEN GUARDIÁN DE TUS PARTES INTERNAS?
Cuando conozcas a las partes que tienes en tu interior descubrirás que comunicarte con esos «personajes» es más fascinante que un drama shakesperiano. Dejará de ser frustrante; será entretenido. Una vez que tengas a esas partes trabajando unidas serás muy eficiente. Tu comportamiento será coherente con lo que deseas. Ya no estarás «desperdigado»; estarás centrado.

Tres maneras de conectar con los directores internos

Primera manera: Tener un diálogo mental
Hazte unos momentos de tranquilidad, sin interrupciones. La mente trabaja muy rápido de modo que no se precisa mucho tiempo.

Cierra los ojos e imagínate que estás en el interior de un teatro. Imagina el color de las paredes, la tapicería de los asientos, el tamaño del escenario, el tipo de moqueta que cubre el suelo y todos los demás detalles. Mira el escenario y el cómodo sillón, el tuyo, que está en el centro. Siéntate en ese sillón y mira la platea. Imagínate que tus directores internos ocupan los asientos.

Pídele que hable a la parte que está a cargo del asunto o problema que deseas tratar.

Cuando esta parte se identifique, dale las gracias. Pregúntale si está dispuesta a comunicarse contigo acerca del asunto. Cuando conteste sí, dale las gracias de nuevo. Muéstrate respetuoso, amable, comprensivo y accesible.

Las otras partes suelen intervenir en la conversación; en esos casos tendrás que hacer de mediador. Si el problema que vas a tratar es un sabotaje, ciertamente se debe a que «una parte de ti desea una cosa y otra parte desea otra». Una parte de ti tiene un objetivo y otra parte tiene una necesidad mayor. Es muy probable que no conozcas aún a la parte que tiene la necesidad mayor, y que te «hable» mediante sabotaje conductual. Así pues, el mensaje te llega cifrado, no lo olvides.

Segunda manera: Pedir a otra persona que dirija el diálogo

Recurre a un amigo de confianza, a un asesor o un terapeuta. Explícale el concepto de Teatro Interior de que hemos hablado y pídele que te guíe en una negociación; que te ayude a «hacer un trato» o «llegar a un acuerdo» respecto a tu futuro comportamiento. Fija fechas.

Tercera manera: Hacer un diálogo escrito

Escribe, ya sea en un bloc, una libreta, un diario, máquina de escribir o procesador de textos en ordenador de alta velocidad.

Si estás bloqueado y no sabes cómo empezar, comienza por escribir lo que oíste de tus tres partes internas en el ejercicio del comienzo de este capítulo. Recibiste mucha información en veintiún segundos (el tiempo promedio que tarda ese ejercicio). Para «cebar la bomba» y empezar, escribe lo que oíste en ese sencillo ejercicio en que conociste a tus Directores de Finanzas, de Salud y Relaciones Públicas.

Cuando oigas a una parte que es nueva para ti, no es necesario que la identifiques ni le pongas nombre. Si es necesario, llámala «X», «Invitado misterioso» o cualquier otro nombre creativo. No te detengas; lo importante es que ellos hablen y tú escuches.

Cuando lo escribes, tu trabajo de Teatro Interior parecerá un guión, como hemos explicado.

Dos posibles motivos de bloqueo

a) Tienes una parte interna perfeccionista que desea que todas las frases tengan sujeto y verbo. Cuando escribes, prestas mucha atención a la puntuación y separación de párrafos, y detienes el proceso para pensar en la ortografía correcta de una palabra. No hagas eso. Dile a tu persona escritora perfecta (que tal vez se llama como uno de tus profesores de lengua) que se tome un muy necesitado día libre mientras haces tu trabajo de Teatro Interior. Lo importante es el *contenido*, un contenido puro, ininterrumpido, y podemos preocuparnos menos de la puntuación y la gramática. La finalidad de este ejercicio no es ver lo bien que escribes, en realidad es todo lo contrario. Así pues, dile a tu corrector interno que se siente en un rincón a leer el periódico y trate de encontrar errores allí mientras tú te ocupas del trabajo más importante.

El perfeccionismo es la voz del opresor, del enemigo del pueblo. Nos mantiene cohibidos y locos toda la vida.

Anne Lamott

b) Tuviste un profesor que castigaba a sus alumnos haciéndolos escribir. Es de esperar que esta práctica esté desapareciendo, pero nunca se sabe. Si alguna vez te dijeron «escribe esto cien veces en el pizarrón», o para compensar puntos perdidos ahora tienes que escribir un ensayo, es muy posible que todavía consideres una forma de castigo escribir algo más que tu nombre. Cambiemos tu perspectiva sobre eso.

Ahora tu pluma, bolígrafo, máquina de escribir o procesador de textos es tu *micrófono*. En los programas de televisión vemos que el presentador o anfitrión tiene un micrófono inalámbrico, normalmente cubierto por una capa de espuma. Usan este aparatito auxiliar para hablar de modo que en casa los podamos escuchar. Cuando esta persona camina por entre el público, pasa el micrófono a quien quiera que desee hablar. Esta persona del público se inclina hacia el presentador del programa y habla por el micrófono, y en casa oímos lo que dice esta persona. Cuando el presentador aparta el micrófono o se lo acerca a la boca para hablar, nos corta la comunicación con el participante del público. La mayoría de estos micrófonos de televisión son tan direccionales que cuando se apartan cinco centímetros del participante, éste puede gritar más información y no la captamos. Esto da enorme control al presentador.

Cuando con la pluma o en el ordenador escribes DF es como si pusieras un micrófono ante la boca de tu Director de Finanzas interno. Esta es la señal de que está «en antena» y tiene la palabra y se le puede escuchar. Puede hablarte a través de tu pluma. Tu pluma ya no es el utensilio para hacer marcas con tinta, se ha convertido en una vara conectora entre tú y lo que hay dentro de ti. Ahora es un micrófono para que tus partes se comuniquen contigo.

Si eres entusiasta de Internet, imagínate que estás en tu sala de chateo y que todas las persona que se han reunido allí son partes tuyas. Tienen identificadores para que puedas entender los comentarios que hacen. Esto no es Internet, es el Intranet, y aquí puedes recibir mucha más información (e información directamente relacionada con tu vida) que en cualquier webexplorador del mundo.

Ahora pueden hablar contigo todas las personas que dirigen tu vida, no las personas exteriores a ti sino todas las que están en tu interior.

El problema de la seguridad: normalmente, lo que escribes podría ser algo que te gustaría mantener en secreto. Si hay problemas de seguridad, toma medidas para asegurar tu intimidad. El cónyuge más digno de confianza tendrá dificultad para no poner las manos y los ojos encima de tu diario. Resuelve este problema antes de que empiece, si no, afectará a la calidad de la intimidad entre tú y tus partes; te protegerás, reprimirás las voces para hacer las cosas agradables. Mala cosa. Más de una relación ha acabado porque un miembro de la pareja ha leído el diario del otro. Y esto podría ser consecuencia de sabotaje también. Si no te sientes totalmente seguro escribiendo lo que oyes, piensas o sientes, por vergonzoso y doloroso que sea, probablemente no podrás trabajar los problemas importantes.

No es necesario que conserves los diálogos que escribes. La finalidad de escribir es *procesar el problema*; es hacer el acta de la reunión con tus partes internas. No tienes para qué guardarla. Escribir te permite prestar total atención al trabajo y la negociación.

Escribir tiene la ventaja añadida de mantenerte enfocado en la tarea; es así en las reuniones de trabajo, ¿por qué va a ser diferente dentro de tu mente? Cuando asistes a una reunión y el que la dirije toma nota de las intervenciones de todos escribiéndolas en un pizarrón, mantiene a los participantes «en la misma página». Cuando todos ven lo que se escribe, hay menos conversaciones secundarias, menos desvíos del tema. También se está al tanto de dónde se está con un orden del día escrito. Escribir centra la atención del grupo; bueno, escribir también centra la atención del grupo interior. Sin escribir, el diálogo podría diluirse y desviarse, exactamente igual que en una reunión de empresa mal llevada.

Sin escribir, tu oficial de guardia interno podría dominar a tus otras partes. Sabes lo que quiero decir con «oficial de guardia»; es aquel que te recuerda que tienes que llevar al gato al veterinario, hacer cambiar el aceite del coche, sacar las bolsas de basura, en resumen, esa parte que te da la lista de deberes cada día. Igual podrías no llegar a hacer ninguna de esas cosas, pero tienes ahí a una persona que te las está diciendo constantemente. Escribir sirve para desviar la influencia de este exigente capataz.

Escribir los males

En un estudio se pidió a los participantes que dedicaran veinte minutos al día a escribirse a sí mismos confidencialmente. Al cuarto día se les hizo un análisis de sangre, y los investigadores encontraron pruebas de una «mejor reacción inmunitaria». La tendencia continuó durante los seis meses siguientes. Los participantes que experimentaron la mayor mejoría en salud fueron aquellos que escribieron sobre sus vidas. El acto de escribir se manifiesta incluso en el torrente sanguíneo.

Si esto no es suficiente para motivarte a comenzar a escribir para ti, piensa en lo que dice esta escritora:

> Puedo liberarme de todo si escribo; desaparecen mis penas, renace mi valor.
>
> *Anne Frank*

Tu vida puede parecerte horrorosa, pero no será la terrible situación que tuvo que soportar Anne Frank. Relee la frase: «Desaparecen mis penas, renace mi valor». La próxima vez que pienses que necesitas valor en tu vida, la persona con quien necesitas hablar eres tú.

La actriz Sally Field ha llevado un diario entusiastamente desde que era veinteañera. Cada vez que acaba un diario lo olvida. «Jamás leo los viejos», dice.

El actor Nicholas Cage lleva dos diarios. «Me gusta escribir en un diario —dice—, pero a veces me sale enfadado, así que decidí tener un diario triste o negro y un diario alegre. En el negro exorcizo los demonios.»

Cuando establezcas contacto con tus partes interiores conocerás a algunos de los personajes más interesantes que habrás conocido en tu vida. Otras formas de diversión quedarán pálidas en comparación. Y esta actividad es interactiva; llegas a hablar con esos personajes.

Jamás volverás a estar solo tampoco.

Y dondequiera que vayas puedes llevar contigo tu Teatro Interior con todo tu elenco de personajes. Digamos, por ejemplo, cuando vayas a comprar un coche. Tal vez la última vez que compraste uno fue tu Director de Relaciones Públicas el que lo eligió. Y esta vez preferirías que interviniera tu Director de Finanzas. O tal vez andas en busca de casa y te gustaría tomar una decisión sensata en una compra tan importante. Agradecerías que tu madre interna hablara menos cuando recorres las casas, si no, acabarás con una casa que sólo le gustará a tu madre. Sé de un caso al respecto. Un hombre diseñó su casa y construyó la mayor parte él mismo. Cuando miró con detenimiento la maqueta a escala que hizo de su diseño, cayó en la cuenta de dónde le había venido la inspiración. La pequeña maqueta era una réplica exacta de la pajarera donde su padre tenía a sus pájaros más preciados. Su padre era uno de esos papás a la antigua que no manifestaba su afecto a su familia, y, según su hijo, los únicos seres que amaba eran sus pájaros. Afortunadamente el diseño resultó bien y, que yo sepa, él vive allí con su familia. Tal vez esa era la «forma» de lo que él vio como manifestación de amor, y al construir esa forma tuvo un lugar para poner dentro de ella todo el amor que necesitaba.

Cuando honramos y respetamos nuestras partes, establecemos buen entendimiento. Llegamos a hacernos confidentes de nuestros yoes y, por lo tanto, somos capaces de persuasión. Estamos en posición de *influir en nosotros mismos*.

La palabra china «aprender» consta de dos ideogramas o símbolos, no de uno. Un símbolo significa «estudiar» y el otro, «practicar constantemente». Hoy estudiamos; practicar depende de ti.

No habiendo logrado vencerme, mi mayor esperanza ahora es establecer una alianza conmigo mismo.

Asleigh Brilliant
copyrigth Asheligh Brilliant;
www.AsleighBrilliant.com

El actor Tim Allen dice: «Constantemente tengo diálogos conmigo mismo. Eso me ahorra incontables horas en el sillón de un terapeuta». Y la cómica Jackie Mason dice: «Hablo conmigo misma porque me encanta tratar con personas de una clase mejor».

¿Qué asunto o problema es importante para ti?
¿Con quién necesitas hablar en este momento?
Asunto:_____
Parte Interna: _____

Cinco preguntas para un estado deseado

1. ¿Qué deseas? _____

2. ¿Cómo lo sabrás cuando lo tengas? (¿Cómo será?) ___

_____

_____

_____

_____

_____

3. ¿Cómo afectará a tu vida tenerlo? _____

_____

_____

_____

_____

4. ¿Qué simulas no saber? _____

_____

_____

_____

5. ¿Qué es lo peor que podría sucederte si:

a) lo obtienes?

_____

_____

_____

b) no lo obtienes?

_____

_____

_____

Ejercicio

(Esto será lo más importante que habrás hecho este año.)

Tu sabotaje:

1. Si lograras cogerlo hoy, ¿cuál sería? (¿sabotaje al peso? ¿sabotaje financiero? ¿Qué?) _____

_____

_____

_____

_____

2. ¿Cómo sería de diferente tu vida sin él?_____

_____

_____

_____

_____

6

Perfeccionismo y vergüenza

El perfeccionismo es automaltrato en grado sumo.

Anne Wilson Schaef

Las personas perfeccionistas albergan cinco «creencias irracionales». Estas son:

Debo tener el control de todos mis actos para sentirme
seguro.
Debo hacerlo todo a la perfección, si no, lo que hago no
vale nada.
Todo el mundo se da cuenta de lo que hago y está interesado en ello.
Todos deben quererme y aprobar lo que hago.
La validación externa es esencial para mí.

Y, lógicamente, no comenzaré mientras no lo haga a la perfección. Daré una fiesta cuando la casa esté limpia y el patio también. Me compraré un bañador cuando haya bajado diez kilos más. Iré a Europa cuando sepa bastante italiano.

Comenzaré a escribir un libro cuando los niños se hayan marchado de casa.

Esta mañana oí dos mensajes claramente distintos en la radio del coche; uno era un anuncio que decía: «Sé todo lo que puedes ser»; el otro era la letra de una canción: «No te eleves por encima de los que te criaron». ¿Cómo es la cosa entonces?

La terapeuta profesional Janet Cobb escribe: «Es normal vivir con paradojas: caos organizado, dilación disciplinada, optimismo desanimado y éxito mediocre. Lo irónico es que cuanta menos perfección nos exigimos, más podemos hacer».

Si procedes de padres de clase media, obesos e incapaces de entonar una melodía, y *no debes* «elevarte por encima de quienes te criaron», es posible que sabotees cualquier esfuerzo por ser rico, adelgazar o cantar. Al mismo tiempo te sentirás culpable por no «hacer honor a tus talentos», «ir a por el oro» y todo el resto de cosas inspiradoras. Tu conducta exterior semejará un coche con problemas de aceleración: aceleras, frenas, vuelves a acelerar y vuelves a frenar. Vas en pos de tus sueños y luego haces un «control de realidad».

Aplazar es una fabulosa manera de llevar este dilema. Dejar para después nos permite creer que nuestra capacidad es mayor que nuestro rendimiento. Si postergamos los proyectos y luego les damos un carpetazo en el último momento, siempre podemos consolarnos pensando que lo que «podríamos haber hecho» habría sido fantástico.

Nunca haríamos nada si esperáramos a hacerlo tan bien que nadie le encontrara algún defecto.

Desconocido

He visto a personas superar su perfeccionismo usando un simple cordón de zapatos blanco. Lo atan con un lazo alrededor del pomo del cajón del escritorio o alrededor del auricular del teléfono. El cordón atado es un mensaje que dice: «No lo ataste a la perfección a la primera. *Nadie lo ha hecho jamás.* Lo que hagas hoy no tiene por qué hacerse a la perfección».

El terapeuta profesional Joe Dubay atiende a personas que se niegan a reconocer o a tratar un rasgo problemático. «Recuerdo a un médico al que habían despedido de tres puestos en hospitales y clínicas —dice—. Era muy perfeccionista; y claro, cuanto mayores eran sus problemas, más rígido se volvía en su perfeccionismo. Proyectaba su perfeccionismo y criticaba a los demás. Así pues, cuanto más se hundía, más se esforzaba, justamente en el rasgo que lo saboteaba.»

Si tienes una parte interna que te mantiene atado a un modelo imposible de seguir, necesitas tener una conversación con ese personaje. En realidad, hazte a un lado y lo haré yo. De acuerdo, quisiera hablar con esa parte tuya que insiste en que las cosas han de ser perfectas antes de que a) las pienses, b) las comiences o c) las acabes. Hola ahí, Director de Perfección. Gracias por estar ahí y gracias por todos los años de trabajo heroico. Has servido bien y no habríamos llegado donde estamos si no hubiera sido por ti. Te mereces muchos honores por nuestro éxito hasta el momento. Pero me gustaría probar algo diferente y necesito tu ayuda. No puedo ponerme en marcha sin tu apoyo. ¿Estarías dispuesto a soportar cierta incomodidad mientras experimento con algunas cosas nuevas? Al fin y al cabo, una gota de gasolina de alto rendimiento comienza siendo petróleo crudo. Necesito tu ayuda para encontrar mi «petróleo crudo», para que lo destilemos y hagamos de él algo de lo que puedas enorgullecerte. ¿Podrías ayudarme a hacerlo imperfecto al principio y luego ayudarme a perfeccionarlo? Valoro que sepas reconocer la calidad cuando la ves. Podrás reconocer mis intentos imperfectos y ver que son intentos perfectos para mi nivel. Te prometo que este apoyo no me va a convertir en un gandul ni va a empujarme por la pendiente del comportamiento descuidado. Bueno, ¿podemos contar con tu amén?

Otra cosa que inquieta a los perfeccionistas es que «si hago esto a la perfección, todos van a esperar que todo lo haga perfecto». Tendré que vivir siendo excelente y superándome siempre.

Preséntate a tu propio desfile. ¿Nunca has pensado cómo sería poner lo mejor de ti? Aunque fracase tu intento, te sentirás bien contigo mismo. Pero si fracasas y *no lo hiciste lo mejor posible*, siempre oirás esa voz que dice: «Podría haber sido un contendiente».

En su camino al Gran Éxito, los empresarios triunfadores tienen una media de un 3,2 por ciento de fracasos. Esto lo descubrí cuando hice mi investigación para *Why Winners Win* [Por qué ganan los ganadores]. Henry Ford quebró en su primer año en la industria automovilística. Su segunda empresa también fracasó. La tercera ha ido bastante bien.

Veintisiete editores rechazaron un libro para niños que luego vendió seis millones de ejemplares para el doctor Seuss.

Jack Matson da un curso de creatividad en la Universidad de Houston que sus alumnos llaman «Fracaso 101». Les pide construir cosas con palitos de helados polo que nadie compraría, de modo que construyen cosas como bañeras para hámsters. Pero cuando los alumnos equiparan *fracaso con innovación, y no con derrota, se sienten libres para probar cualquier cosa.* ¡Qué regalo! Y yo aquí perdiendo un tiempo precioso pensando que el fracaso era algo que había que evitar.

La manera de triunfar es duplicar el índice de fracasos.

Thomas J. Watson

Hace poco leí que sólo tienen éxito el 25 por ciento de los productos elaborados por 3M, Microsoft y Procter & Gamble. Arrojan muchísimas ideas y recursos contra la pared, y el 75 por ciento no pega. Me gustaría que mi índice de éxito fuera mayor que eso, pero ciertamente me estimula a entrar en el juego y levantarme a batear. Sabrás, por supuesto, que el rey del bateo de todos los tiempos fue nada menos que Babe Ruth. Luego está Wayne Gretzky, que dice: «Pierdes el cien por ciento de los golpes que no das».

¿Qué harías si supieras que no puedes fracasar? ¿Por qué no lo haces de todos modos?

Prefiero tener un patio lleno de proyectos y productos que no resultaron a acabar mi vida lamentando todas las cosas que no intenté. Una amiga mía inventaba cosas no lucrativas tan notables como el Frasco de las Preocupaciones del doctor Duncan, las Galletas Deseo, la Escultura del Pez de Hormigón y la empresa Varita R. Codicia, S.A. Eran proyectos que se mantenían pequeñitos y ella los recuerda con cariño como si fueran niñitos divertidos que prefirieron no crecer. Eso es algo simpático, ¿verdad? En mi opinión, todos tuvieron éxito total, porque ella disfrutó de cada minuto que dedicó a crearlos.

Es posible que no todas las ideas locas despeguen como cohetes. ¿Entonces?

Mi viejo amigo Arthur Lind inventó un Cubo del Amor que consistía en un trozo de madera con un agujero en medio; dos personas metían un dedo en el agujero y se tocaban. Esta idea hizo furor en los años sesenta, y se vendieron 10.000 cubos en Macy's de Nueva York, *el primer día*.

Aprendí muchísimo de Arthur. Creó un exitoso negocio de muebles para oficina, y al cumplir los cincuenta y un años lo vendió a sus empleados. Después se dedicó apasionadamente a sus acariciados proyectos, los que iban desde fabricar muebles raros a remodelar iglesias viejas. Nada apagó jamás su entusiasmo por sus inventos; su intenso interés tenía una vida promedio de dos años y medio. Era notable cómo apoyaba sus empresas con su energía y tiempo. Estaba profundamente enamorado de todo lo que creaba. Con esa perspectiva, era imposible que fracasara, puesto que su objetivo era hacer algo interesante.

Arthur tenía setenta y cuatro años cuando aparcó su interés en matrices para mimeógrafo y comenzó a fabricar sombreros. A Arthur le gustaba desafiarse y disfrutaba haciéndolo; no sabía coser, de modo que aprendió, y cuando murió había tres máquinas de coser en su sala de estar, donde hacía sombreros para compañías de teatro. En su funeral había muchísimos amigos y una increíble exposición de sus creaciones. Una señora hizo su elogio: «Arthur era el mejor amigo de Arthur»; otra persona dijo: «Idos a casa, a vuestros estudios, y haced algo con vuestras manos. Y si alguien os pregunta qué estáis haciendo, decid que estáis "artureando", porque Arthur era un *verbo*».

Lo increíble de Arthur era que fuera cual fuera la empresa que imaginara, contaba con el apoyo del ciento por ciento de sus personajes interiores. Arthur desfiló en su propio desfile.

Te sugiero empezar a arturear. Arturear es emprender una actividad sin esperanza ni expectativas, simplemente por el placer de la propia actividad. Arturear no hace juicios; arturear es una manera muy feliz de vivir. Arturear es aparecer en la propia página, acomodarse para jugar el propio juego. Arturear es no aferrarse a resultados; arturear es el tipo de diversión más pura. Arturear es algo que necesitas experimentar por lo menos una vez en tu vida.

Después de años de tener éxito escribiendo libros no novelescos, comenzó a acosarme una historia, una novela, que no me dejaba en paz. Traté de no hacerle caso, hasta que un verano dije: De acuerdo, quiero sacarme esto del organismo. Tengo que ponerlo sobre papel para que deje de molestarme. Nadie va a leer esta historia tonta, me dije, pero lleva tanto tiempo acosándome que ya no me importa, la escribiré.

A veces es más difícil matar un sueño que hacerlo realidad.

Desconocido

Sacrifiqué semanas y meses de maravilloso tiempo soleado para escribir *Did She Leave Me Any Money?* [¿Me dejó algún dinero?]. Dos meses después de terminarlo recibí la primera oferta para hacer una película de él, y un mes después se vendió a Warner Bros. De pronto todo el mundo deseaba leerlo. Y sólo lo escribí porque era más difícil *no escribirlo*.

¿Perfección? Me encanta que las cosas sean perfectas. Ojalá todo el mundo y todas las cosas fueran perfectos. La cubierta de *Did She Leave Me Any Money?* tenía un error tipográfico; no recuerdo haber dejado de dormir a causa de esa errata.

Ponte una tarea: hacerlo no perfecto. Si haces canoísmo por primera vez y llegas a los rápidos de aguas turbulentas, ¿te preocupa realmente la forma? ¡No! Sólo te preocupa pasarlos sin ahogarte. La próxima vez que los pases tal vez desees pasarlos sin ahogarte y sin volcar la canoa. Y la próxima vez...

¿Te exigirías menos? ¿Y si fracasas? Sé sincero, ¿no podrías sobrellevarlo? Es la forma de llevar los fracasos lo que determina lo que obtenemos de la vida.

Una parte de ti tiene un ardiente deseo de probar algo nuevo y diferente. Si no prestas atención a esa parte vives una vida de un solo canal. Esa parte necesita hablarte, y tú necesitas escucharla, como también a todas las voces que se oponen. Coge tu pluma y pon todas sus opiniones por escrito. Escribe cuál es tu pasión personal, y luego escribe todos los motivos de que esa idea no vaya a despegar nunca. Luego escribe cómo lo vas a hacer de todos modos. Negocia un acuerdo; elige una fecha de inicio. Hoy podrías hacer una pequeña cosa que comience tu proyecto: comprar un mapa, recortar un anuncio, coger papel y entrevistar a alguien que lo haya hecho.

Tu proyecto podría ser desde un crucero por el Caribe a abrir una tienda. Recuerda que si alguien te pregunta qué estás haciendo, siempre puedes decir que estás artureando.

Haz algo y ocurrirá otra cosa.

El doctor Dean Ornish tiene una interesante idea sobre la motivación; comprende que la información sobre la salud sola no motiva a las personas a cambiar. A los pacientes que no pueden caminar por una habitación sin dolor de pecho comienza por ofrecerles o cirugía o cambio de estilo de vida. Siguiendo su programa para aprender a comer mejor, pronto son capaces de caminar más de un kilómetro sin dolor. Incluso con este resultado espectacular, cuando vuelven a casa no siempre siguen el programa. Puesto que nadie más come alimentos con poca grasa y poco colesterol, comienzan a sentirse anormales. Les vuelve el dolor de pecho, pero el dolor del aislamiento es peor que la enfermedad.

Esto es lo que quiero decir cuando hablo de «necesidad mayor». Estas personas tienen necesidad de estar sanas y liberarse del dolor, pero acaban sirviendo a su necesidad mayor, que es estar conectados con los demás.

«Todos somos seres sociales —dice Ornish—, y en último término lo que deseamos tanto como estar sanos es sentir que estamos conectados con los demás.»

Cualquier cosa que nos aísle de los demás, entonces, por racional y conveniente que sea para nosotros, podríamos sabotearlo.

Bueno, esto es bastante repugnante. El hecho de que todos coman donuts, ¿significa que también hemos de comer esos roscos de grasa? Si te sientes obligado a ser contracultural porque tus amigos lo son, ¿de veras tienes que perforarte partes del cuerpo?

Nuestro intenso deseo de «estar conectados» (frase de Ornish) nos está matando. Así pues, tengo una petición para mí y para ti también. Es una sencilla petición de mi Teatro Interior. Es la siguiente:

«Necesito aguantar la vergüenza y/o el desagrado de mis soluciones exitosas.»

«Pertenecer a un grupo de apoyo va bien para sanar la soledad y el aislamiento tan comunes en nuestra cultura —dice Ornish—. Cuando trabajamos en ese nivel vemos que muchas personas son capaces de elegir y mantener formas de vida no autodestructivas, que mejoran la salud y la vida.»

Cuando estos enfermos cardiacos deciden salvarse de la operación y acceden al cambio de estilo de vida, tal vez sus médicos deberían preguntarles: «¿Está dispuesto a ser considerado anormal para sanar? ¿Estaría dispuesto a sentirse aislado de sus familiares y amigos en la mesa para sanar su músculo cardiaco dañado?»

Y si el enfermo dice: «No, no estaría dispuesto», el médico puede recomendarle el marmolista más cercano para que le diseñe la lápida.

Pero el paciente podría decir: «Doctor, estoy totalmente decidido a sanar y estoy dispuesto a aguantar la vergüenza y/o el desagrado de las soluciones exitosas».

Si tu «desfile» es estar sano, desfila. Deja de frustrar de una vez a los médicos y de engañarte a ti mismo con tus esfuerzos a medias.

Llevado a un extremo, este deseo de «estar conectado» lleva a algunas personas a pertenecer a sectas y cultos que no sirven a sus intereses ni a su mejor salud. Este deseo de «estar conectados» es la causa de que muchos familiares hagan la vista gorda y callen ante malos tratos, abusos sexuales e incesto.

Este deseo de «estar conectados» es tal vez la causa de que mantengamos salas de estar como almacenes de muebles en lugar de usar ese espacio para nuestras aficiones e intereses. Este deseo de «estar conectados» es tal vez la causa de que tengamos amigas de un cierto círculo político que se mantienen obesas e infelices. Este deseo de «estar conectados» es tal vez lo que mantiene el césped como la vida vegetal elegida en nuestros patios cuando cualquier otra planta podría servirnos mejor. No permita Dios que plantemos algo autóctono que no necesita abonos químicos, riego ni cortadora de césped. No plantes césped para luego quejarte de que se pone amarillento y hay que volver a cortarlo este fin de semana. Eso no tiene sentido. No permita Dios que hagamos algo tan sensato (y tan excéntrico) como tener un patio sin césped.

> He estado aterrada todos los momentos de mi vida, y jamás he permitido que eso me impida hacer las cosas que he deseado hacer.
>
> *Georgia O'Keeffe*

En algún punto del tiempo tienes que tomar una decisión respecto a todo esto. Necesitas dejar de mentirte acerca de tus problemas cardiacos, tu sala de estar, tu césped y tu éxito. (Cuando dejas de mentirte, ocurre un milagro: *el éxito*.) Si no estás dispuesto a soportar la vergüenza y/o el desagrado de una vida exitosa, deja de leer libros sobre cómo conseguir el éxito. Cómete un bollo, fúmate un cigarrillo, pon una bala en una pistola y dispárate al pie.

Nuestras circunstancias son una cosa y nuestras elecciones son otra. No podemos seguir nuestras mejores opciones mientras no aprendamos a atender a la necesidad que nos refrena. Según el doctor Ornish, un inmenso deseo de los seres humanos es estar conectados. ¿Cómo influye esto en tus elecciones de hoy? ¿Cuál es tu sabotaje?

(Véase también el capítulo 9: Dilación. El sabotaje al tiempo, sección sobre el Tardón perfeccionista.)

Yo era perfeccionista, pero dejé de serlo porque no era muy bueno para eso.

Pegatina en un coche

7

El sabotaje al peso
Es terrible vivir pendiente de una cintura.

Grafito en un Centro Dietético

«Imagínate un lugar en que la gente se recibe mutuamente con los brazos abiertos y se hace elogios como "¡Estás estupenda! ¡Te has echado unos kilitos encima!"», escribe Ellen Goodman. Bueno, explica (resumiendo un informe de la psiquiatra de Harvard Anne Becker), así era la vida en Fiyi antes de 1995. «Adelgazar» se consideraba señal de un problema social, algo por lo que había que preocuparse. Entonces llegó la televisión, y la gente flaca que aparecía en el único canal se apoderó de las mentes y barrigas del Paraíso Perdido de los Gordos. En 38 meses, la persona gorda aclamada en la gran sociedad se convirtió en *persona non grata*. Aumentaron al doble los trastornos en el comer, y entre las escolares aumentó en cinco veces la bulimia. «El gran éxito de la cultura occidental —observa Goodman— es nuestra capacidad para exportar inseguridad.»

Si te gusta tu vida tal como es en este momento, no cambies, por favor. No confundas este capítulo con un sermón sobre lo que debes pesar. He estado gorda y he estado delgada, y en ambas situaciones he tenido el mismo número de neuronas y el mismo sentido del humor. Al parecer, nos olvidamos de eso. La esencia de la persona, su espíritu, su carácter, sus impulsos, su amor por cierta música, estas cosas no cambian. Actualmente en Estados Unidos hay una reacción en contra de la delgadez, y no es de extrañar, puesto que el 70 por ciento de la población se considera con sobrepeso y la mayoría de estas personas están más que hartas de oír hablar de esto. La actriz Nell Carter ha expresado una desinhibida felicidad por su volumen y por la nueva actitud de la televisión a favor de lo voluminoso. Otra actriz de televisión, Lesley Boone, asegura: «Jamás he permitido que mi sobrepeso me obstaculice nada de lo que hago».

Si estás gordo y eres feliz así, sé gordo. Si deseas ser gordo, adelgazar no es uno de tus objetivos. No estoy aquí para darte un objetivo. De verdad no me importa cuánto pesas, porque el que me gustes o no no depende de tu peso. Tal vez debido a que vengo del Mundo Gordo veo de modo diferente a las personas. El don de mi infancia gorda es que normalmente veo a la *persona*, no a su bulto. Los ojos y la voz me dicen más de lo que deseo saber. Esto trasciende la edad, la raza, el vehículo transportador y el peso.

Piénsalo, ¿qué tienen en común tus amigos? ¿Son todos de la misma edad? ¿Todos pesan lo mismo? ¿Todos tienen salarios o ingresos más o menos iguales? ¿Todos son homosexuales? ¿Todos son heterosexuales? ¿Todos tienen tu misma profesión? ¿O tienes el surtido más extraño de amigos mal hermanados? ¿Los ves a «ellos» o sus valores? Es importante examinar esto por dos motivos:

a) Tu elección de amigos dice más acerca de ti que acerca de ellos.

b) Cuando cambies (de peso, de situación financiera, por ejemplo) podrías perder a tus «amigos».

Si vas a la moda chichi de negro o punki o gótica, ¿cómo van a reaccionar tus amigos si apareces en traje abotonado Brooks Brothers? ¿Es tu apariencia visual tu tique de aceptación para tus amigos y familiares?

¿Tienes algún amigo que tal vez dejaría de serlo si bajaras de peso? Eso es un Prejuicio contra la Gordura tan vibrante, provocativo y odioso como el del empleador que no contrata a una persona gorda justamente porque es gorda.

Si crees que no existe el llamado Prejuicio contra la Gordura, abróchate el cinturón de seguridad para oír esto: tres cuartos de las parejas jóvenes que participaron en una encuesta dijeron que elegirían abortar si se les decía que su feto tenía un 50 por ciento de probabilidades de ser obeso al crecer.

Según algunos estudios, el índice de fracaso en bajar 10 kilos y mantener el peso después es del 95 por ciento; estos datos estadísticos lo ponen más difícil que liberarse de la adicción a la droga dura; sólo un 80 por ciento de adictos a la cocaína fracasan. Las posibilidades de superar la obesidad son menores que las de superar el cáncer. Habiendo más de 37 millones de estadounidenses con sobrepeso, estás en buena compañía. «De cada 200 personas que hacen régimen de adelgazamiento, fracasan aproximadamente 190 —escribe Bob Schwartz en *Diets Still Don't Work*— y de las diez personas que logran su objetivo, nueve recuperan el peso perdido en cinco años.»

Bueno, si sólo el 5 por ciento lo consigue, ¿por qué no ser uno de ese 5 por ciento? Si sólo una persona en la historia de la humanidad ha adelgazado y mantenido el peso después, significa que el resto tenemos una oportunidad.

Puesto que adelgacé 45 kilos y he mantenido el peso logrado, desde la perspectiva estadística soy una en un millón. Y, sin embargo, no soy una persona extraordinaria, soy una persona normal y corriente que ha aprendido un sistema extraordinario (si has empezado a leer este capítulo sin leer los tres titulados «El curso», no sabrás a qué me refiero).

Yo era gorda y no me gustaba serlo. A mi familia no le importaba si adelgazaba o no, en realidad me preferían gorda, porque todos eran gordos. Pero a mí no me gustaba llevar esa gordura encima, así como no me gustaría usar cada día un abrigo amarillo. Simplemente no deseaba llevarla más tiempo encima; no quería adelgazar para darle gusto a nadie ni para poder ponerme un vestido de novia talla 40 ni para estar presentable para una prueba como actriz. No había ninguna circunstancia en mi vida que me urgiera a quitarme peso. Ningún médico me lo había recomendado. Pero estaba tan gorda que cuando me acostaba a dormir, la gordura me agobiaba haciéndome difícil respirar. Tenía 45 kilos extra repartidos uniformemente a lo largo de un metro setenta.

En el interior hay una persona delgada que clama por salir: me la comí.

Letrero en una camiseta

. . .

Si estás gordo o gorda y desearías pesar menos, estamos en la misma página. Creo que deberías ser capaz de elegir el peso que deseas pesar y luego pesar eso. Este es el quid de la derrota del autosabotaje: ser capaz de ponerse una meta y hacer que tenga lugar. Esto no es un tratado social sobre los méritos de la delgadez ni de los problemas de salud anejos a la gordura. Por lo que a mí respecta, en ambos casos, la decisión es tuya.

Jamás recomiendo bajar de peso, porque la persona va a perder los beneficios del sobrepeso. Muchas personas se quedan atónitas cuando me oyen decir esto. Jamás se les ha pasado por la mente que pueda haber un beneficio o una compensación en tener sobrepeso. Te digo que si aceptas este concepto, vas por buen camino para resolver el problema de peso.

Si reaccionas con rigidez a esto, pensando para tus adentros: «¡No hay ningún beneficio en tener sobrepeso!», quiere decir que estás firmemente atrincherado en tu creencia. Esto me dice que tu persona gorda interna (la parte de ti que desea mantener el peso) es una triunfadora, medalla de oro olímpica, estrella ganadora del Óscar. Esta persona tiene todas las cartas y tú no tienes ninguna. Cualquier intento de bajar de peso tendrá un resultado previsible: volverás a recuperarlo, y luego unos kilos más, por si acaso. Cuando recuperas tu peso anterior, y luego añades otros kilos, esto indica que tu persona gorda interna está al mando y te enseña una lección: ¿Qué tal no hacer caso omiso del mensaje esta vez?

No engordamos porque comemos demasiado. Engordamos porque lo necesitamos.

Louie Anderson en Goodbye Jumbo

Geraldo Rivera ha hecho cosas bastante insólitas en su programa de entrevistas, pero uno de ellos me llegó al fondo. Estaba ataviado con un traje hecho de pesas que lo hacía parecer un monigote de masa para el pan. En la cara le habían hecho una obra de arte en maquillaje que creaba la impresión de un Geraldo de 130 kilos. Tenía dificultad para caminar con todo ese peso encima y se instaló en medio del público. Sus invitados, que estaban en el escenario, eran personas que habían bajado muchos kilos y los habían vuelto a recuperar. Aunque era evidente que Geraldo se sentía agobiado por esa experiencia de hombre obeso, una mujer le preguntó cómo se sentía. «Poderoso —contestó—. Como si fuera capaz de atravesar una pared.» «Exactamente —dijo ella—, y por eso recuperé mi peso. ¿Por qué crees que tenemos frases como "darse importancia"?»

Ese programa fue un acontecimiento histórico para quienes estudiamos el autosabotaje. Ése era un presentador delgado, esbelto, que experimentó lo que es tener mucho, mucho sobrepeso, y durante el corto rato que lo hizo reconoció el beneficio y lo sintió «en sus propias células». No se lo dijo otra persona; lo experimentó él mismo. Por incómodo que se sintiera, y por incómodo que sea para las personas que tienen exceso de peso, la sensación de tener peso nos dice que no nos pueden quitar de enmedio. Hay una ilusión de fuerza. Ciertamente notó que no lo podían barrer de un soplido. El grupo de invitados explicó que no tener el peso los hacía sentirse vulnerables y desprotegidos. Por primera y única vez ante un programa de televisión, pensé que se estaba haciendo un cierto progreso hacia comprender realmente el peso y por qué podríamos tenerlo.

No todo el mundo tiene peso extra por motivos de poder y estabilidad, pero en ese programa se ilustró lo diferente que una persona se puede sentir con y sin el peso. Los invitados fueron sinceros y provocadores.

Me quité de encima 45 kilos; después tuve que darme lo que me daba ese peso.

«¿Qué sistema seguiste?», me preguntaban una y otra vez. No seguí ningún plan comercial de esos que existen. Todos esos planes nos muestran a personas que han tenido éxito con el régimen; y creo probable que todos den resultados. Pero hay que hacerles dar resultado; cuando no resultan, se debe, supongo, a que se sabotean, es decir, a que no se sigue el plan.

Nunca intenté la ruta quirúrgica, pero sí creo que he probado todo lo demás. Cada dieta que cobraba popularidad encontraba su camino hacia mi cocina compulsiva. Los anuncios más sugerentes deben de ser esos de productos para bajar de peso, porque todavía me sorprendo leyéndolos y deseando probar ese fácil y cómodo método o píldora que permite comer todo lo que se desea. Como *Alicia en el País de las Maravillas*, una píldora hace menos voluminosa, ¡qué fantasía más maravillosa! Si presentan un nuevo reportaje relacionado con el peso, me quedo pegada al televisor para descubrir qué es aquello que nos salvará. Una nueva grasa sintética, un edulcorante químico, un supresor del apetito que no sea claramente pernicioso, cualquier cosa. Me fascinan las historias de personas tan gordas que tienen que levantarlas de la cama con grúa para llevarlas al hospital.

La investigadora y escritora Anne Fletcher adoptó un método diferente cuando escribió *Thin for Life* [Delgada de por vida]. Estudió a «maestros del control del peso», personas que han bajado de peso y luego lo han mantenido. Cita los diversos planes de los triunfadores en adelgazamiento. Alguien tiene que estar haciendo algo bien, pensó; encontremos a estas personas y veamos qué hacen.

«En este libro no quiero decir que las personas deban bajar de peso —dice Fletcher en *USA Today*—, simplemente demuestro que se puede hacer. Comprendo por qué muchas personas están hartas de la batalla por el peso. Y hasta cierto punto admiro a aquellas que se han aceptado aunque pesen más de lo estándar. Pero no hay manera de sortear el hecho de que el sobrepeso entraña riesgos para la salud.»

Anne Fletcher derriba mitos con su estudio:

Mito 1: «Si se tiene sobrepeso desde la infancia, es casi imposible adelgazar y no recuperar el peso bajado.» No es cierto, dicen los expertos entrevistados. La mayoría tenían sobrepeso desde la infancia.

Mito 2: «Es imposible bajar de peso después de los cuarenta años.» No es cierto. La mayoría de los expertos bajaron de peso después de los cuarenta.

Mito 3: «Si has hecho régimen y fracasado muchas veces, hay poca esperanza de que alguna vez soluciones tu problema de peso.» No es cierto. Los expertos perseveraron en el empeño hasta encontrar un sistema que les diera resultado.

Mito 4: «Si comienzas a recuperar peso, seguro que lo vas a recuperar todo.» No es cierto. Los expertos dicen que lograron reducir pequeños aumentos de peso antes de que se hicieran grandes.

Es posible tener una prediposición genética al sobrepeso. «Es genético»; eso es un hecho. Pero la herencia no tiene por qué ser el destino. Hay muchas personas cuyos padres son gordos pero ellas no. No podemos cambiar nuestros genes pero sí podemos cambiar la forma en que se expresan esos genes. Podemos cambiar el comportamiento. Puedes imaginarte los genes como un coche con el volante chiflado; se puede dominar ese volante; es posible que no te guste tener que controlar ese volante cada día. Pero los genes no son mandamientos. Supuestamente somos los únicos animales de la Tierra capaces de anular nuestros genes.

Y anulamos nuestros genes cada vez que una persona alcohólica se mantiene sobria durante diez minutos más. Derrotamos a nuestros genes cada vez que una persona tímida estrecha la mano de una desconocida. Superamos esa desventaja cada vez que nos mantenemos alejados del azúcar.

Siempre ha sido más seguro ser amado por la comida que ser amado por personas.

Louie Anderson en Goodbye Jumbo

«Cuando yo era bebé, mi madre me sobrealimentaba.» Esta excusa no vale si tu madre ya no te cocina y ya no eres un bebé.

Una palabra acerca del apoyo de grupo: elección. Muchos expertos en adelgazamiento dicen lisamente que es imposible bajar de peso sin un apoyo de grupo. Los estudios de Anne Fletcher dicen que el apoyo de grupo es agradable pero no esencial para todos los que desean bajar de peso. La mitad de los que tuvieron éxito lo consiguieron solos. Este es uno de esos aspectos en que realmente es necesario «conocerse». Algunos tenemos la personalidad de corredores de fondo; lo hacemos mejor solos en nuestras batallas personales; otros nos sentimos desorientados si no contamos con la seguridad de que hay otras personas con el mismo problema, y una llamada de ellas es como una cuerda salvavidas.

«La comida fue siempre mi amiga, mi consuelo —escribe una popular reportera de televisión—. Cuando me portaba bien, me daban un pastel. Cuando me portaba mal, no. La comida se convirtió en recompensa, en algo relacionado con el buen comportamiento. La mayor parte de mi vida he estado luchando contra ese condicionamiento. A veces tengo más éxito que otras, pero, ay, cómo me gustaría poder retroceder y reinventar el lugar que la comida tendría en mi vida.»

Nunca se trata de comida.

Oprah Winfrey

A Marsha Warfield, la alguacil del programa de televisión *Night Court*, los espectadores la han apremiado para que no haga régimen de adelgazamiento. Dice: «He recibido muchas cartas de mujeres que se sintieron traicionadas y en cierto modo invalidadas cuando Oprah adelgazó todos esos kilos. Me escriben diciéndome: "Por favor, no hagas eso. Nos traicionarías"».

¡Qué tontería! ¿Qué da derecho a algunos espectadores a decir algo tan indignante?

Y, sin embargo, esto es importante, porque podrías estar en el extremo receptor de pensamientos semejantes, aun cuando tus amigos o familiares no te lo digan francamente. Ten presente que nuestro deseo de permanecer conectados con los demás es uno de los impulsos más potentes que tenemos (véase cita de Dean Ornish en el capítulo 6).

Bajar de peso es un acto de agresividad.

¡Tiene que serlo! Rara vez se encuentra a una persona obesa que vaya buscando conflicto; por el contrario, estas personas son complacientes con sus empleadores, cónyuges, clientes e hijos. Y rara vez se dan gusto a sí mismas. Camareros dinámicos, amigos insensibles, maridos y esposas saboteadores, padres inconscientes, hacen difícil bajar de peso. Pero cuando por fin estás harto, cuando la gordura toca fondo, decides que lo deseas por ti. Deseas elegir un peso y pesarlo.

La rabia es fabulosa motivadora cuando se trata de adelgazar. En realidad, no sé cómo es posible quitarse kilos de encima y luego mantenerse sin rabia. Bajar de peso en nuestra sociedad es un acto de agresividad, porque negarse a comer y a comer mucho es símbolo de rebelión; huelga de hambre. Rechazar la comida es rechazar el amor.

Parece que el mundo existiera para llenarnos la cara; cada festividad viene acompañada por su correspondiente comida: hot dogs para el 4 de julio, turrones y mazapanes de Navidad, huevos de chocolate para Pascua, caramelos de Halloween, tartas de novia, pavo de Acción de Gracias, bombones de san Valentín, etcétera. Si uno no participa en la comilona no participa de la festividad.

Se necesita agresividad para decir «no» a todo esto.

Hay amigos y compañeros de trabajo que te dirán: «Ah, vamos, un donut no te hará daño. Los he traído especialmente para ti».

Hay muchísimo de qué enfadarse cuando se trata del peso.

¡Revistas de mujeres! Hay que arreglárselas para hacer todos los ejercicios de la página 34, preparar el pastel de la página 35 y mirar a la modelo de la página 36. Es mentira, eso no se puede hacer.

¡Restaurantes! Armada de recetas ideadas para obstruir las arterias, la industria alimentaria parece inclinada al homicidio lento. Algunos restaurantes ofrecen entrantes «sin riesgo para el corazón». Sin embargo, hay avenidas enteras de restaurantes con muy poco para ofrecer a la persona que desea adelgazar y conservarse así. Aquellos que trabajamos en problemas de peso encontramos los escasos buenos restaurantes y limitamos a ellos nuestras salidas a comer fuera.

¡El cónyuge y la familia! «Te has portado muy bien con tu régimen, cariño, déjame invitarte a tomar helados.» «No hagas régimen, siempre que haces dieta te pones malhumorada.» «No necesitas adelgazar, me gustas tal como estás.» «Vamos, déjame rodear con mis brazos esos asideros del amor.» «Cuanto más hay de ti, más hay para amar.» Ahora bien, ¿por qué demonios el cónyuge intenta sabotearte el peso? ¿Por qué? Porque uno es más fácil de dominar cuando está gordo/a. Porque (así lo esperan) nadie te va a encontrar

atractiva/o. Porque también desea estar gordo/a. Porque uno es menos activo cuando está gordo/a.

Unos pocos Pensamientos para ayudarte a quitarte peso y mantenerlo fuera:

«Esto lo quiero por mí.»

«Soy capaz de hacerlo.»

«Necesito el control.»

«Tengo derecho a tener el volumen que desee.»

«No eres tú.»

«Tengo la energía, la fuerza, la disciplina y el valor para hacerlo.»

«Nadie cuidará de mí: esto no es tarea de nadie. Yo cuidaré de mí.»

Yo no creé el mundo de la comida tal como está ahora. Lo único que puedo crear ahora es un plan de batalla para triunfar. Ya no lucho contra mí. La rabia es energía en acción. ¿Puedes lograr que la rabia te dé resultado? Contesta la siguiente pregunta: «¿Estoy ya suficientemente enfadado con esta situación?» Porque cuando uno está suficientemente enfadado hace lo que es necesario hacer y lo hace YA. Esto es cierto en relación a bajar de peso y todo lo demás en la vida.

Lograr bajar de peso es un desafío tanto mental como físico.

El sabotaje al peso tiene dos componentes. El componente físico es el alimento y el ejercicio; con palabras sencillas, cuando se consumen más calorías que las que se usan, el resultado es sobrepeso. Incluso ahora me es bastante difícil entender este proceso causa-efecto. ¿Cómo es posible que 170 gramos de tarta de chocolate se materialicen en un kilo de grasa encima de mí cuando subo a la báscula. ¿Es que entonces debo comer un furgón de lechugas?

De acuerdo, no tiene lógica pero así es. No hay vuelta que darle a esto, y no hay que dejarse engañar por la frase «sin grasa». Simplemente lee las calorías que contienen esos pasteles o galletas. Pues sí, están cargadísimos.

Lee las etiquetas. Ve qué contienen los productos y hazte tu propia lista de lo que puedes comer en abundancia, de lo que puedes comer con moderación, y de lo que más vale que no comas. A menos que vengas saliendo de alguna cueva por ahí, ya conoces esta información; si no, es fácil de encontrar. Hay una biblioteca sobre esto en los mostradores de todas las tiendas de alimentación, y nada de esto es nuevo.

Has de saber que existen «alimentos desencadenantes», es decir alimentos que, por el motivo que sea, provocan deseos de comer. Desde hace tiempo se sospecha que las alergias son causa de atiborramiento de comida. He estado más de quinientas horas escuchando historias de comedores compulsivos, y muchas personas identifican al trigo como desencadenante. Es necesario el sistema de ir tanteando para identificar el propio desencadenante, pero cada vez que uno se estrella y se quema es una oportunidad para conocer más acerca de los complejos deseos o impulsos físicos. Una mujer que conozco dice «no, gracias» al chocolate sin azúcar, porque «me provoca».

Excelente consejo

Déjalo durante seis meses y luego ve si te gusta más tu vida (esto vale para alimentos, compras, relaciones, lo que quieras). Qué extraño, maravilloso y lógico consejo. ¿Por qué me llevó más de treinta años encontrarlo? Mi historia: cuando oí esto por primera vez, decidí dejar el alcohol; afortunadamente, eliminar el alcohol de mi vida no fue una prueba horrorosa ni angustiosa, y además me enseñó dos valiosas lecciones: 1) Necesité seis meses completos para reconocer el efecto que el alcohol tenía en mi vida, y 2) Hay libertad en decidir. Tenía metido en la mente que eliminar algo de la vida significa privación, casi lo opuesto a libertad. Lo que comprendí, sin embargo, fue que una vez tomada la decisión de suprimir el alcohol, no tuve que volver a decidir cada noche si tomar o no un poquito de vino con la cena, ni si tomar una copa o si podría tomar dos. Simplemente me convertí en una persona que no bebe alcohol y punto, fin de la discusión. Cuando me preguntan si quiero ver la carta de vinos, ya sé la respuesta; no tengo que pensarlo, ya está decidido. Eso fue muy liberador para mí. Una vez que capté este concepto, pude aplicarlo a otras cosas, como los donuts, el ejercicio, las personas, e incluso mirar las noticias por televisión.

Tal vez no te des cuenta pero cada día decides no comer asfalto. Parece de locos, ¿verdad? Pero sabes que eres una persona que no come asfalto; no necesitas pensarlo; no es un problema para ti. Descubrí lo que tal vez tú sepas desde siempre: eliminar cosas de mi vida mejoraba su calidad, no limitaba mi libertad. Y, en consecuencia, tenía más energía, porque no estaba constantemente decidiendo una y otra vez acerca de problemas.

Tuve una muy buena estrategia de alimentación que me duró unos quince años; si me atenía a ella, me mantenía bien de peso. Después me falló. ¿O fui yo la que le fallé? ¿O a medianoche unos alienígenas me obligaban a comer? Hice un curso de ocho semanas que ofrecía un hospital de la localidad, y éste confirmó que estaba en el camino «correcto». Escribía todo lo que comía, tal como se me ordenaba hacer. Haciendo esto podía ver que no estaba saboteando mis esfuerzos. De todos modos, yo era la única de la clase que en realidad subía de peso con este plan. ¡Qué desalentador! Sólo momentáneamente, porque eso me hizo ver que algo estaba mal, no en mi motivación sino en la comida. Hice unas modificaciones en mi plan de comidas para solucionar mis cambios de nivel de azúcar en la sangre, y volví a bajar los kilos extra.

Así pues, en este asunto de la comida no puedo ni quiero darte un plan de comidas. Si es en serio que deseas bajar de peso, lleva la lista de todo lo que comes. Repasa esa lista para identificar qué es lo que está mal, qué es lo que no da resultado. Ese es el único momento en que has de ser absolutamente diligente. Hazlo durante una semana. En realidad, ordénate comer lo que te apetezca, pero una vez que lo comas, anótalo. Simplemente haz eso. Al final de la semana, tendrás suficiente información para comenzar a ser tu propio director.

Si de verdad no sabes lo que debes comer tú, en tu unicidad, instrúyete, lee. (Hay personas que creen que «colesterol elevado» es una fiesta judía.) Para hacer buenas elecciones alimentarias es preciso saber acerca de los alimentos. Eres inteligente; resuelve esto.

Se calcula que si los 37 millones de estadounidenses obesos se quitaran 11 kilos de encima, el gasto anual en asistencia médica se reduciría en 100.000 millones de dólares.

Día nº: _____ Fecha: _____ Día de la semana: _____

		Calorías	Carbohidratos	Sodio	Proteínas	Otros
Desayuno	Cantidad					
_____	_____					
_____	_____					
_____	_____					
	Totales					
Almuerzo/ Comida de mediodía	Cantidad					
_____	_____					
_____	_____					
_____	_____					
	Totales					
Cena/ Comida principal	Cantidad					
_____	_____					
_____	_____					
_____	_____					
	Totales					
Tentempiés/ Merienda	Cantidad					
_____	_____					
_____	_____					
_____	_____					
	Totales					
Otros (agua, vitaminas, ejercicio, meditación, etc.)	Cantidad					
_____	_____					
_____	_____					
_____	_____					
	Totales diarios					

155

Si tuvieras que entrar en un litigio jurídico en los tribunales, ¿no querrías saberlo todo acerca de tu oponente? ¿Qué empresa no desea informarse acerca de sus competidores? Si deseas en serio bajar de peso, conoce el terreno. Si una estrategia no da resultado (habiéndola seguido diligentemente), cambia a otra. *Deja de hacer lo que no resulta.* Si una dieta rica en carbohidratos no te da resultados (y la has seguido a la letra) prueba con una rica en proteínas durante un tiempo. La única manera segura de seguir un plan de comidas y no hacer sabotaje en la ecuación es anotarlo todo.

Mis dos palabras favoritas solían ser «Pastelería abierta». Ahora sé que sólo tengo un motivo para estar en una pastelería, y es recordar.

Si no quieres resbalar, evita los lugares resbaladizos.

Lynn Easton

No esperarías que una persona diabética aceptara tu ofrecimiento de tarta de chocolate, ¿verdad? Entonces tampoco esperes que yo la acepte. No te ofenderías si una persona alérgica a los mariscos tuviera que declinar tu sopa de langosta, ¿verdad? Mi deseo de tener una talla normal no es menos importante para mí que la necesidad de un diabético de evitar el azúcar. Enfrentemos la realidad. Las comidas más peligrosas para el cuerpo son aquellas más decoradas y aliñadas; son las hechas con grasa y azúcar. No soy diabética, pero me es útil considerarme como si tuviera un trastorno médico especial que me impide comer ciertos alimentos; me hace más fácil evitarlos.

Cuando hice un curso de nutrición ofrecido por la empresa en que trabajo, la persona que más sabía en la clase era la alumna que tenía más peso por bajar; lo sabía todo sobre los alimentos, y tenía 57 kilos de sobrepeso. Todo su conocimiento no le servía de nada. Esto nos lleva a la parte siguiente.

El segundo componente es mental. Aquí es donde yo me desvío de los enfoques estándar. La «sabiduría» tradicional dice que si uno se siente a gusto consigo mismo y se ama, se cuida y no tiene sobrepeso. La otra cara de esta idea ha generado la mentalidad errónea de que las personas gordas tienen poca autoestima y no se gustan. Esta idea absurda es un insulto, y además es falsa. No hace falta autoestima para elegir una manzana en lugar de un pastel de manzana. Lo único que hace falta es ser inteligente en la elección y no hacerse sabotaje.

¿Todas las personas delgadas tienen autoestima? ¿Conoces a alguna persona delgada que no se ame?

Nunca se ha establecido una relación entre la autoestima y la consecución.

Esta es la segunda vez que pongo esta afirmación en este libro, y lo hago porque se opone abiertamente a la idea convencional, y es necesario que lo entiendas. No quiero hablar de autoestima; quiero hablar de consecución. Normalmente los delincuentes obtienen mejor puntuación en los tests de autoestima que los alumnos universitarios. Si bajar de peso es el objetivo, no hace ninguna falta sentirse a gusto, mal o indiferente consigo mismo. Amarse hace la vida más fácil y probablemente más agradable, pero no cambia la cantidad de calorías de ningún alimento. Y no asegura el éxito en bajar de peso.

¿Y la actitud? Si tenemos una actitud fabulosa, todo irá bien, ¿verdad? Este método podría irte bien a ti, pero a mí no. Reconozco francamente que tengo mala actitud hacia la comida y a todo este asunto del peso. Si las cosas fueran como quiero, el helado de crema sería verdura; pero no lo es. No tiene por qué gustarme la situación, sólo tengo que ocuparme de mi asunto.

Yo solía autoconvencerme de que esos productos que dan a probar gratis en los supermercados eran también acalóricos. Esa sólo era otra más de mis mentiras personales. Gruño cuando en una revista veo una receta de empanadillas ricas en grasa y en azúcar en la misma página en que explican cómo ser delgada como una modelo. Es indignante que supongan que uno puede atender a sus visitas con comidas exquisitas, mantener una conversación inteligente acerca del último grito en restaurantes y comprar todos los pasteles de oferta, contoneándose como un flexible sauce en pantalones talla 36. Yo sencillamente no puedo.

> Mirada en retrospectiva, mi vida parece una larga carrera de obstáculos, en que el principal obstáculo soy yo.
>
> *Jack Paar*

No te puedo recomendar mi estrategia; para ti podría ser demasiado rara. *Tienes que hacer lo que a ti te da resultado.*

Lo que a mí me da resultado suele considerarse excéntrico. En aquel tiempo, cuando preparaba la comida para mi familia, generalmente la servía y, si notaba que flaqueaba mi disciplina, me iba a dar un baño y permanecía en la bañera hasta que se desvanecían los buenos olores de la comida. ¿Comportamiento radical? ¡Sin duda! ¿A mí me daba resultado? ¡Sí!

Para mí es más importante que las cosas me funcionen en la vida que hacer las cosas convencionales. No puedo decir la fecha exacta, pero llegó un momento en que tuve que dejar de engañarme y decir: «No soy todos los demás, y por lo tanto las soluciones de todos los demás no me van». Renuncié. El convencionalismo salió por la ventana, y entonces entró la libertad para descubrir cosas nuevas que me dieran resultado.

Me libré del horno; lo doné a una causa digna (no es necesario que te libres de tu horno; éste es sólo un ejemplo de lo poco convencional que se vuelven las personas cuando les importa el éxito; en este caso, yo). Yo era muy buena para preparar dulces caseros, y estuve dispuesta a abandonar esa imagen de maestra en preparación de caramelos si eso significaba tener éxito en bajar de peso. En una vieja gasolinera ARCO encontré el letrero «Autoservicio» y lo coloqué en un lugar bien visible en mi cocina; me salí del camino de la anfitriona, y ahora todos saben que si quieren algo bueno para comer, no tienen que pasar por la casa de Alyce.

Cuando en un restaurante me sirven un plato inesperado que creo que no voy a poder resistir, vacío todo el pimentero en él. ¿Vergonzoso tener que hacer eso? ¡Ciertamente! ¿Eficaz? ¡Sí! Cuando viajo en avión, llevo mi propia comida y eso como. Sólo sentí vergüenza las diez primeras veces más o menos.

¿Estás dispuesto a no ser convencional para cuidar de ti y conseguir lo que deseas? Sé de una mujer que cocina de ensueño y tiene la absoluta seguridad de que no va probar un bocado de lo que prepara; se ha mantenido en su peso después de bajar 32 kilos, y hornea dulces, dona postres exquisitos a captadores de fondos, ofrece cenas abundantes a personas «conocedoras de la comida», y su marido es gastrónomo. Admiro a esa mujer. Esa mujer no es yo, y yo jamás seré ella.

Descubrí que hay muchas formas de hacer celebraciones en que no entre la comida, pero para ello hay que ser una persona muy creativa. Dejé de comer tarta de cumpleaños, aunque sea el mío y la tarta la prepare mi madre (¡después de alegar una y otra vez que no quiero azúcar en mi casa!). Trabajé y trabajé hasta que supe lo que deseaba en mi plan de comidas; y si algo no está en mi plan, no entra en casa. Tengo poca fuerza de voluntad; reconocer que uno no es fuerte es muy liberador. Dar pasos para crear un ambiente para alguien que tiene debilidad por la comida (a saber, yo) se convirtió en una principal prioridad.

Para una persona golosa compulsiva, ciertas convicciones son los acérrimos enemigos de la verdad. La convicción de que si tenía bastante fuerza de voluntad superaría cualquier cosa me hundió aún más profundo en el fango de la adicción.

Golosos Anónimos

¿Qué tipo de ambiente crearías para una persona gorda que desea ser delgada? ¿Llenarías de patatas fritas los armarios de su cocina? ¿Insistirías en que siga horneando pasteles y dulces para las festividades? ¿Esperarías que participara en la diversión y asistiera a todas las comilonas sociales? ¿Esperarías que dijera «sí» a todos los bufés domingueros? Entonces, francamente, ¿por qué lo esperas de ti?

Descubrí que el método de «aguantarlo todo sin chistar» (¡ánimo, chica!) normalmente me hinchaba la boca (recibía una paliza). Pero el método de decir «Soy frágil como porcelana china, necesito trato especial», me daba resultado. También descubrí que hay algo entrañable en pedir ayuda.

Bajar de peso, comprendí, es como borrarse un tatuaje. Duele atrozmente. Si quería tener éxito por fin, tenía que aceptar el dolor.

Louie Anderson en Goodbye Jumbo

Así pues, ¿qué me puso en marcha, cuál fue el punto decisivo? Cuando estaba más gorda que nunca, todo el país estaba en una conmoción social y política. Yo no controlaba la situación en el sureste asiático ni decidía a quién había que enviar allí; no controlaba cuál de nuestros líderes sería el próximo asesinado. La psique colectiva del país parecía estar reñida consigo misma y había opiniones opuestas acerca de todo. Daba la impresión de que nadie estaba al mando, nadie controlaba. Todos los problemas parecían ser importantísimos, y mi problema de peso no era muy importante comparado con todos los demás.

Llegué a la conclusión de que no estaba al mando del lugar donde vivía, de cuándo me mudaría, de lo que ocurría a mis amigos ni de lo que ocurría al país. No estaba al mando; y esa no era una situación temporal. Jamás tendría el control de esas cosas. Era impotente para acabar con la guerra, los huracanes, los atascos de tráfico, representantes de compañías telefónicas o cualquier otro tipo de cáncer. Todo esto me atormentaba terriblemente, y me sentía atormentada sin aportar nada tampoco.

Decidí controlar lo único que sabía que podía controlar: lo que entraba en mi boca. Jamás he sido anoréxica, pero he leído entrevistas a personas anoréxicas y dicen más o menos lo mismo. Oí por primera vez la expresión «control del peso», y me golpeó como un rayo. Entendí que no tenía el control de algo que podía controlar. La palabra «control» se convirtió en mi mantra.

Así que supongo que tendría que decir que lo primero que una persona ha de hacer para conseguir algo estadísticamente difícil es *convertirlo en una prioridad*; hacerlo importante en la mente para trabajarlo. «Trabajarlo» significa estar dispuesto a dedicarle tiempo, dinero y esfuerzo y hacer «todo lo que sea necesario» para que se haga realidad. Poner todos los medios, por escasos que sean, en el proyecto. ¿Has hecho algunos intentos de bajar de peso? ¿Esto lo haces más por pasatiempo o afición, cuando te apetece? ¿O te lo tomas en serio como un profesional en adelgazar? Decidir convertirlo en una prioridad transmite la información, para que te encuentre. Cuando afinas la idea, te atraes los productos y las personas que podrías necesitar para que te ayuden a lograrlo.

Para tener éxito en bajar de peso, esto *no debe ser un simple pasatiempo* para ti. No debe ser algo que haces cuando te sientes bien o cuando las cosas van bien. Es algo a jornada completa, de cada día, la primera de la lista.

Si vieras a un niño pequeño a punto de beber un veneno, te precipitarías a quitarle el frasco de los labios, ¿verdad? ¿Entonces por qué titubeas en quitártelo de los tuyos?

Hay una escuela de pensamiento que dice que al alimento no se lo ha de considerar ni bueno ni malo. Ese es un sentimiento hermoso, que a mí no me va particularmente bien. Es posible que a ti te dé resultado.

La respuesta al sabotaje al peso es que en tu interior hay una necesidad mayor. Toda persona obesa tiene más necesidad de ese peso mayor que de estar delgada. En algunas personas, esa «necesidad mayor» es el avasallador deseo de estar conectadas, como sugiere el doctor Ornish. Partir juntos el pan tiene un atractivo universal; en la antigua religión, después del rito espiritual era necesaria la «conexión», y eso entrañaba la partición del pan.

El mejor lugar para oír a las personas hablar de regímenes y de adelgazar es un restaurante o una heladería. El sabotaje al peso es uno de los más fáciles de identificar, porque los resultados los llevamos alrededor de la cintura. A mí me fascina oír a dos personas hablar de los méritos de tal Clínica de Adelgazamiento comparada con tal Centro de Dieta mientras dan cuenta de sus postres (esto lo he visto, de verdad). Te animo a presenciar este fenómeno la próxima vez que salgas a comer fuera. Dondequiera que se reúna la gente a comer se oyen conversaciones sobre el colesterol, la gordura y el peso.

Cuando leíste El curso (capítulos 3, 4 y 5), tu personaje interior a cargo de tu peso también los leyó contigo.

No olvides que esas partes internas son nuestros mecanismos de supervivencia, y eso es lo que hacen en la mente. Claro que cada una tiene su idea de lo que constituye nuestra supervivencia; y a veces es difícil escucharlos, porque usan palabras como «deberías», «debes», «tienes que», «tendrías que». Muchas veces son exigentes y porfiados. Los mecanismos de supervivencia rara vez son lógicos en la superficie o a primera vista; pero una vez que los entendemos, son perfectamente lógicos. Tienen sus ideas, y rivalizan entre ellos por nuestra atención y tiempo en nuestra mente.

La vida diaria es una serie de concesiones, ya se trate de comprar vitaminas o de elegir una película para la noche. A veces a uno le gusta la decisión acordada, pero muchas otras queda en el interior una necesidad insatisfecha. Si esta necesidad continúa durante mucho tiempo y es importante, la consecuencia es el sabotaje.

El autosabotaje se produce cuando dos o más directores internos se pelean entre sí. Una parte de ti desea quitarse el peso de encima; si esa parte no encontrara oposición, lograrías el peso perfecto. Pero hay otra parte de ti que desea mantener el peso.

Nos sentimos complicados, incoherentes, irracionales, autoderrotadores y confusos. No entendemos por qué bajamos de peso y lo volvemos a recuperar. Iniciamos proyectos y no los terminamos. Queremos hacer «buenos trabajos» y nunca lo logramos. En resumen, somos un misterio para nosotros mismos.

Lo que ganamos en un diálogo con nuestros directores internos es comprender qué nos motiva. Entonces comenzamos a encontrarle mucha lógica donde no encontrábamos ninguna. Si les permites hablar a tus directores te dirán por qué haces lo que haces.

El autosabotaje no siempre es evidente. Podríamos sabotear un trabajo o una relación y no saber nunca que hicimos sabotaje.

Pero en el caso del peso, lo sabemos. O tenemos el volumen que decimos desear o no lo tenemos. Y claramente esto es autosabotaje, porque nos lo hacemos a nosotros mismos. Podemos considerarlo autosabotaje cuando tenemos opciones claras y elegimos repetidamente la indeseable. Cuando uno dice «Quiero bajar cinco kilos» y luego va y come aquello que le va a «aumentar» cinco kilos, eso es autosabotaje.

La naturaleza del problema

No le creas a nadie que intente explicarte por qué tienes peso extra. Tú eres la única persona que lo sabe, o más exactamente, la persona que lo sabe está dentro de ti, no fuera.

Cada persona con peso extra tiene un motivo para tenerlo. Esto es un tema complejo, pero sencillo individualmente. Sea cual sea la causa de tu sabotaje, será únicamente tuya.

Yo tengo una perspectiva diferente acerca de la gordura. Creo que hace algo por nosotros; la tarea es descubrir qué.

Esta idea podría resultarte tan nueva y radical que es posible que te resistas al leerla. La idea de que yo sugiera que tu peso extra tiene un beneficio para ti te parece, bueno, ridícula. Incluso podrías enfadarte ante la idea de que lo que has estado intentando quitarte de encima todos estos años es en realidad algo que necesitas.

Por un momento imagínate, sólo de mentirijilla, que tienes ese peso extra por un Muy Buen Motivo. Si dijeras ese motivo a tus amigos, compañeros de trabajo y familiares, te aplaudirían y dirían que «es un excelente motivo». Si supieran esa necesidad mayor, nadie intentaría quitarte la gordura, y nadie te recomendaría que adelgazaras.

Si alguien quiere bajar de peso y no lo baja (y no hay ningún problema médico), es evidente que alguien de su interior desea mantener ese peso. Esta persona que está en el interior cree que conviene tener ese peso. Su mensaje está escrito en código; nuestra tarea es descifrar ese código.

Descubrir el Muy Buen Motivo

Haz volar tu imaginación.

Ponte cómodo; imagínate el interior de un teatro; créalo a tu manera: un Coliseo romano, una tribuna, las gradas de un campo de fútbol, un cine, o un teatro pequeño e íntimo para cenar. Es tuyo, crea lo que desees.

Visualiza los asientos, el suelo, el escenario. Imagínate un sillón muy cómodo en el centro del escenario. Imagínate tú en ese sillón. Mira al público. Hay personalidades en los asientos. Ahí están todos tus viejos amigos: tu Director de Finanzas, tu Director de Salud, tu Director de Relaciones Públicas, etcétera. Di o escribe:

—Quiero hablar con la persona responsable de mi peso.

(No pidas hablar con tu Director de Salud, porque si tienes sobrepeso, el responsable interno del peso no debe de ser el Director de Salud; si lo fuera, tendrías tu peso perfecto.)

El tono de la conversación es respetuoso y amistoso. Esta es una negociación. Continúa, por escrito o hablado:

—¿Podría ponerse de pie la persona encargada de mi peso?

Agradécele si responde. (Si no obtienes respuesta, explícale que con gusto hablarás con él/ella en cualquier momento, y que respetarás lo que sea que necesita. Añade que deseas continuar la conversación. Es posible que tengas que convencer a esa parte que se puede confiar en ti. Trata otro tema con otra parte.)

Paso siguiente.

—¿Estarías dispuesto a comunicarte conmigo acerca del tema de mi peso?

Cuando esta entidad conteste afirmativamente, dale las gracias. (No te sorprendas si no logras contactar al primer intento. Ten presente que llevas un buen tiempo actuando en contra de esta parte. Yo me pasé más de veinte años fastidiando a mi parte que deseaba mantener el peso. Además, ésta no es la AT&T; tal vez tengas que colgar e intentarlo en otro momento. Si estás enfermo, o te sientes muy cansado o frustrado, podría haber estática en la línea, por así decirlo.)

Podrías preguntarle:

«¿En qué me beneficias?»

«¿Qué es importante para ti?»

«¿Cómo puedo ayudarte?»

«Me has protegido todos estos años; te agradezco todo lo que has hecho por mí. ¿De qué necesito protección?»

«¿Cuál es tu finalidad?»

Continúa la conversación hasta que sea apropiado preguntar:

«¿Estarías dispuesto a trabajar conmigo en este problema de peso?»

Y luego:

«¿Puedo satisfacer tu necesidad de _____ (lo que sea) sin recurrir al peso?»

«¿Qué he de hacer para lograr tu apoyo en mi trabajo por bajar de peso?»

«¿Estarías dispuesto a ayudarme a quitarme dos kilos y después volvemos a hablar?»

«¿Hay alguna manera, cualquier manera, de que te sientas cómodo sin recurrir al exceso de peso?»

Estas preguntas no se deben precipitar. Has de estar dispuesto a hacer tú lo que el peso ha hecho hasta ahora por esa parte de ti.

Por ejemplo, si el problema de peso está conectado con «hacerte valer ante el sexo opuesto», el reto ahora es hacerte valer ante el sexo opuesto sin depender del peso para que te lo haga.

Tu Persona Gorda Interna desea mucho más que afirmaciones. Las partes internas desean estrategia y acción. No basta decir: «De acuerdo, a partir de ahora me sentiré protegido/a». *¡Tienes que hacer todo lo que sea necesario para sentirte todo lo protegido que te hace sentir tu peso!* ¿Qué te hace sentir seguro? ¿Un guardaespaldas a jornada completa? (Y esto lo digo absolutamente en serio.) ¿Un chaleco antibalas? ¿Compresas calientes para el frío? ¿Clases de artes marciales? Podría ser un buen curso en hacerse valer, aprender a comunicar verbalmente el mensaje «¡Lárgate!» sin dejar de parecer una persona dulce. ¿Serviría eso?

Siguiente paso. Ponte una meta alcanzable: bajar de 0,5 a 2 kilos. Elige una fecha. Busca consenso.

Después pregunta: «¿Hay otra persona aquí que tenga un problema relacionado con este adelgazamiento y nuevo comportamiento?»

(Es probable que uno o más personajes o partes expresen una objeción. Tendrás que apaciguar a cada una de tus partes para que la negociación concluya con éxito.)

Tu Director de Relaciones Públicas, por ejemplo, podría tener algún problema en el asunto de hacerte valer más; podría pensar que, si permite este nuevo plan de comportamiento, podría haber tensiones en las relaciones en el trabajo. Visualiza situaciones en el trabajo en las que te haces valer y al mismo tiempo eres aceptado. Prueba estrategias. Practica en el escenario de tu Teatro Interior. Va bien ensayar un guión y luego modificarlo y arreglarlo si te parece que no te será fácil representarlo. Sé creativo. Si te ves atascado y no encuentras solución a una situación difícil, pregúntate qué haría _____ (elige una persona) en esa situación.

Cuando ha concluido la negociación (y lo sabrás cuando lo sientas), se siente una serenidad que algunas personas llaman «paz mental»; proviene de la unión de las partes de tu mente, que están en paz. El peso se elimina sin que los nudillos se pongan blancos con el esfuerzo, porque el/la triunfador/a interior, el personaje que pone peso encima, ahora es responsable de quitarlo.

• • •

Claves para que esto funcione

No pruebes con amenazas ni represiones en tu Teatro Interior. Es posible que tus directores tengan ideas fijas, irracionales e incluso divertidas acerca de tu supervivencia. No intentes cambiar sus opiniones ni les digas: «No pienses así». Trabaja con lo que tienes; acepta lo que sea que te digan. Tienen derecho a expresar sus opiniones y no conviene intentar hacerles cambiar ni amenazarlos. Puedes negociar.

¿Y si son tozudos e irracionales?

¿Alguna vez has negociado con alguien que no sea tozudo e irracional? ¡No! Si fueran «racionales» (de acuerdo con tu manera de pensar), no habría necesidad de negociación. Por lo tanto, nunca se «negocia» con una persona racional.

Si todo fuera lógico y racional, hace tiempo que te habrías quitado el peso de encima. Pero sigues gordo y tu Director Gordo sigue ganando.

Sabes que no es sano ni agradable tener ese exceso de peso… y lo sigues teniendo. ¿Adónde te ha llevado tu mente lógica superficial?

Tu Director Gordo hace un trabajo excelente, y ahora debes tratar con él/ella. Podría haber otras partes tuyas que pongan objeciones también a tu adelgazamiento; esto podría causarles tensión a ellas. Tu Director Sexual podría sentirse amenazado; si tienes una parte interna responsable de la monogamia, podría sentirse aterrada. Tu Director de Relaciones Familiares podría ver problemas futuros para ti si bajas de peso; si en tu familia todos son gordos y tú adelgazas, es como decirles que hacen mal o están equivocados. Si nunca antes has hecho frente a la presión familiar, esto podría ser amenazador para ellos.

Es posible que tengas una parte interna a cargo de Traumas del Pasado. Esta entidad lleva la cuenta de los momentos horribles de tu vida y recuerda «cuánto pesabas cuando...». Este Director de Traumas del Pasado intentará mantenerte alejado de ciertas cifras de la báscula que podrían estar relacionadas con problemas. Una mujer contaba que tenía terror de pesar 61 kilos. Las dos veces que logró llegar a ese peso la asaltaron cuando hacía jogging. Continuó haciendo su ejercicio favorito (correr) y continuó bajando de peso, pero su ansiedad la protegía de acercarse a menos de 5 kilos de su peso deseado. ¿Se te ocurren soluciones para su problema? ¡Claro que sí! Correr con una amiga, comprarse un andador, prestar algún servicio en un club de salud a cambio del uso del andador del gimnasio; en fin, hay muchas soluciones. A no ser, naturalmente, que le guste vivir aterrada.

Las personas obtienen lo que desean aunque no se den cuenta.

Hay que llegar a un acuerdo en el Teatro Interior para que ocurra un cambio de comportamiento duradero. Esto se puede realizar con o sin el conocimiento consciente.

Una vez que has pedido apoyo y logrado el acuerdo, pasa el problema al gran ganador de tu Teatro Interior. Esa será la persona que ha tenido la responsabilidad de mantener el peso. Esta parte tuya es una triunfadora, porque si no, habrías solucionado esto hace mucho tiempo.

Un buen gerente te dirá que *debes dar el trabajo más difícil a la persona más eficiente*. Así pues, dale el trabajo de eliminar el peso a la persona que te lo ha mantenido encima.

Soy espía en mi casa. Informo acerca de las líneas del frente de batalla que soy yo.

Carrie Fisher

El tiempo es importante para el Teatro Interior. Cuando llegues a un acuerdo, fija una fecha límite. Accede a reevaluar la situación dentro de tres meses, por ejemplo. Si has adelgazado y tienes problemas, tal vez te convenga repensar tu decisión de bajar de peso. Adelgazar podría haberte asustado porque ahora tienes la prueba de que eres capaz de persuadirte a actuar. Pueden ocurrir muchas cosas, de modo que accede a revisar y reevaluar tu nueva situación.

Lo que otros aprendieron cuando descifraron el código

Denny: «Jamás había tenido un problema de peso antes. Era conductor profesional de coches deportivos desde hacía quince años, y estaba teniendo una buena temporada. De pronto subí de peso y era casi demasiado gordo para mi traje antiincendio. Mi gordura me decía que dejara de conducir y volviera a dirigir al equipo de carrera. Mi profesión estaba ligada a mi peso. El peso era una reacción que tuve después del choque y muerte de un amigo en una carrera».

Paul: «Me siento muy realizado cuando corro una maratón, y lo hago bien, muy bien, para una persona mayor de cuarenta que no está en una profesión de actividad física. Las horas de entrenamiento y las carreras me alejaban de mi familia, y me sentía culpable por eso. Bueno, me duele la espalda siempre que peso nueve kilos más de los que debiera, y no corro cuando me duele la espalda. Mi peso extra simplemente provenía de la parte de mí que deseaba quedarse en casa con mi familia».

Susan: «Mi gordura me estropeó la carrera de vendedora. Entonces me dediqué al diseño y construcción de muebles, algo que ya deseaba hacer. Monté mi propia empresa. Mantuve el peso para obligarme a no dejar nunca mi negocio. […] No quiero darme la opción de volver a trabajar para otras personas. Prefiero la agradable soledad de mi tienda al apremio de conocer gente».

Kim: «Derroté al terrible, el cáncer. Aunque estaba fuera de peligro, pesaba once kilos de más y estaba fastidiada conmigo misma por no poder bajarlos. Cuando hice el ejercicio del Teatro Interior, recordé que todas las personas que hicieron quimioterapia conmigo eran delgadas, y todas murieron. Comprendí que mantenía el peso por si lo necesitaba algún día, si me volvía el cáncer. Negocié un adelgazamiento de siete kilos, y no me voy a pelear conmigo por los cuatro restantes».

Cheryl: «Soy asesora de empresas, y no quiero comunicar "monadas" ni "linduras"; quiero comunicar "substancia". Estos siete kilos que me sobran me sirven de apoyo, de seguridad. Voy a dejar de luchar con mi peso; he leído que las mujeres que tienen cargos importantes, a nivel de vicepresidencia, también tienen sobrepeso de hasta once kilos».

Boker: «Yo sabía que a mi mujer no le gustaban los hombres gordos, de modo que fui prolongando mis viajes de negocios y cada vez volvía un poco más gordo, hasta que me dejó. Ahora que me he librado de esos cincuenta y siete kilos, es decir, de Sue, me imagino que bajaré rápidamente estos veintinueve kilos de peso extra».

Barb: «Hace veinte años me presenté para organizadora del grupo que debía animar a nuestro equipo de béisbol, y no quedé en el grupo. Después de eso me puse kilos encima y los he mantenido todos estos años, como una forma de rebelión, rebelión contra la apariencia femenina ideal. Deseaba (y sigo deseando) gustar por lo que soy, no por mi apariencia. Mi peso ha sido una especie de test para los demás. Si la persona no ve más allá de mi apariencia, ¿para qué la necesito? Me imagino que podría crear otra manera de evaluar la sinceridad de las personas sin usar mi peso para hacerlo. Ya no necesito este peso a modo de mecanismo de selección».

Patricia: «Era llenita cuando me casé, y después aumenté veintisiete kilos; era muy joven también, y no había tenido oportunidad de disfrutar de la juventud. Descubrí que esos kilos de más eran mi manera de mantener a raya a los hombres; no me fiaba mucho de mí, y quería que mi matrimonio fuera bien; usaba mi gordura para obligarme a la monogamia. Mantener ese peso era mi manera de evitar el acoso de los hombres. Con este ejercicio descubrí que necesitaba desarrollar habilidades para llevar esas situaciones difíciles, en lugar de pensar que mi peso iba a hacer que los hombres me dejaran en paz. Eso no resulta, y puesto que no resulta, igual podría quitarme esos kilos y estar sana».

Jeremy: «Si te ponen delante un palo y un cachorro de collie, ¿a cuál se te van las manos primero? Al cachorro, por supuesto. Mis mecanismos de supervivencia me decían que si deseaba ser acariciado, debía parecerme al cachorro de collie.

La mayor parte de mi vida he sido rechoncho como un cachorro de collie, porque deseaba que me hicieran arrumacos, pero ahora estoy dispuesto a probar otra cosa. De niño recibí muchos refuerzos para parecer blando y mimoso. Esto estaba bien para mi infancia, pero ya no me sirve. Estoy listo para otra cosa».

Allen: «Siempre había sido gordo, y una vez empecé a adelgazar en lugar de engordar más. Nadaba con regularidad para ponerme en forma. Un día que estaba en la piscina pensando en lo gordo que estaba, e imaginándome el peso que deseaba ver cuando me subiera a la báscula, de pronto me dio un calambre y casi me ahogué. Durante la conmoción y el susto tenía grabada esa cifra en la mente. Ahora comprendo que eso fue parte del trauma, y desde entonces he tenido miedo de pesar esa cifra. Siempre que me acerco a ese peso empiezo a tener dificultad para respirar, y esto sólo se me pasa cuando vuelvo a subir de peso. Ahora por lo menos sé cuál es el problema, y poco a poco podré persuadirme de solucionarlo. Resulta que tenía un buen motivo para no querer tener ese peso deseado».

Winnie: «Cuando era niña abusaron sexualmente de mí, y ahora sé que tengo este peso para protegerme. La verdad es que no tengo conciencia de necesitar protección, pero al hacer este ejercicio conecté con la realidad de que tengo una tremenda necesidad de sentirme protegida. Pero hay muchas maneras de sentirse protegida sin necesidad de recurrir al peso. Siempre me han interesado las artes marciales, pero ahora me siento motivada para tomar clases. Sería fabuloso saberme capaz de defenderme físicamente; con esto me haría un enorme regalo. Creo que no necesitaría este peso si me sintiera competente físicamente. ¡Lo haré!».

Sharon: «Cuando estaba delgada todos sabían que era bulímica, yo no hacía un gran secreto de eso. Me apunté a un programa y dejé el hábito. Y me eché encima todo este peso. Ahora comprendo que mi gordura es una especie de distintivo que dice: "¿Ves? He perseverado, no soy bulímica". Si adelgazo, todos van a creer que he vuelto al hábito de vomitar; pensarán que he perdido la batalla. No sé qué voy a hacer. Tal vez trasladarme a otro sitio y empezar de nuevo ahí. Y tener la boca cerrada acerca de mi pasado».

Kathy: «Al ser la mujer de un pastor [protestante], tengo muchísima vida social. Me encanta estar con gente. Me encanta entrar en un sitio y que todos se acerquen a abrazarme. Puedo abrazar a todos los hombres de la sala y ninguna mujer se siente amenazada, debido a lo voluminosa que soy. Puedo reír y coquetear y pasarlo bien. Si fuera delgada, de ninguna manera podría hacer eso. Sé que mi peso es una gran carga para mi cuerpo, pero me gustan las cosas como están. Supongo que tendré que pensar si el coqueteo lo vale. Creo que tendría que cambiar muchísimo para adelgazar y mantener el peso, y francamente no sé si deseo hacerlo. Ha sido muy iluminador comprender la dinámica de lo que me pasa».

Bill: «Para mí también son muy importantes las personas. Una vez bajé todos los kilos extras, y cuando entré en un sitio nadie me reconoció. Tuve la impresión de que todos me volvían la espalda. Dejé de sentirme yo mismo. Me sentí introvertido en lugar de extrovertido. Después de esa noche recuperé el peso. No tenía idea de que eso me hubiera influido tanto. Pero ahora estoy en un trabajo totalmente diferente, y, en todo caso, nadie me conoce. Tal vez ahora pueda quitarme el peso extra y no preocuparme tanto de que nadie me reconozca».

Mark: «Mi mujer tiene un problema de drogadicción. He ido aumentando y aumentando de peso sin parar, y no me he sentido motivado para hacer nada al respecto. Mi mujer dice que la gordura no es atractiva, y yo le digo que su drogadicción tampoco es atractiva para mí. Estamos atascados en esto, y sé que mi peso es más o menos la manera de decirle que se marche. Ya le he dicho que si deja la droga yo bajaré de peso, pero sé que esto es una tontería. Este matrimonio está acabado».

Todas las repuestas que buscamos las tenemos dentro.

Proverbio zen

Mientras estas personas no «entraron en su interior», ninguna de ellas tenía idea de por qué tenían sobrepeso, desde siete a setenta kilos extras. La técnica del Teatro Interior nos da la estructura para conocernos. Todas estas personas tenían una necesidad mayor, desde tener una reserva para combatir el cáncer a la posibilidad de coquetear. *Pero ahora la conocen.* Estas son quince personas diferentes, con vidas muy diferentes y Muy Buenos Motivos para acumular kilos extras.

Si lo pensamos, mantener esos kilos encima no es una solución muy creativa para el problema. Es una solución de «diseño estándar». Por lo menos cuarenta millones de personas, sólo en Estados Unidos, recurren a ella. Y da resultado, sí, pero en cada uno de estos casos, ¿podrías haber encontrado otra manera de hacer frente a la situación? Claro que sí, porque estás fuera de la persona. Si estuvieras dentro, es posible que también hubieras estado atascado en la búsqueda de una solución más creativa.

A veces basta con hablar consigo mismo y con las partes interiores para resolver el misterio. Y a veces es necesario apuntarse a esas clases de kárate.

El final

Una vez que sabes el Muy Buen Motivo o la «necesidad mayor» para mantener tu peso, puedes entender el mensaje o el beneficio que te aporta el sobrepeso. El siguiente paso debería ser obvio: darte lo que te está dando el exceso de peso.

¿Hay alguna manera de obtener lo que deseas sin esos kilos encima? Cuando satisfagas esa necesidad mayor, cuando te des eso que deseas, que realmente deseas, se acabará el comportamiento saboteador.

A algunas personas, el exceso de peso les evita situaciones desagradables. Para Denny significaba cambiar de profesión; para Patricia significaba tomarse en serio el aprendizaje en hacerse valer. Para Boker significaba poner fin a una relación que no deseaba; para Cheryl significaba redefinir la «substancia» en su trabajo.

Para muchas personas, mantener el exceso de peso significa no tener que decir «no» jamás. No es mucho lo que se espera de una persona gorda. Declinar la invitación a jugar un partido de fútbol, por ejemplo, no es un problema. Un niño obeso lo expresa así: «No es mucho lo que esperan de uno».

Cómo ayudar a una persona
que está bajando de peso

Si deseas ayudar a adelgazar a tu cónyuge, pareja, hijo o hija o cualquier otro familiar, pregúntale: «¿Cómo puedo ayudarte en esto?» Y luego escucha. Haz lo que te diga. Hay que preguntar, porque diferentes personas desean diferentes tipos de ayuda o apoyo. Es posible que lo único que quiera de ti esta persona es que no hables de eso. O tal vez te agradecería que no llegaras con pasteles a la casa durante un tiempo. O tal vez la anima el solo hecho de que la escuches.

Si deseas ayudar a una compañera de trabajo en su esfuerzo por adelgazar, observa algo positivo en su trabajo. Es embarazoso ser reconocida en el ambiente de trabajo por el «volumen corporal», aun cuando el comentario sea bien intencionado. «Oye, estás estupenda» no es algo que a todas les guste oír cuando están trabajando. A algunas mujeres esto puede asustarlas tanto que recuperan el peso enseguida. No todas las personas desean ser atractivas, y lo digo en el sentido más literal. No desean atraer la atención (en particular la atención sexual). Esos comentarios «animadores» podrían amilanarlas. En cambio, un elogio sincero respecto a la calidad de su trabajo les hace muchísimo bien en su seguridad en sí mismas y les produce también la sensación de que las cosas están mejor.

La vida fuera del carril gordo

El mundo nos trata de modo diferente si pesamos 93, 84, 66 y 56 kilos. Lo sé; he tenido todos esos pesos. Ojalá alguien me hubiera dicho que sí, que seguiría teniendo problemas, aunque estos serían distintos. Me habría servido mucho saber eso.

La vida no se vuelve perfecta cuando desaparece el peso extra. Siguen atascándose tuberías en el cuarto de baño, el coche sigue consumiendo gasolina, siguen pagándose las facturas. Bajar de peso no afecta a todos los aspectos de la vida, pero yo descubrí que me trataban de otra manera. Para empezar, tuve la impresión de que las personas ponían más atención a lo que yo decía, me atribuían más materia gris en el cerebro. Al principio esto me ponía nerviosa. Descubrí que no tenía que esforzarme tanto por demostrar mi valía en el ambiente de trabajo. Aceptaban mejor lo que yo decía.

Creo que diferentes tipos de hombres se sienten atraídos por mujeres de diferentes volúmenes o tallas.

Me llevó menos de un año bajar 45 kilos.

Justo cuando llegué a los 56 kilos hubo uno de los peores inviernos de la historia en Chicago, donde viví dos años; con ese frío brutal me enteré de una cosa acerca de la gordura: mantiene abrigada. Fue doloroso ese primer invierno sin mi grasa extra. No había cantidad de ropa que fuera suficiente para cortar el heladísimo viento del lago Michigan.

Incluso ahora duermo con manta eléctrica durante once meses del año y me pongo camisón. Tengo una de las colecciones de calcetines más grandes del mundo. Soy de las que entra en Victoria's Secret y pide «una prenda seductora… con pies». Sigo teniendo el apetito de un empaquetador de Green Bay. Mis papilas gustativas siguen soñando con comidas exóticas. Y no siempre me siento en ánimos para lidiar con el peso y la comida todos los santos días de mi vida. Pero,

¿sabes?, el éxito no depende de cómo se sienta uno; no tiene por qué gustar, simplemente se trata de hacerlo.

Preguntas y respuestas

¿Eras gorda de pequeña?

Fui un bebé de peso normal, pero a los siete años ya pesaba 45 kilos. Sí, tuve la fatal desgracia de crecer como una «niña gorda». Ahora peso menos que cuando estaba en sexto año de básica. Los niños saben ser muy crueles entre sí. No sólo era la niña más gorda de la escuela, era también la más alta (hasta el primer año de instituto), y la menor en todas mis clases. Sin que nadie lo supiera, también era miope, lo que puede causar mucha aflicción cuando uno pasa con su bandeja sirviéndose en el mostrador de una cafetería; no sabes qué tienes delante, así que coges de todo y luego, claro, siendo socia muy antigua del Club Plato Limpio, acababa comiendo cosas que ni me apetecían.

¿Entraste en algún grupo para bajar de peso?

No. Pero Overeaters Anonymous [Golosos Anónimos] tiene un programa excelente. No sé nada de otros grupos; nunca he participado en ninguno. Haz lo que sea que te resulte.

¿Recurriste a fármacos o cirugía para adelgazar?

No. Recomiendo tomar vitaminas. Sospecho que llenarse de vitaminas mantiene a raya las ansias de comer. Mantengo lo más satisfecho posible a mi «biocontenedor». No me gusta privarme de nada.

¿Has sufrido de anorexia o bulimia alguna vez?
Nunca.

¿Hiciste ejercicios para bajar de peso?
El ejercicio es fabuloso. Va bien para quitarse kilos y para mantener el peso después, y supongo que mejora el ánimo. Ahora hago ejercicio, pero no lo hice durante mi enorme pérdida de peso, de modo que la respuesta sincera es no.

¿Hiciste una apuesta con alguien, lo hiciste junto con otra persona o compraste ropa de talla pequeña para motivarte?
No a las tres cosas. Sí pegué una foto de una persona muy gorda en la puerta del refrigerador; algunas personas ponen la foto de una persona flaca…, pero a mí eso no me dio resultado.

¿Qué programa seguiste?
No hice ayuno. No tomé ningún tipo de alimento de dieta enlatado, en polvo ni envasado. La mayor parte del tiempo me sentía como si me fuera a morir de inanición. Sé lo que es tener mucha, muchísima hambre; ¿te das cuenta de que gran parte de la población mundial está en ese estado cada día? Ahora que soy mayor y más sensible al azúcar en la sangre, como a los treinta minutos de despertar y no me doy permiso para pasar hambre. Media taza de comida satisface el hambre, no es necesario comerse un buey.

¿Qué no comes ahora?
Si hay un «alimento» que se debe eliminar es cualquiera que contenga alcohol. Olvídate que engorda, lo que hace es

atontarte, y por desgracia no sólo mientras lo bebes; produce un estado mental horrible, y a mí me hace hacer malas elecciones de comida. El alcohol es azúcar y se metaboliza como tal. Yo evito el azúcar. He de decir que si alguien me hubiera dicho que tendría que renunciar al azúcar para el resto de mi vida, habría pensado seriamente en el suicidio. Pero me dijeron: «¿Puedes dejar en paz el azúcar durante diez minutos?» Y podía. Los diez minutos se convirtieron en una hora, la hora se convirtió en un día, y el día en una semana. ¿Comprendes?

¿Cómo lo hiciste?

Negocié con mi persona gorda interior. Deja lo que es «normal». Ponte tú y tu peso en primer lugar. Haz eso ahora; considéralo un problema que estás resuelto a solucionar; hazlo una prioridad. Vuélvete tozudo, contumaz, y creativo. Piensa qué necesitas hacer para cuidar de ti. ¡Yo soy totalmente única y tú también! No tengas miedo de ser original o excéntrico en tus tácticas. Deja de preocuparte de lo que va a parecer tu comportamiento a los demás. Esto te está matando. Cuando bajé todo ese enorme peso, sólo pensaba en quitarme de uno a dos kilos. Decía: «¡Caray, estoy en ochenta y ocho!, y el mundo no se ha desmoronado, veamos si logramos bajar a ochenta y seis». Consideraba el quitarme kilos como tú podrías pensar en bucear. Me decía: «Bajemos hasta ahí (una medida de peso) y veamos cómo es».

¿Tuviste ayuda o apoyo de tus familiares y amigos?

No. Los familiares tienden a sabotear el adelgazamiento. Imagina una manera de resolver esto y llévala a cabo. Si alguien de tu familia o de tu círculo de amistades tiene algún problema por esto, evita a esa persona si te es posible.

Pero cada día, ¿cómo lo haces cada día?

No soy una persona dotada de una fuerza de voluntad extraordinaria. Debido a eso, he tenido que ser creativa, inventar otras maneras de ingeniármelas con la comida, las personas, los días festivos, los restaurantes y todo el resto. Soy una persona común y corriente que se enfadó lo suficiente para decir: «Quiero esto para mí». Cuídate mucho. Date lo que necesitas para ser feliz y sentirte a gusto en este planeta, porque nadie lo va a hacer por ti. Y no es el trabajo de nadie fuera de ti.

¿Cuál era tu necesidad mayor? ¿Cuál era tu Muy Buen Motivo?

Fue cambiando con los años. El motivo de mantener siete kilos fue diferente del que tenía cuando mi sobrepeso era de cuarenta y cinco kilos. Asistí a una conferencia en que la oradora explicó el milagro de la caja de galletas. Nos contó que cuando trabajaba con mucha intensidad y tenía una horneada de galletas en la caja en que las guardaba, se las comía todas. Pero cuando se tomaba un tiempo para divertirse, una sola galleta la satisfacía. Muchas personas consideran una actividad opcional la diversión. Yo no, ahora ya no. Si no atiendo a mi necesidad de arturear (mi tiempo para divertirme) *constantemente*, sé que las ansias compulsivas de comer me dominan. La diversión o juego es algo personal. Lo que es diversión para una persona no lo es necesariamente para otra. Para mí, jugar al golf sería trabajo.

¿Qué es diversión o actividad de ocio para ti? Contestar a esta pregunta es fundamental y hay que tratarla con mucho respeto. Recuerda tu infancia y qué te gustaba hacer entonces. Cógelo donde lo dejaste. Me gusta el equipo de juego del patio de la escuela del barrio. Y me gusta cualquier trabajo artístico lioso o sucio cuyo producto final sea caprichoso. Para mí esto no es algo secundario; es una receta para controlar el peso y llevar una vida feliz. Esto es esencial para mí ahora.

¡Resumamos!

El informe de autopsia reveló que el columnista de salud, doctor Stuart Berger, cuarenta años, autor del popular libro *Dr. Berger's Immune Power Diet*, murió de un ataque al corazón debido a la obesidad. El Berger de dos metros, que a comienzos de los años ochenta bajó 95 kilos con su dieta, volvía a pesar 166 kilos en el momento de su muerte. *No hemos de olvidar que este asunto del peso nos puede matar.*

Wynona Judd dice: «Mi peso ha sido mi protección del mundo exterior». *La protección es, con mucho, el motivo más popular para tener peso extra.*

El actor John Candy contaba con el apoyo de su familia y tenía una exitosa profesión en el cine, pero al final (cuarenta y tres años), ni el amor ni el dinero pudieron salvarlo del problema de peso que él sabía podía ser fatal. Si bien la muerte de su padre a los treinta y cinco años lo impulsó a esforzarse en adquirir autodisciplina, también liberó en él el fatalismo: si estaba condenado a morir de todos modos, pareció razonar, vengan las patatas fritas. Comer, beber y fumar se convirtieron en una forma de ahogar la ansiedad. *Más personas se han suicidado con cuchillo, tenedor y cuchara que con cualquier otra arma.*

Balada de la hambrienta yo café
(Consejo para mí)

Creo que nunca veré un apetito
tan enorme y castigado como el mío.
Voy impelida, como un bólido,
sorbiendo comida con cucharita de café.

Me alimento para funcionar
cuando eso es justo lo que me falta
Me alimento para hacer frente al día,
no sólo para tener a raya mi hambre.

Una media taza de comida basta,
pero como más y me arrepiento.
Después, cuando me pese desnuda
me enteraré de mi elección de alimento.

Como como comería un guerrero vikingo
para enfrentar los desafíos que debo.
Después despierto de la batalla
y compruebo que he traicionado
a mi eterna Batalla Real,
he hecho mucho, pero no he sido leal.

Comer por un hambre de verdad, ¡muy bien!
y que eso te dure para el resto del día.
Para luchar la batalla que he de luchar
necesito estar serena, delgada y ligera.
Ya acabaron mis días de guerra vikinga,
relájate, creo que los vikingos ganaron.

Panecillos magros y prietos, son tuyos, para bailar,
vengan los panecillos, no hay riesgos.
Las armas diarias son necesarias, cierto,
pero algo distinto a comida servirá.

¿Mareada de hambre? Sí, eso es real.
¡Come entonces! Si ese es el trato…
Pero atiborrarte para una guerra… ¿con qué?
¡Eres una especie de loca, la verdad!

8

El sabotaje a las finanzas

En realidad no me gusta el dinero, pero me calma los nervios.

Atribuido a Joe Lewis y Satchel Paige

¿Puedes fiarte de ti con el dinero? Yo no podía, pero ahora sí.

¿Te saboteas las finanzas? ¿Haces el plan de ahorrar dinero y luego acabas endeudado? ¿Crees que lo único que necesitas es más dinero aunque ya tienes buenos ingresos ahora? ¿Hay personas que ganan menos que tú que están libres de deudas y dan la impresión de tener mucho? ¿Adónde se va tu dinero? ¿Tienes la molesta sensación de que cuando pones dinero en tu cartera se disuelve solo?

¿Puedes fiarte de ti en tus finanzas? ¿Te controlas para no gastar y de pronto lo gastas todo en una compra impulsiva?

Autoestima es sentirse bien consigo mismo aunque sea un mentiroso y un ladrón.

Autosabotaje es decir que se desea algo y luego procurar que no eso no ocurra.

Confianza en sí mismo es la seguridad de poder comprometerse en satisfacer las propias necesidades y deseos: bajar de peso, administrar el dinero, ejercicio, trabajo, diversión y relaciones. ¿Estás comprometido con tus compromisos?

Autogestión es administrar y organizar todos los aspectos internos de modo que ninguna parte sufra necesidad.

Autodisciplina es la capacidad de centrar la atención en una misión con la exclusión de otras misiones.

Tener dinero, ¿hará de ti una persona mejor? Probablemente no. Si eres una buena persona ahora, seguirás siéndolo con 200.000 dólares en el banco.

¿Eres mala persona si no tienes dinero? Ciertamente no. ¿Sólo las personas buenas tienen dinero? Ciertamente no. Aquí no se trata de tener o no tener dinero. De lo que se trata es:

___sí___no ¿Te fijas el objetivo de tener dinero y luego lo saboteas?

___sí___no ¿Estás contento con tu forma de manejar el dinero?

No es mi finalidad darte un objetivo respecto al dinero. Lo que hagas con el dinero es asunto personal tuyo. Pero si no estás contento con tu comportamiento respecto al dinero, quiero ayudarte a descifrar el código de comportamiento en el caso de que sabotees tus finanzas (si contestaste «sí» y «no», en ese orden, a las preguntas).

La parte difícil de estar arruinado es ver al resto del mundo ir a comprar.

Alan F. G. Lewis

Los propietarios de empresas pequeñas son un grupo nervioso, si creen en las estadísticas. Ocho de cada diez fracasan. «¿Alguna vez se acaba el miedo?», me preguntó una empresaria cuando estábamos preparando la segunda fase de su plan de comercialización. «No —le contesté—, siempre está ahí, y uno se acostumbra tanto a él que pasado un tiempo, si no lo está se echa en falta».

A la propietaria de un servicio de helicópteros, un periodista que la estaba entrevistando le preguntó: «¿Todavía la pone nerviosa ser empresaria?» «Sí —contestó ella—, todavía me revolotean mariposas en el estómago, pero ahora vuelan en formación.»

No hay nada malo en sentir miedo si propulsa a la acción positiva.

El miedo sólo es entusiasmo en necesidad de un ajuste de actitud.

Russ Quaglia y Doug Hall

Si el miedo a hacernos daño nos hace ponernos el cinturón de seguridad en el coche, ¿qué hay de malo en eso? Si el miedo a los ladrones nos hace cerrar a la puerta con llave por la noche, ¿qué hay de negativo en eso? Si el miedo a no tener un céntimo a los noventa años nos lleva a hacer serios planes financieros, eso es bueno, ¿verdad? El miedo es un motivador; el miedo podría estar constituido por voces del futuro que nos dicen que no hacer frente a la realidad (peso, dinero, relaciones...) es buscarse un camino fragoso quince kilómetros más allá de la carretera.

¿Te preocupas por el dinero? Yo solía preocuparme sin parar. Me preocupaba más que lo que respiraba. Mi Director interno de Finanzas era un tirano tacaño al que a mí me gustaba no hacer caso. Esta parte mía era más o menos tan flexible como el Terminator, y tenía todo el encanto de la enfermera Ratchet cuando estaba inundada de testosterona. Con sus incesantes «deberías», «tendrías que», «debes» y «tienes que», esta parte interna simplemente pedía a gritos que la saboteran. La interminable conversación que discurría por mi cabeza era una especie de letanía de «Deseo…», seguida por un «No puedes». Mi Director de Finanzas decía «no» a todo. Y al parecer yo disfrutaba haciéndole sabotaje.

He asistido a seminarios sobre la prosperidad y he aplicado religiosamente las técnicas de hacer afirmaciones. Comprendía que yo no era mi cuenta bancaria, y que mi valía personal no se mide en dólares y céntimos. Entendía todo eso, ¿de acuerdo? Recitaba los versículos aquellos sobre las aves del cielo y los lirios del campo, que no se preocupan por el dinero; saben que el Universo cuidará de ellos. ¿Por qué yo no tenía esa fe? Nada de eso me servía. ¿Qué tenía mal yo que no podía dejar de obsesionarme por mis finanzas? Pensaba que si estuviera sintonizada espiritualmente dejaría de estar tan aferrada al mundo material.

¿Y qué debía hacer con esa sobrecarga de deseos o necesidades? Los deseos me chillaban por todos los poros. Deseaba hacer reparaciones y decorar bien la casa, hacer viajes por Europa, cursos universitarios, deseaba dinero para donar a las grandes causas, una bañera con agua caliente, alimentos verdaderamente sanos, electrodomésticos, billetes para obras de teatro y conciertos, equipo deportivo, y una persona que me limpiara la casa y el patio. Y luego estaban la infinita tentación de los anuncios publicitarios en las calles y los coches antiguos. Deseaba todo lo que veía.

> Fuera cual fuera mi problema, sabía que tenía dos opciones: comer o comprar algo. Normalmente hacía ambas cosas.

> *Louie Anderson en* Goodbye Jumbo

No hace falta ser un genio para ver aquí un paralelo con la comida. Deseaba comer todos los tipos de comida, y deseaba todas las cosas, y como buena representante de la generación de los cincuenta y sesenta, no estaba particularmente dispuesta a esperar para tenerlas. Fracasé en la técnica Nueva Era 101, en que uno se convence de que esas cosas no son reales, no dan el placer perdurable y hay que persuadirse de desearlas; si lograba esa claridad espiritual, simplemente desaparecería el deseo de tener un Ford del 34; desearía los sencillos placeres del incienso (10 varitas por 2 dólares), velas (38 dólares las aromaterápicas), una fuente personal en casa (178 dólares con bomba autolimpiadora), una punta de flecha de cristal de roca (100 dólares) para poner junto a mi banco de teca para meditar (73 dólares) y, cómo no, las clases de yoga y las últimas novedades del mes de la lista de éxitos de la Nueva Era. Una vez que conectara con el Espíritu y tuviera despiertos todos mis sentidos (la Vida verdaderamente iluminada), podría poner a la recién despertada Alyce en mi propio depósito de privación sensorial (7.000 dólares). Lo que ocurrió fue que acabé deseando el coche, las velas, las clases y alquilando el depósito.

El diario del domingo acicateaba mis deseos. La sección de anuncios me ponía como a Orson Wells ante un bufé libre. Veía algo que podía comprar a un precio fabuloso, ¡y tenía que comprarlo!, era demasiado bueno para dejarlo pasar. El único problema era que estas fabulosas oportunidades se presentaban todos los domingos.

Al parecer tenía una verdadera pericia para liberarme del dinero. Era capaz de agotarlo más rápido que nadie. Un instante estaba ahí, y al instante siguiente había desaparecido como si le hubiera espolvoreado un polvo mágico. Y todo eso ocurría tan rápido que me desconcertaba. ¿Te suena a conocido esto?

Si tienes la inquietante sensación de que el dinero explota, se disuelve o se desintegra misteriosamente en tus manos, y en toda tu vida has gastado más de 70 dólares en libros sobre el zen, da la bienvenida al fascinante mundo del Sabotaje a las Finanzas.

Hay una cierta serenidad budista que proviene de tener dinero en el banco.

Tom Robbins

Es muy posible que no te sientas cómodo en este planeta mientras no tengas algún dinero guardado en alguna parte. Podrías ser del tipo de persona a la que ninguna cantidad de medicación ni meditación le haga aceptar la vida sin corcoveos. Lo que necesitas es un poco de Valium Verde.

¿Cómo te relacionas con el dinero?

¿Cómo hablas contigo mismo acerca del dinero?

Retrocede otro poco. ¿Cómo te hablaban los demás acerca de ti y acerca del dinero?

«La única persona que parecía disfrutar del dinero tanto como yo era mi abuelo —cuenta una escritora—. A diferencia de mi madre, trataba al dinero sin pedir disculpas. A mi madre la ponía nerviosa manejar dinero, y me educó para que no hablara jamás del precio de nada. Por mucho que detestara ser diferente, yo deseaba más dinero.»

Todos tenemos una relación con el dinero. Es como si fuera un personaje que estuviera en el escenario con nosotros.

Todos tenemos una u otra relación con el dinero. Es como si fuera un personaje que está sobre el escenario con nosotros.

Tengo dinero suficiente para que me dure toda la vida, a no ser que compre algo.

Jackie Mason

Observa cómo tratas el dinero. Cuando pagas algo, ¿dejas los billetes en el mostrador para que el dependiente los coja, o los retienes para que los coja de tu mano? ¿Cómo recibes el dinero? Es interesante, ¿verdad?, que el sueldo nos lo entreguen en un sobre colocado sobre el escritorio boca abajo. Cuando dejas propina, ¿la pones oculta debajo de un plato? Hablamos de «dinero sucio» y de «lavar dinero».

Todo el mundo sabe que «el dinero es la causa de todos los males». Error. El verdadero dicho reza: «La *codicia* (de dinero) es la causa de todos los males». El dinero en sí no es ni bueno ni malo. Es como el fuego o la energía, lo bueno o lo malo depende de lo que hagamos con él.

Te costará muchísimo tener más dinero si lo consideras sucio o crees que te va a causar daño. Eso parece obvio, ¿verdad? ¿Te regocijas cuando te llega dinero?

¿A quién nos gusta darle dinero? A los niños pequeños, ¿verdad?; porque aún no han aprendido a sofocar su entusiasmo. Cuando les das dinero, sus caritas se iluminan como las bombillas del árbol de Navidad. Tu cara debería iluminarse igual: «Me alegra que me llegue dinero».

Algunas personas creen que el dinero atrae dinero, literalmente. Así pues, andan trayendo un billete de 100 dólares, no para gastarlo sino a modo de imán para que otro dinero las encuentre. Esta idea me pareció interesante, de modo que la probé. Lo que me ocurrió fue que el billete de 100 dólares encontró la manera de evaporarse junto con los de 20 y de 1 dólares. Pero seguí pensando que el concepto tiene valor, por lo que me guardé un billete de 100 marcos, de un viaje a Alemania, junto con mis dólares. Llevaba muy clara su denominación, 100 marcos, y ciertamente era dinero, no fácil de gastar. El billete azul alemán fue un par de veces a la lavandería, por accidente. Quedó tan fláccido y arrugado que al final lo hice plastificar. Todavía lo tengo, de modo que es posible que funcione la magia de esta práctica. Aunque cómo sabe que ha de atraer *dinero* y no *alemanes* sigue siendo un misterio para mí.

Si alguien me jurara que girarse tres veces antes de acostarse aseguraría la riqueza, probablemente también lo probaría. Y si diera resultado, continuaría haciéndolo. Lo haría para demostrarme que no deseo sabotear mis finanzas.

Realmente deseo ser solvente y responsable con el dinero, y estoy dispuesta a hacer todo lo que sea necesario para ello, incluido ser original para lograrlo.

Hace muchos años, cuando mi dificultad para manejar el dinero estaba en su apogeo, en una conversación telefónica con mis padres les pedí que me hablaran de sus respectivas madres. Bueno pues, esta conversación cambió mi perspectiva respecto al dinero. Resulta que mis dos abuelas eran buenas administradoras del dinero. Mi abuela materna tenía diez hijos y de pronto se encontró viuda en una granja en un terreno desértico inutilizado por la erosión, y esto en medio de la Gran Depresión. ¿Vender la granja? ¿Quién en su sano juicio se la compraría? Y, sin embargo, cuando murió, a los noventa y siete años, dejó sus buenos miles de dólares a sus hijos. ¿Cómo demonios lo hizo? En cuanto a mi abuela paterna, también viuda, cuando llegó el momento de enviar a su hija a la universidad, se trasladó a la ciudad donde estaba la universidad, compró una casa con muchos dormitorios, los alquiló a estudiantes y arregló el sótano para vivir ella. Cuando se sintió lo bastante solvente, ocupó la primera planta de la casa y continuó alquilando todo el espacio disponible a universitarios. Sus dos hijos sacaron sus títulos universitarios. ¡Qué idea más extraordinaria! ¿A qué madre de hoy en día se le ocurriría trasladarse con su hija y forjar un plan semejante?

Lo que comprendí en esa entrevista a mis padres fue que mis dos abuelas tenían una increíble creatividad cuando se trataba de financiar lo que deseaban. A todo el mundo recomiendo echar una mirada a las historias de sus abuelos, más que a las de sus padres, para estimularse. Yo tenía la urgente necesidad de tener un buen modelo en administración del dinero y lo encontré dos generaciones atrás.

Este año se han declarado más de un millón de quiebras en Estados Unidos (Fuente: Administrative Office of the U.S. Courts). ¿Alguna de ellas será tuya?

¿Considerarías contaminación medioambiental arrojar papeles por la ventanilla del coche? A las personas que arrojan basura al suelo las consideras bastante despreciables, ¿verdad? ¿Por qué entonces no consideras igual a aquellos que contaminan el medioambiente económico? Las personas que pagan con cheques sin fondos no respetan sus compromisos económicos, y declararse en quiebra contamina el comercio.

A excepción de las quiebras a consecuencia de problemas de salud, la mayoría se pueden prevenir. Pero, como en el caso de la obesidad, la gente recurre a ella como si estuvieran en un tren de mercancías sin frenos. Personas bastante agradables se han declarado en quiebra, arrastrando con ellas a personas aún más agradables. Este comportamiento atrae muchísima atención sobre ti. Te llaman abogados, banqueros e inspectores de Hacienda que normalmente no hablarían contigo ni para decirte la hora. Tal vez tu familia te acompaña como una piña en esta desgracia; tal vez te dejan en libertad condicional, y la persona que te ayuda simplemente saca más brillo a su halo gracias a eso. Es divertido el caos financiero, ¿verdad?

Me crié en una familia que se trasladaba con frecuencia. Observé que era mi padre el que ganaba el dinero, no mi madre. En mi simplista mente de niña también vi que el trabajo de mi padre, no el de mi madre, decidía dónde vivíamos y cuándo nos trasladábamos. De esto saqué la impresión de que la persona que tiene el dinero dicta las normas. Comprendí que si quería ser yo la que dictara las normas, tendría que ser yo la que ganara el dinero. También percibí el dinero como un canal de energía, y que yo podía canalizarlo en canales más pequeños en diferentes direcciones. Y una parte se podía ahorrar.

Cuando era niña me daban una pequeña mesada; si hacía ciertos quehaceres domésticos recibía 2 dólares al mes. Siempre me amonestaban por tener tanto dinero, hasta que hice el viajecito al pequeño banco de ladrillos del centro de la ciudad y lo deposité en una cuenta de ahorros. Una vez al año se me permitía retirar un poco de dinero para comprar regalos para otros familiares. Esto continuó durante varios años, hasta que en mi manoseada libreta de ahorros vi la suma de 52 dólares, una fortuna en miniatura a mis ojos. Entonces mi familia volvió a trasladarse.

Cuando llevábamos un par de meses en ese otro sitio, recordé mi cuenta de ahorros y aterrada le dije a mi madre que mi dinero se había perdido. Ella me dijo que no, que ella lo había recibido cuando cerró todas las cuentas en ese banco. Estupendo. ¿Entonces dónde estaban mis 52 dólares? Resulta que no sé cómo se habían asimilado al dinero de la familia y ya no estaban puestos a mi nombre. Jamás vi ese dinero, ni abrí otra cuenta de ahorros. Tenía que olvidarlo. Y creí que lo había olvidado.

Hasta veinte años después, cuando a mis treinta años luchaba por salir adelante, y con una hija. Tenía que pagar la hipoteca, la luz, la obligada comida para el perro y los utensilios y libros escolares. Tenía toda la apariencia externa de una adulta responsable, pero el dinero, especialmente el dinero en efectivo, parecía desvanecerse. Me pasmaba no saber qué se hacía una vez que estaba en mi posesión. Desaparecía con una rapidez francamente extraordinaria.

Para aminorar esa velocidad pasmosa y resolver el misterio, decidí anotarlo todo, absolutamente todo lo que compraba que costara más de 25 céntimos. Ese era el ejercicio iluminador que necesitaba. Aminoró la velocidad del proceso de un modo semejante a pasar en cámara lenta la trayectoria de una bala. Entonces vi el efecto; entonces vi mi comportamiento en cámara lenta y sólo entonces pude darme el consejo de cambiar.

Me costó ver la conexión entre ese trocito rectangular de plástico y la salida de dólares. No me parecía que gastara tanto dinero como para cancelar la tarjeta de crédito de unos grandes almacenes; hasta que lo comprendí y me di de baja en la tarjeta. Lo siguiente fue cancelar el diario dominical donde aparecían todas esas maravillosas ofertas para «ahorrar» dinero. Decidí que, fueran cuales fuesen las gangas, tendrían que encontrarme de alguna otra manera. También decidí que podía no invertir en la atención a otros. En esos momentos no tenía medios para ser una anfitriona social, y debía dedicar ese dinero a otra cosa, por ejemplo al fondo para la educación universitaria de mi hija.

Durante ese periodo a veces pensaba cómo había sido mi educación respecto al dinero. ¿Por qué no era una ahorradora natural? ¿Por qué una parte de mí se empeñaba en gastar? Sólo entonces recordé los infames 52 dólares que dejé en un pequeño banco de Missouri. Descubrí que una parte de mí seguía muy ofendida por ese dinero. Qué buena ahorradora había sido, ¿y qué tenía para demostrarlo? Esa parte niña de mí pensaba que si los hubiera gastado tendría las cosas compradas, y que eso era mejor que poner el dinero en una cuenta de ahorros, donde desaparecería. Comprendí que había tocado fondo emocional cuando sentí la pérdida de ese dinero.

Traté de razonar acerca de esos 52 dólares: eso ocurrió entonces, esto es ahora; ya eres adulta y estás al mando. Esas son puras palabras, dijo mi parte niña. Nada que dijera para convencerla dio resultado; un banco es un organismo que cogió tu dinero y se lo dio a otra persona, observó. Negarme el placer de gastar ese dinero durante todos esos años no había tenido ningún resultado; si no, entonces, por el amor de Dios, tendría algo para enseñar, habría comprado algo con él. No llegaba a ninguna parte con mi sabotaje. Era hora de ser adulta y de dejar de tontear por 52 dólares. No pude convencer a mi parte niña de que estaba equivocada, porque *no estaba equivocada*.

Entonces hice algo insólito. Un día llamé a mi madre y le pedí que me devolviera mis 52 pavos. Como es natural, ella no recordaba mi cuenta de ahorros después de tantos años, pero afortunadamente no negó que sí, que probablemente los había cogido. En esos momentos ella y mi padre estaban lo que podríamos llamar ricachones, y aunque ella consideró un poco extraña la conversación, me envió los 52 dólares, en efectivo. Dinero contante y sonante, nuevito, era lo que yo había depositado en el banco, y dinero contante y sonante era lo que necesitaba ver de vuelta. Cuando llegó el dinero, lo metí en una bolsa de plástico y lo colgué en la pared de mi despacho en la casa. Necesitaba que mi parte niña viera que el dinero estaba devuelto (puede que sin intereses, pero devuelto) y que depositar dinero en el banco era algo bueno. Ahora bien, ¿no es esta una historia ridícula?

Sí, pero dio resultados. Esos 52 dólares fueron los 52 dólares más importantes de mi vida adulta. Todavía los tengo. Mi parte niña interna puede verlos, tocarlos, jugar con ellos e incluso gastarlos, pero ya no me siento robada. Ya no estoy dominada por un deseo compulsivo de gastar el dinero antes que otra persona pueda cogerlo. Ya no tengo la necesidad de gastar el dinero. Ahora puedo hacer otras cosas con él, por ejemplo ahorrarlo o invertirlo. Disfruto llevando las cuentas y viendo cambiar las cifras a más grandes.

¿Que si deseo haber sido más «madura» respecto a esos 52 dólares? Sin duda. ¿Me pareció pueril y vergonzoso pedir que me los devolvieran? Puedes apostar a que sí. ¿Deseaba acabar con mi sabotaje a mis finanzas? Sí, más que cualquier otra cosa. ¿Por fin me ocupaba de mis negocios sin importarme cómo le parecería a cualquier otra persona? ¡Sí!

El dinero es algo raro. Cualquier cantidad que no tengas, ya sean 50 dólares o 500.000, parece ser una montaña.

Desconocido

Una mañana estaba en la radio, invitada a un programa de entrevistas; el tema era el autosabotaje y la dilación. La sala era bastante típica, un espacio pequeño atiborrado de aparatos, entre ellos altavoces enormes, del tamaño de los «Escarabajo» de la Volkswagen, colgados del techo. Despues de una interesante conversación con el presentador, se abrieron las líneas telefónicas para los oyentes. Todos hablaron de los problemas normales de dejar las cosas para después, pero también llamó una mujer que nos dejó a todos impresionados.

—Siempre dejo para después el pago de las facturas —dijo—. Es decir, no pago hasta que me han cortado la electricidad y el teléfono. Y la verdad es que no entiendo por qué hago esto, porque tengo el dinero para pagar. Simplemente no pago.

¡Qué comportamiento más fascinante! Le dije:

—Yo tampoco sé por qué hace eso, pero probemos con esto a ver si resulta: cuando era pequeña, ¿su madre vivía diciéndole que fuera simpática con los demás niños, que compartiera sus juguetes con ellos?

—¡Uuuyyy, cuánto me fastidiaba eso! —rugió la mujer por esos altavoces tamaño Volkswagen.

Cuando el presentador y yo recuperamos levemente la audición, le dije:

—Haga cuenta de que su dinero son sus juguetes. Cuando llega una factura…, ¿cuál es su reacción?

—No tengo por qué pagar y a ver quién me obliga a hacerlo —contestó.

Bueno, estupendo. ¿A quién le hace daño esa rebelión? A la compañía de teléfonos no le importa un bledo que ella se rebele. A las compañías de electricidad y gas tampoco. Esa mujer adulta recurría a aferrarse a su dinero debido a una necesidad mayor de rebelarse. En cuanto rebelión, no era muy eficaz. Pero hasta el momento de llamar a la radio, estaba literalmente encerrada en ese comportamiento y desconcertada por él. Así pues, hablamos de otras maneras de rebelarse. Escribir cartas al diario; participar en manifestaciones; poner las opiniones políticas en letreros sobre el césped; poner pegatinas con eslóganes rebeldes en la parte de atrás del coche; crearse una página web. Hay muchas formas de rebelarse que no implican el no pago de facturas. Nuestra conversación sólo acabó cuando ella ya tenía una estrategia para satisfacer su necesidad de rebelarse.

Observa que en ningún momento *intenté disuadirla de rebelarse*. Tenía necesidad de rebelarse, de honrar su rebelión, de alentarla, de disfrutarla. ¡Cómo poder expresar aún más rebelión! No hay nada malo en la rebelión. Estados Unidos se fundó en la rebelión. Consideramos grandes hombres a nuestros antepasados por haber arrojado el té en la bahía. ¡Viva la rebelión! No era la rebelión el problema que había que «arreglar», y ella no necesitaba «arreglo». Lo único que necesitaba era identificar su necesidad mayor (que por suerte yo adiviné a la primera) y honrarla. Y así quedó libre para expresar su rebelión y pagar sus facturas a tiempo.

Deja de decir «no puedo permitirme comprarlo». Si tu mente te oye decir eso, se las arreglará para que nunca tengas suficiente dinero. Reconoce que sí puedes permitírtelo (lo que sea), pero que esta vez eliges no gastar el dinero en eso. Tal vez dices: «No puedo permitirme un viaje a París» cuando la verdad es que «En lugar de ir a París voy a gastar mi dinero en una camioneta nueva». No se trata de «No puedo permitirme comprar una camioneta nueva» sino de «No quiero endeudarme en una camioneta nueva» «Prefiero pagar mis deudas antes que ir a París». Sé sincero contigo mismo respecto al dinero.

Dejamos para después lo que más deseamos por tener lo que deseamos en el momento.

Anónimo

Esto es sin duda cierto de la comida, y es doblemente cierto del plan financiero. Tengo una parte a la que llamo Viques. Viques significa la Vieja Que Seré; es una anciana enérgica y algo gruñona que no querrá escatimar en gastos, y de ninguna manera estará dispuesta a pedirle dinero a nadie. Querrá conservar su independencia, vivir en su propia casa y dar dinero a las instituciones benéficas de su elección. Sé que le gustará tener muchísimo dinero. Pienso en Viques casi todos los días, y me da consejos sobre cómo administrar mi dinero ahora. Espero que tenga influencias de mis eficientes abuelas. Me he hecho amiga de Viques, y ya es rara la vez que nos hacemos quejas mutuas respecto a las finanzas. De tanto en tanto riñe con mi asesor de inversiones, pero él sabe que ella está allí y a veces le habla concretamente a ella. Para cuidar de Viques he dividido mis haberes en dos cuentas, la A y la B. Viques me ha prohibido que use dinero de su cuenta. Nos entendemos bien. Cuando yo sea realmente ella, probablemente agradeceré cada día a mi yo del pasado por la vida maravillosa que llevo.

¿Has hecho algo simpático para tu yo futuro? ¿Algo tan sencillo como dejar preparada la ropa que te vas a poner al día siguiente? ¿Dejar preparados los huevos duros para la merienda campestre el día anterior, para no andar con prisas? ¿Pedido la comida especial del avión para ese viaje que harás? Si lo has hecho, para ti no será dar un gran salto pensar en tu Viques. Si no haces el plan para tu economía futura, ¿es que planeas fallarte?

La única manera segura de doblar el dinero es doblar los billetes y volverlos a meter en el bolsillo.

Anónimo

¿Sabes cuándo por fin dejé de preocuparme por el dinero? Cuando:

a) tuve un poco;

b) comprendí que nunca me pagaban por preocuparme;

c) ambas cosas.

La respuesta es c.

Un día estaba echada en una hamaca preocupándome por el dinero cuando tuve el gran Ajá. Tendida en la hamaca de lona verde, escuchando la conversación que discurría por mi mente, oí una opinión interesante: «Nunca te han pagado un céntimo por preocuparte». ¿Qué? Entonces lo comprendí.

Me pagaban por presentarme, por llegar físicamente a un lugar de trabajo y estar allí nueve horas. La mayoría de los estadounidenses actúan siguiendo esta directiva. Me pagaban por escuchar, hablar, escribir y hacer físicamente mi trabajo; ese tiempo era dirigir a personas, equipo y recursos. Cuando no estaba en mi despacho, cuando estaba dando clases nocturnas, me pagaban por enseñar, que también era escuchar, hablar y escribir. Toda esta actividad la hacía a cambio de un salario, compensación, una paga, en resumen, dinero. En ningún momento me daban dinero por la actividad mental de preocuparme.

Así pues, decidí que me gusta que me paguen por lo que hago. No tiene ningún sentido hacer algo sin que me paguen por ello; en realidad, yo no tenía tiempo para hacer algo por lo que no me pagaran. En ningún momento ganaba dinero por preocuparme. De pronto vi que preocuparse no tiene mucho sentido. No era poner dinero donde lo necesitaba.

Mi amigo Gary ha ganado y perdido un millón de dólares dos veces, y ahora está en su tercer intento de hacerse millonario. ¿Crees que será capaz de no perderlo esta vez?

Conozco a una mujer que ha engordado y adelgazado 45 kilos tres veces. Ahora está adelgazando. ¿Crees que será capaz de conservar el peso una vez logrado?

Mientras no resuelvan la necesidad mayor, mientras no descifren el código de este comportamiento, estas dos personas están condenadas a repetir sus espectaculares comportamientos. Ninguna de las dos es tonta, y ninguna de las dos comprende su comportamiento. En ambos casos se satisface una necesidad mayor. La necesidad mayor de él es no tener dinero, y la de ella es tener ese peso.

La corteza superior es un grupo de migas sostenidas por la masa.

Joseph A. Thomas

¿Cuál es tu reacción interior a esta cita?

¿A qué necesidad mayor sirve el no tener dinero? Si existe un beneficio en administrar mal el dinero y en no tenerlo, ¿cuál podría ser ese beneficio? La siguiente es una lista de posibles motivos para sabotear las finanzas:

…ser rescatado;

…castigarte (no te mereces una buena vida por algo del pasado que consideras transgresión);

…seguir conectado con la familia o grupo social (¿podrías aparecer en un Rolls Royce y no sentirte culpable?);

…mantenerte en un constante estado de terror;

…conformarte con la percepción de que eres malo para el dinero (alguien te dijo que eras malo para el dinero y no puedes demostrarle que estaba equivocado);

…crees que si fueras rico también serás tacaño, despreciable, atormentado o atracado (ve la cita anterior);

…crees en el concepto de que «el dinero es la causa de todos los males»;

…crees que si tienes éxito en hacer dinero y lo pierdes te tacharán de imbécil;

…tener algo de qué preocuparte, porque una persona que no tiene ninguna preocupación no es importante;

…tener dinero significa que otra persona no lo tiene; crees en la idea de la escasez de dinero;

…divides el mundo en los que tienen y los que no tienen, y tu grupo social mira con desdén a los que tienen (ve la cita anterior);

…la búsqueda y persecución del objeto es más placentero que tenerlo en realidad;

…sabes que sea lo que sea que hagas mal respecto al dinero, vendrá alguien que te lo hará bien (semejante a rescatar).

Más de un progenitor ha tenido miedo de que su hijo se entere de que tiene dinero, porque si lo supiera se lo pediría. Conocí a una mujer que quería hacer un éxito de una empresa naviera, y sin embargo la saboteaba. Fue necesaria una cuasi quiebra financiera para que llegara a la horrorosa comprensión de que sabía que, si llegaba a tener dinero, sus padres lo querrían para ellos. Se creía sin recursos internos para negarse a una petición de dinero. Tenía la doble mala suerte de creer también que les perdería el respeto a sus padres si le pedían dinero.

¿Qué harías si tuvieras dinero?

Si has contestado «¡Vamos! ¡Viajaría!», y hay una parte de ti que le tiene un miedo de muerte a viajar, ¿no tiene perfecta lógica que esa parte haga lo imposible para que no tengas dinero jamás? Si has contestado «¡Me casaría!», y hay una parte de ti que te protege de tener una relación duradera, ¿no tiene perfecta lógica que esa parte te impida ganar demasiado dinero?

Lo único que deseo es una oportunidad de demostrar que tener dinero no me hará desgraciado.

Anónimo

Si reconoces que estás saboteando tus finanzas, has de agradecer a esa parte tuya que te protege de tener dinero; esa parte sirve a una necesidad mayor. Si quieres cambiar tu relación con esa parte, puedes hacerlo. El resultado será una paz negociada en tu interior acerca de tus finanzas.

Coge papel y pluma o ponte ante tu procesador de texto y procede como se esboza en los capítulos titulados «El curso». Pide que se presente y hable esa parte tuya responsable de tu actual situación económica.

Cuando se identifique, dale las gracias y pregúntale si está dispuesta a trabajar contigo esta situación. Si acepta, agradécele nuevamente y comienza la conversación. Pregúntale:

¿En qué me beneficias?

¿Cuál es la necesidad mayor que tienes por mí?

¿De qué me proteges?

¿Qué ventaja tiene para mí este caos financiero?, ¿para qué me sirve?

¿Hay algo a lo que tengo que estar conectado y por eso hago sabotaje a mi economía?

Descubre cuál es tu necesidad mayor, compréndela y satisfácela.

Ejemplos:

- ¿Puedes tener dinero sin ofender a tus familiares o distanciarte de ellos? Si la respuesta es «sí», ¿cómo harás eso concretamente? Imagínate con todo detalle las circunstancias o situaciones que se presentarían y cómo las manejarías.

- ¿Estás fuertemente comprometido con la rebelión, y tu estilo de vida contracultural te exige ser pobre, pero de todos modos deseas tener dinero? ¿Hay alguna manera de satisfacer ambas necesidades? ¿De qué manera concreta puedes hacerlo?

- Si eres artista, ¿crees que un verdadero artista tiene que ser un muerto de hambre?

- ¿Es el miedo al éxito lo que te impide llevar bien tus finanzas? ¿Crees que hay alguna manera de *continuar sintiendo el miedo, pero manejar bien tu dinero de todos modos?* ¿Podrían coexistir ambas cosas? ¿Estarías dispuesto a sentir el miedo, dejarlo estar, y ser buen administrador de tu dinero de todos modos? ¿Hay algún otro campo o aspecto en el que podrías ser un fracaso, de modo que satisfaga esta necesidad y no afecte a tus finanzas?

Uno de los hombres más ricos del estado de Washington no lograba decidirse a comprar un Cadillac. Temía que tener ese coche lo distanciara de sus obreros. Él había ido ascendiendo en puestos hasta llegar a ser el gerente. Conducía un Buick, y cuando el coche empezó a dar señales de desgaste buscó otro para reemplazarlo, pero la casa Buick ya no fabricaba coches amplios y cómodos, en cambio la Cadillac sí. Continuó conduciendo su viejo y querido Buick, al que ya se le estaba acabando el tiempo. Finalmente le sugerí que se comprara un Cadillac y le hiciera quitar los emblemas para reemplazarlos por los de Buick; en un buen taller podrían rediseñarle la parrilla delantera distintiva del Cadillac y, *voilà!*, tendría el coche que deseaba. Podrías pensar que esta historia real es bastante tonta, pero, ¿qué te haría falta para satisfacer tu necesidad mayor y ser un millonario también?

Una psicoterapeuta de Chicago escribe: «En los casos de comportamiento que estorba, siempre trato de ver en qué compensa a la persona. Tiene que haber algo en los fracasos y frustraciones que la persona necesita, si no, no continuaría siendo un fracaso». Lo interesante, dice, es que muchas personas descubren que se obstaculizan el éxito porque tienen miedo de tener una situación mejor que la de sus padres.

¿Qué ocurre cuando una persona alcanza un éxito superior al de sus padres? Muchas veces ocurre que, por envidia del éxito, el progenitor abandona al hijo o hija y le retira su apoyo. En una película en que Debbie Reynolds interpreta el papel de la madre, Albert Brook interpreta a un escritor desconcertado por sus propios sabotajes a su éxito. No le encuentra ningún sentido a la actitud de su madre, que lo apoya y le retira su apoyo una y otra vez, hasta que la sorprende escribiendo encerrada en un armario. En esa situación es fácil ver por qué cada paso que la persona da hacia el éxito puede distanciarla cada vez más de su familia.

Creo que la capacidad de hacer dinero es un don de Dios.

John D. Rockefeller

¿Y si J. D. Rockefeller tuviera razón? ¿Y si la capacidad de encontrar, hacer, crear y retener la riqueza se considerara un don, como el don de hacer música hermosa con un violín? ¿No nos sentiríamos un poco más obligados a cuidar de ese talento, o por lo menos a honrarlo y fomentarlo?

Igual que en el caso del peso, una vez que hayas llegado a un buen acuerdo en tu interior respecto al problema, ya no tendrás que andar vigilando tu conducta; no tendrás que estar en guardia, haciendo el quite a tu sabotaje. Si has sido sincero y hablado de tu mayor necesidad, has descifrado el código y puedes fiarte de ti en tus finanzas.

9

Dilación: El sabotaje al tiempo

La dilación es suicida en las compras a plazo.

Anónimo

Dar largas, aplazar. Me encanta hacerlo.
Debo hacerlo. Lo hago todo el tiempo.
Soy excelente para eso; lo hago incluso durmiendo.
Lo hago principalmente cuando estoy enamorada,
porque me encanta hacerlo.
Digo que lo haré y luego no lo hago.
Se parece mucho al amor,
porque dada la opción, lo dejaré,
para irme a hacer mi vida.
Lo haré lento o lo haré rápido, pero haré mi Vida,
exactamente no de acuerdo a mi plan.
Aplazar es más importante que hacer el amor.
Tiene que serlo, lo hacemos con más frecuencia.

¿Qué puede ser más fácil en el mundo que dejar para después? Jóvenes, viejos, conformistas, inconformistas, maquinis-

tas, contorsionistas, realistas, capitalistas, puristas, racistas, caricaturistas, analistas, motoristas, periodistas, futbolistas, pianistas, etc., todos dejamos para después. Todos tratamos de convencernos de hacer las cosas a tiempo y luego no las hacemos.

La dilación no hace discriminaciones, y es muy versátil; afecta a hombres y mujeres por igual, así como a todas las razas y religiones. Es transcultural. También es portátil, compacta, no tiene partes movibles, no precisa aprendizaje, una misma talla va bien a todo el mundo, y puede ser peligrosa para la salud.

«Mi hermana murió de eso», me contó una mujer después de un seminario sobre el autosabotaje que di en Canadá. Yo me quedé muda de la impresión por un momento. «Mi hermana tenía cáncer —continuó—. La operaron y el médico le dijo que si tenía tales y tales síntomas debía ir a verlo. Ella tuvo los síntomas y fue postergando y postergando la visita al médico hasta que murió.»

Así pues, dejar para después no es sencillamente eso tan molesto que inyectamos en nuestra vida. Eso creía yo en 1986, cuando escribí *The Time Sabotage* [Sabotaje al tiempo], también titulado *Procrastinator's Success Kit* [Aperos para el éxito del tardón]. Después, muchas personas me han contado historias de vidas aniquiladas, de salud saboteada, de matrimonios rotos y empresas quebradas por causa de la dilación. Jim Henson, el creador de Muppet, difirió sólo en cinco horas su ida al hospital y murió de una infección común tratable. Cary Grant dejó para después ir al hospital mientras tenía un ataque al corazón.

Dejar para después es nuestra forma favorita de autosabotaje. Es muy cómoda. También es una reacción creativa a nuestro entorno.

Si mañana quieres estar contento de haberlo hecho, tienes que hacerlo hoy.

Desconocido

El 15 de abril me fascina. Cada año, alrededor de las diez de la noche, empiezan a reunirse los medios de información en la Oficina de Correos principal de la localidad. Las colas de coches se extienden en todas direcciones. Los impositores retrasados, con sus grandes sobres de declaración de renta en la mano, participan del gran desfile anual, sentados en sus coches con el motor en ralentí, con la esperanza de llegar a la oficina de correos a la hora de la Cenicienta. Los reporteros de televisión entrevistan a los clásicos tardones; una pizzería ofrece pizzas gratis. A las once esto ya se ha convertido en una fiesta callejera. La emoción cruje en el aire mientras alguien va informando minuto a minuto el paso de la hora, de modo algo similar a la última hora del Año Viejo. Los empleados de correos están estacionados junto a los principales buzones y van recogiendo los sobres de las personas de los coches. Todos se saludan entre ellos, ríen y agitan las manos. Finalmente queda claro que las personas del final de la cola no alcanzarán a llegar. Y yo pienso: «Es como si el plazo del 15 de abril sólo se hubiera establecido este año». Lo fascinante de esta escena es que se repite todos los años, cada año igual. Y te puedo asegurar que este año que viene habrá un 15 de abril; no hay que sorprenderse. No debería haber ningún motivo para esperar en la cola, con el motor en ralentí y ansioso por llegar antes que cierre el correo. Pero miro la escena y pienso: «Si no supiera qué pasa, pensaría que es una especie de celebración». Es muy divertida: tienes pizza gratis, tus vecinos te ven en la tele, y ¿cuándo es tan espléndido el trato por parte del servicio de correos? El próximo 15 de abril habrá otra gran fiesta de atascos en la ciudad, y miles de personas actuarán como si no supieran que la fecha está en sus calendarios.

La dilación no es la horrible pereza que pensabas. Tampoco es una broma cruel que te gastas a ti mismo. En realidad, la dilación es una manera eficaz de llevar nuestra estancia en este planeta. Es una opción. Pero tal vez estés dispuesto a probar otra manera de vivir tu vida. La dilación es una *opción*, y una opción que podrías estar dispuesto a dejar en estos momentos, sabiendo, claro, que después puedes volver a recurrir a ella.

¿Te parece muy radical esto? Eso espero, porque los métodos tradicionales no dan resultado.

Subconscientemente, en el fondo del corazón, sabemos que no podemos hacerlo todo. Sabiendo esto, seleccionamos aquello que vamos a hacer. Lo que elegimos hacer inconscientemente tiene muy poco que ver con lo que decimos que vamos a hacer. De hecho, la distancia entre las palabras y la acción es de alrededor de 30 centímetros, la que hay entre la cabeza y el corazón.

Hay muchísimas y diferentes maneras de disfrutar de nuestra estancia en este planeta. Uno de los medios para hacer frente a la vida es ciertamente la dilación.

Decirse a sí mismo que deje de dar largas es conversación inútil. Azotarnos con rapapolvos internos es molesto y no da ningún resultado. Las arengas de autoayuda son de poca utilidad. La administración del tiempo es una elegante forma de arte, y si no se conocen las técnicas, se aprenden. Pero si de todos modos vas a sabotear tu programa de administración del tiempo, aprender más será una pérdida de tiempo.

La dilación es un mensaje de una parte de ti que desea algo. Tu tarea es recibir ese mensaje y descifrarlo.

Reconoce el beneficio o compensación de tu dejadez, procúrate de otra manera ese beneficio y desaparecerá ese comportamiento. Es así de sencillo. No fácil, sencillo.

Los perros no dejan para después. Un perro no dice: «Ahí está ese gato. Iré a morderlo el martes»; se levanta y va a morder al gato. De pequeños éramos así. Cuando tenías dos años y veías una galletita, no pensabas: «¿Me la merezco? ¿Molestaré a alguien si la pido?» ¡No!, decías: «¡Galleta ahora!» Así éramos, pero ahora dejamos las cosas para después. ¿Qué nos dice eso? Nos dice que es un comportamiento aprendido, y se puede desaprender o aprender otra cosa en su lugar. Significa que no estamos clavados con él. Ésta debería ser la mejor noticia que has oído en toda la semana.

Yo debería hacer mi vida mientras pienso en ella.

Robert Selby

Cuando la dilación se convierte en forma de vida, dificulta el rendimiento en el trabajo, afecta a las relaciones profesionales y personales, y puede ser causa de ansiedad y depresión.

¿Estás harto de posponer las cosas? ¿Estás dispuesto a ser original para solucionar este problema?

Si vas dando largas a las cosas, estás en buena compañía. Demóstenes se afeitaba un lado de la cabeza para que le diera vergüenza ser visto en público y por lo tanto no aplazar sus prácticas en sus técnicas oratorias. El remolón novelista Victor Hugo ordenaba a sus criados que le escondieran la ropa hasta que hubiera terminado de escribir lo que debía entregar en determinados plazos.

Algunas personas necesitan estar sufriendo muchísimo para ocuparse de resolver un problema. Esto no es necesario, pero lo hacen de todos modos. La vida se podría comparar a bajar en ascensor; no es necesario tocar fondo; si estás en la planta 20, y allí es donde comenzó este comportamiento, puedes parar el ascensor en la planta 11, o en la quinta. No tienes por qué bajar hasta el sótano; puedes bajarte antes de que empeore.

En una cultura que venera el éxito y el super rendimiento, es difícil creer que la dilación pueda ser algo positivo. Pero en una cultura que valora los *resultados*, la dilación se convierte en un recurso comprensible. ¿Cómo se pueden obtener resultados dejando para después?

Bueno, ¿qué resultados deseas?

¿Qué mejor manera de inspirar compasión en los compañeros de trabajo que esperar hasta el último momento para acabar ese informe? ¿Qué mejor manera de mantener las distancias que retrasarse en entablar relaciones? ¿Puede haber una manera más fácil de añadir drama a la vida que agotar a fondo el tiempo para cumplir un plazo? ¿Qué mejor manera de mantener oculta la plena capacidad que continuar machacando proyectos en el último minuto? ¿Y qué manera más aceptable socialmente existe para rebelarse contra el cónyuge o el empleador que ir postergando lo que se dijo que se haría?

La dilación nos protege; nos permite tolerar los ambientes difíciles; es cómoda y fácil de aprender. Pocas actividades humanas se pueden comparar con la genialidad de la dilación. Dejarlo todo para el último momento es una manera insidiosa de obstaculizar el éxito, pues hace imposible hacer algo excepcionalmente bien. Uno se condena a lo corriente, lo ordinario.

La culpa es la compañera constante del tardón; la culpa es un sentimiento; la dilación, en cambio, es una *acción* (o falta de acción) y los sentimientos al respecto dependen de uno.

Érase un hombre próspero que atraía la atención de veintenas de profesionales de la región simplemente por dar largas. Sus continuos aplazamientos y retrasos eran tales que su novia y sus padres se ofrecieron a salvarle el cuello financiero. Jamás lograba hacer las cosas a tiempo, ya se tratara de propuestas de negocios o de tareas domésticas. Quebró, lógicamente, y recibió muchísima atención por eso. Ahora continúa viviendo con el reloj unas veintitrés horas atrasado. Sus ex socios y ex esposas se reúnen de tanto en tanto a celebrar la suerte que tuvieron de sobrevivir a sus desastres con él. Los inspectores de Hacienda rondan su casa, y sus hijos han aprendido a usar el transporte público.

Este hombre es un genio de creatividad. Orquesta sus relaciones de tal manera que mantiene a prudente distancia a las personas al tiempo que sigue dependiendo de sus misiones de rescate. Es un excelente ejemplo de cómo podemos mejorar la calidad del estrés en la vida y en las vidas de todos los que nos rodean.

El cómo recurrimos a la dilación para obtener lo que deseamos es una forma totalmente distinta de considerar esta desconcertante conducta. La dilación en decisiones y compromisos podría hacernos sentir menos impotentes en situaciones en que otra persona tiene el poder. La dilación podría servirnos para obtener aceptación de nuestros iguales cuando el éxito comienza a sonreírnos demasiado. Y si es en una empresa grande donde vamos retrasando la tarea, es probable que ocurran dos cosas:

1. Nadie lo advierte.

2. Llega alguien con una información cuyo efecto es una nueva directriz que hace innecesaria esa tarea.

Nunca somos más creativos que cuando saboteamos nuestro trabajo, y casi nunca tan productivos como cuando dejamos para después.

¿Quién llevaba la tienda de bicicletas mientras los hermanos Wright estaban en la playa de Carolina del Norte con sus cometas y aeroplanos? ¿Y qué retrato o cuadro encargado quedaba pospuesto mientras Leonardo da Vinci esbozaba sus ideas para el helicóptero?

Es increíble cuántas cosas se pueden hacer mientras eludimos hacer lo que sea que hemos dicho que haríamos.

Para una persona disciplinada hay dos resultados posibles:

1. Llega.

2. No llega.

* * *

Para una persona tardona también hay dos resultados posibles:

1. Después de mucho sufrir, no llega.
2. Después de mucho sufrir, llega.

Vamos a examinar un problema de calidad de vida. ¿Estás dispuesto a experimentarlo?

«Dime lo que haces y te mostraré tu vida», dijo el sabio. Dime qué evitas y te mostraré a tu genio interno, dice Alyce.

El tardón fanático de la acción

Comenzaremos por éste porque es el más obvio. Si repentinamente se destruyeran todos los calendarios, agendas y relojes del mundo, la mayoría estaríamos agradecidos unos quince minutos y luego nos aburriríamos. Nos encantan las fechas topes; de hecho, la mayoría somos incapaces de motivarnos si no tenemos un plazo que cumplir. Si encuentras que el microondas no es lo bastante rápido, es posible que seas un tardón fanático de la acción.

Trabajo bien cuando estoy apremiado.

Personaje de historieta en un cañón

La dilación creativa añade drama a la vida. La mayoría no soportamos que las cosas vayan demasiado sobre ruedas durante mucho tiempo, y la dilación nos ofrece la agitación y el apremio que todos necesitamos. En realidad, muchas personas no pueden sentirse importantes si no están apremiadas.

Trabajé para un vicepresidente de empresa que tenía el síndrome del señor Dithers; cada mañana a las nueve en punto explotaba igual que el jefe de Dagwood. Tenía la opinión de que, para ser considerado importante, uno debe tener problemas. Si los problemas son lo bastante grandes, entonces uno es muy, muy importante (es posible que uno de los progenitores transmita este síndrome).

Si da la casualidad de que no se tiene ningún problema inmediato, entonces vamos dejando cosas para después, para crearnos uno, como por ejemplo, posponer hasta la última hora la declaración de renta. La consecuencia es que de pronto nos vemos, y muchas veces quienes nos rodean también, catapultados al País de la Acción. Aquí las cosas son muchísimo más dramáticas, y hay quienes piensan que en realidad son más creativas.

No estoy aquí para persuadirte de que abandones la costumbre de dar largas; es mucho más iluminador descubrir qué obtienes con este comportamiento y luego darte eso. Si tu necesidad mayor es la acción, pues, por todos los medios, pon más acción en tu vida.

Hay muchas maneras de hacer eso. Puedes jugar en el mercado bursátil, conducir un taxi en Manhattan, hacer de canguro a niños pequeños o aficionarte al paracaidismo acrobático.

Una vez que sugerí esto en un seminario a un grupo de empleados de un banco, y todos se volvieron a mirar a uno de ellos. Dejé de hablar y pregunté:

—¿Qué pasa?

—Yo no me daba cuenta, pero me dijeron que mis dilaciones causaban problemas en el trabajo —dijo el aludido. Todos asintieron con la cabeza, y él continuó—. Entonces decidí que si eso era así, me buscaría más acción. Me aficioné al paracaidismo acrobático.

—¿Y dio resultado? —pregunté.

No necesitó responder. Todos los demás estaban asintiendo con la cabeza.

Así pues, esta es una actividad probada.

Algunas personas despegan con su adrenalina. La adrenalina es una droga estimulante; es como ponerse una inyección de poder. Pero su uso y abuso continuado, como con la mayoría de las drogas, empieza a parecer adicción.

La vicepresidenta de una empresa de ordenadores explica: «Por mucho éxito que yo obtenga, mi madre siempre tiene un problema más grande o una causa superior a la mía. Me llevó veinte años comprender lo competitiva que es y lo exagerada que hace su vida. No tiene un dolor de cabeza, tiene un tumor cerebral. Lo exagera todo, como una especie de automotivación. Ahora que lo sé, puedo observarme para corregir eso en mí».

El estrés sin malestar es motivación.

Probablemente en los medios de comunicación hay más tardones fanáticos de la acción que en ninguna otra parte. Es lógico, ¿verdad? En cualquier trabajo que funcione con fechas topes encontraremos personas que se sienten atraídas y motivadas por ellas.

Doug era urbanista, y la preparación de sus proyectos tenían una duración de diez a quince años. Una vez que le dieron diez días para preparar un proyecto que debían presentar en una reunión de ciudadanos, dejó pasar una semana sin empezarlo. «Incluso ganduleé ese fin de semana —cuenta—. El lunes me levanté a las cuatro de la mañana para empezar a dibujar los planos para la reunión. Me sentía absolutamente vivo. Todo iba encajando. Encontré fabuloso hacer algo que tendría un comienzo, un medio y un final. Lo disfruté muchísimo. Normalmente no actuaría así. No había margen para error, no podía resfriarme ni distraerme con los problemas de nadie (los de mi mujer, por ejemplo). Me encantó tener ese tipo de concentración.»

La concentración, por cierto, es el rasgo número uno de los triunfadores. Tienen la capacidad de concentrarse en lo que sea que hayan elegido como triunfo. Doug se fijó el objetivo personal de trabajar en proyectos que requirieran más prisas, y finalmente incluso cambió de trabajo.

Lance Armstrong ganó el reñidísimo Tour de Francia después de ganarle la batalla a un cáncer. Cuando lo entrevistaron en televisión, dijo: «No creo que hubiera podido ganar la carrera si no hubiera tenido cáncer. Tener cáncer me hizo concentrar la atención al ciento diez por ciento. Si no hubiera sido por eso, tal vez habría dado un noventa y nueve por ciento de atención».

Echa una buena mirada a tu comportamiento remolón. ¿Qué resultados obtienes con dejar para después las cosas? Si tu respuesta es «acción», comprende que puedes tener acción de diversas maneras; no tienes para qué recurrir a la dilación para tenerla. ¿Qué pondría más acción en tu vida? ¿Tienes la impresión de que tu vida cotidiana es un poco demasiado segura? ¿Qué te agitaría las cosas para estimularte?

Pon más acción en tu vida y no necesitarás retrasar las cosas para obtenerla.

Me gusta fijarme plazos difíciles. Creo que el estímulo definitivo es la fecha tope.

Nolan Bushnell

Si te estás cansando del demasiado «estímulo» debido a tu comportamiento, ahora tienes alternativa.

Lo que obtiene el tardón fanático de la acción es:

1. Mayor sensación de importancia.

2. Concentración intensa.

3. Mayor urgencia y velocidad.

La receta para el tardón fanático de la acción es poner más acción en su vida.

El tardón rebelde

«¡Dejo para después porque no quiero hacerlo! Es así de simple. No hay nada complicado en eso.»

Entonces toma la decisión de no hacerlo. Decide no limpiar el garaje; decide no pagar tus impuestos; decide no llevar el coche para el cambio de aceite.

Pero si ha sido tu decisión hacer estas cosas y todavía no las haces debido a una especie de rebelión interior, entonces también estás en buena compañía. Estados Unidos se creó y se fundó por personas exactamente iguales a ti. La dilación es una manera de revivir los años sesenta y decir: «No puedes obligarme». Solíamos atraernos muchísima atención con este tipo de conducta. Invadir el despacho del presidente del Consejo de la universidad y fumar cigarros sentados a su escritorio; meter una margarita por la boca del cañón del rifle M-16 de un guardia nacional. «¡Ni hablar, no iremos!», era la respuesta a todo, desde ir a la guerra a ir al lavabo. Todos somos unos críos rebeldes.

Es posible que recurriendo a la dilación para resistirse a cualquier cosa (autoimpuesta o impuesta desde fuera) la persona exprese qué poco poder cree tener todavía en su vida.

Cuando subes al coche y se enciende el letrerito rojo que dice: «Abróchese el cinturón de seguridad», ¿sientes la reacción de resistirte? ¿Los parquímetros son para ti pequeñas figuras de autoridad metálicas? Cuando recibes por correo una carta de advertencia de que no has atendido a un vencimiento, ¿te sientes un poquitín regocijado?

«Llevábamos tres años casados cuando se nos estropeó el refrigerador —explica Rachel—. Eso no parece gran cosa, ¿verdad? Pero resulta que Ben dijo que él se encargaría de la reparación. Cuando dice eso, hay dos cosas implícitas: una, que no puedo mencionárselo porque parecería una regañona, y dos, que no puedo encargarme yo del asunto porque lo haría quedar mal a él. Adivina cuánto tiempo vivimos con el refrigerador estropeado. ¡Tres meses! ¿Sabes cuánto nos costó hacerlo reparar por fin? ¡Once dólares! Esta costumbre de Ben de dejar las cosas para después me trae loca. Llega al punto en que me siento como si yo fuera el enemigo. No soy el enemigo, ¡soy su mujer!»

La cantidad de irritación generada por los tardones rebeldes es incalculable. Está en juego cualquier cosa, desde la reparación de un refrigerador a los grandes proyectos arquitectónicos y todo lo de en medio. El jueguecito conyugal es muy popular, pero los jefes saben jugarlo con los empleados, y los empleados con los jefes. El mensaje es: «No tengo por qué y no puedes obligarme».

¿Qué obtienes con aplazar las cosas? Si has contestado «rebelión», puedes comenzar a curarte de las siguientes maneras:

1. Hay una extraordinaria libertad procedente de decidir NO hacer algo. En tu lista de cosas por hacer sólo pon las que realmente quieres hacer.

2. Di «No, no quiero hacer eso» a las peticiones que no tienes la intención de honrar. Delega cuando sea conveniente. Libérate de esas obligaciones tipo refrigerador.

3. Desarrolla los músculos de la sinceridad. Si recurres a la dilación para que te despidan o te pidan el divorcio, deja la búsqueda y pon fin a ese trabajo o a ese matrimonio.

4. Reconoce que tienes tendencias de un crío de dos años y procura que ese Crío Interior tenga otros juguetes y otros medios de expresión. Honra tu deseo de rebelarte poniéndolo a trabajar para ti (repasa las sugerencias anteriores).

Forajido o estadista… es fina la línea divisoria en una naturaleza rebelde.

T. Duncan

Lo que obtiene el tardón rebelde es:
1. Manipular a los demás.
2. Dominio temporal.

3.   Oportunidad de flexionar los músculos del crío.
4.   Oportunidad de castigar a otros.

La receta para el tardón rebelde es: ¡rebélate! Escribe cartas al Congreso y a la sección Cartas al Director de tu diario y revistas favoritas. Asiste a las reuniones de asociaciones de vecinos y apoya causas en que creas. Métete en política y preséntate de candidato. Funda un diario clandestino y créate una página web para exponer tus ideas. Pon tus opiniones en letreros sobre el césped de tu patio de entrada. Haz cualquier cosa rebelde productiva que se te ocurra. ¡Deja actuar a ese fiero patriota interior! Entonces no tendrás que recurrir a la dilación como alternativa pasiva-agresiva.

El tardón perfeccionista

Mediocridad significa «cualidad o estado de ser normal», pero esta palabra ha tenido muy mala prensa, y ahora nadie quiere ser mediocre; todos debemos ser «excelentes»; y sabemos que no hemos de comenzar una tarea mientras no podamos hacerla a la perfección. El hecho indiscutible es que esa es una expectativa ridícula.

Un trabajo no hecho es imperfecto.

Anónimo

El tardón perfeccionista podría dejar cosas «a la espera», hasta que llegue el momento en que los pensamientos estén bien incubados. Los artistas y los ingenieros aplican esta técnica y les da buenos resultados. Albert Einstein le daba una tarea a su mente y luego literalmente se iba a dormir, y al despertar tenía la solución. Desgraciadamente, algunos tenemos cosas que llevan tanto tiempo guardadas a la espera que ya han criado moho.

La dilación protege al perfeccionista. La dilación nos permite creer que nuestra capacidad es mayor que nuestro desempeño. Lo que vemos no es necesariamente lo que somos capaces de hacer. Será fabuloso cuando por fin lo hagamos. Pero si no lo hacemos, estamos a salvo otro día más, a salvo de cualquier evaluación o valoración (y quien evalúa o valora podría ser uno mismo). Podemos dar la imagen de competentes si nunca subimos realmente al escenario a actuar.

Apostaría a que creías que la persona perfeccionista es aquella que va por ahí haciendo cosas, esponjando los cojines del sofá, corrigiendo la gramática, quitando pelusitas invisibles de las solapas, abrillantando el coche y llevando las cuentas en sus talonarios. La verdad es que el perfeccionista no hace mucho. Dice cosas del estilo:

«Hay una respuesta correcta y tengo que encontrarla.»

«Haré más investigación y luego lo escribiré.»

«Esperaré hasta poder hacerlo perfecto.»

Cuando yo tenía diez años, me quedé paralizada en la banqueta del piano de mi tía Grace, indecisa sobre la siguiente nota que debía tocar. Ochenta y ocho teclas blancas y negras se me presentaban tan enormes que me sentía como si estuviera delante de la presa Boulder del Colorado. Con los dedos flexionados sobre el teclado, confirmaba y reconfirmaba en mi mente cuál era la tecla correcta que debía tocar. Mi talentosa tía estaba sentada a mi lado esperando, esperando que tocara la siguiente nota. No salía nada. «¡Toca cualquiera! Aunque esté mal», exclamaba al fin, exasperada.

Ese día aprendí una valiosa lección sobre la dilación. El silencio de ese piano era peor que todo, que todo. Había sido víctima de la Parálisis Analítica. Si hay que hacerlo perfecto, claro, te quedas paralizada delante del piano de las teclas de la vida.

Transcurrieron tres décadas, y un día mi hija me envió un artículo que deseaba presentar al diario de la universidad. Leí el artículo y lo encontré gracioso; me reí en todas las partes donde tocaba. Ella me pidió la opinión y le dije lo mucho que había disfrutado leyéndolo. Pasado un mes, le pregunté por el artículo. No lo había presentado.

—¿Qué? ¡Ese era un buen artículo! —fue mi reacción.

—No sabía si era lo bastante bueno —contestó.

«Bueno, aquí está —me dije para mis adentros—. Tengo delante a una perfeccionista en pleno funcionamiento. ¿Y ahora qué le digo?» Mi hija todavía estaba encogiéndose de hombros cuando le dije:

—¿Sabes lo que va a ocurrir probablemente si presentas ese artículo? Los encargados del diario van a arrugar la nariz y lo van a llenar de notas y marcas rojas. Después lo enviarán al departamento de periodismo. El profesor jefe de periodismo hará sacar fotocopias para repartirlas a todas las clases, como ejemplo de mala escritura. Van a usar tu artículo como un patrón de escritura realmente mala. Es posible incluso que lo impriman en los manuales de periodismo como ejemplo de lo que no hay que hacer. Serás famosa como la escritora más horrorosa que ha pisado jamás un campus universitario, y la gente se reirá y te señalará con el dedo en la calle. Serás una vergüenza para toda la familia.

Mi hija se echó a reír y dejamos el tema. Un mes después recibí una nota suya de agradecimiento, acompañado por un número reciente del diario de la universidad. El artículo publicado aparecía en la página 4, prácticamente sin ninguna modificación.

No hay nada digno de hacerse en el mundo que no nos vaya a asustar.

Barbara Sher

La persona perfeccionista tiene la sensación de desastre sin haberse planteado nunca la pregunta: «¿Y si lo pongo todo de mi parte y sale mal?» Es posible que lo peor que podría ocurrir no sea lo peor que nos ha ocurrido. Creemos que si lo damos «todo» y lo rechazan, no vamos a ser capaces de sobrellevarlo. Pero enfrentados a la posibilidad de que nos lo rechacen realmente, es sobrellevable. ¿Podrías sobrellevarlo si te lo rechazan? Bueno, sí. ¿Sería ese rechazo lo peor que te ha ocurrido en la vida? Bueno, no.

La dilación podría estarte despojando de tu capacidad. ¿Es hora de que la recuperes?

Los perfeccionistas esperan muchísimo de ellos mismos. Oímos decir, por ejemplo, «La práctica hace la perfección». Un perfeccionista no se permite la parte de «práctica».

* * *

No puedes golpearla si no mueves el bate.

Babe Ruth

Lo que obtiene el tardón perfeccionista:
1. Protección de la crítica.
2. Seguridad de un plan «bien pensado».
3. No tener que decir nunca «Lo siento».

La receta para el tardón perfeccionista: hazlo no perfecto. Practica en parecer ridículo hasta que se te convierta en segunda naturaleza. Haz el tonto absoluto una vez a la semana. Hazte algunas preguntas:
1. ¿Tengo información suficiente para esta tarea? ¿Tendré alguna vez toda la información que querría tener?
2. Si me amenazaran con una pistola apuntada a la cabeza y tuviera que dar una solución correcta en este preciso instante, ¿cuál sería?
3. ¿Cuál sería el marco de tiempo perfecto para esto?
4. ¿Qué sería lo peor que podría ocurrir si actúo?
5. ¿Ha sobrevivido alguien a esa humillación?
6. ¿Es esto lo peor que me ha ocurrido?
7. ¿Qué es aquello que podría hacer en este preciso momento para acercarme a la compleción? (Ver capítulo 6.)

El tardón hago lo que me agrada

«Sí es agradable, hazlo.» Ese era un principio muy popular en los años sesenta, y casi se convirtió en mantra en los ochenta. La otra cara debía ser: «Si no es agradable, no lo hagas». El tardón hago lo que me agrada se siente con la obligación moral de hacer solamente lo que le resulta agradable. Es casi lo opuesto a la ética laboral del puritano.

Un fan llamado Dave me escribió lo siguiente:

> Yo evitaba los trabajos que me sacaban de mi zona de agrado. Es imposible tener éxito en ventas sin estar fuera de la zona de agrado la mayor parte del tiempo. Mis fines de semana eran los peores. Trabajaba muchísimo toda la semana, y pensaba que los fines de semana debía dedicarlos al ocio, ¡pasara lo que pasara! Tenía la obligación para conmigo mismo de gandulear, aun cuando hubiera cosas que deseara hacer. Una parte de mí no quería convertirse en un adicto al cumplimiento perfecto, y otra parte deseaba hacer las cosas. Oí el eslogan publicitario «Te mereces un descanso hoy», y me lo tomé a la letra.
>
> Entonces oí esa frase suya para el tardón hago lo que me gusta. Esa frase ha cambiado mi actitud, mi conversación interior y mi disciplina. Mi familia y mis compañeros de trabajo han notado el cambio. En realidad ahora me siento más a gusto con mi vida. Es agradable tener las cosas hechas, y me va bien lo de hacer la tarea aunque no me guste. Vivo diciéndole a todo el mundo «qué frase más fabulosa», porque es justo lo que me ha hecho cambiar tanto.

> Esa frase es: «*No hace falta que te guste, simplemente tienes que hacerlo*».

¿Tienes hijos que detestan hacer sus deberes? Deja de intentar convencerlos de que si hacen sus deberes se convertirán en personas buenas, o que podrán entrar en una buena universidad, o podrán ganar mucho dinero... algún día. Simplemente diles: «No hace falta que os gusten, simplemente tenéis que hacerlos». ¡Se quedarán pasmados por tu sabiduría y comprensión!

Nos hemos tragado la idea de que hemos de tener una buena actitud o un sentimiento positivo por algo para poder hacerlo, o actuar.

Si yo hubiera pensado que tenía que sentir agrado por las calorías, los hidratos de carbono y mi insaciable apetito, jamás habría bajado 45 kilos.

Cuando por fin me desenganché de ese rollo, descubrí que era capaz de hacer cosas. Igual que Dave, ya no tengo que persuadirme de sentirme a gusto con una tarea para hacerla. Eso no es necesario. Lo único que se requiere es actuar, acción.

El tardón del agrado es también la persona que acepta hacer algo que no quiere hacer y luego lo deja para después, en lugar de decir «no» de partida. Decir «no» los haría sentirse mal, y quieren sentirse bien, ¿recuerdas? Su mensaje podría ser: «No te fíes de mí», y lo que tal vez quieren decir es: «Vete y déjame en paz».

Cualquier alto directivo dirá: «Quiero personas que acepten un trabajo y lo hagan bien hecho. Prefiero que la persona no acepte un trabajo a que diga que lo va hacer y luego no lo haga».

Lo que obtiene el tardón hago lo que me agrada:

1. La sensación de vivir la «buena vida», porque sólo hacen lo que les agrada.

2. La apariencia de ser una persona simpática, porque no dice «no».

3. La ilusión de libertad personal.

La receta para los tardones hago lo que me agrada es: deja de intentar sentirte a gusto todo el tiempo. Repite la frase: «No hace falta que te guste; simplemente tienes que hacerlo». Cuando sea posible, di «no» a las cosas que de verdad no deseas hacer. Date permiso para hacer esas cosas «menos maravillosas de hacer» que te gustaría haber hecho. Mímate mientras haces las tareas odiosas (sírvete una taza de chocolate caliente, sin azúcar por supuesto, mientras haces tu declaración de renta, escucha tu música favorita mientras enceras el coche). Planea una recompensa para cuando hayas acabado la tarea (¿terminaste esa lista de llamadas telefónicas «en frío»? Invítate a comer fuera.)

Resumen

Si las personas dejaran de posponer las cosas, perderían una manera eficaz de arreglárselas con sus situaciones. Pero hay soluciones más creativas. La dilación es un mensaje de una parte de ti que desea algo. Date eso que te da la dilación y no tendrás que continuar dejando las cosas para después para obtenerlo.

En lugar de decir: «No tengo tiempo», di: «Eso no es una prioridad para mí en estos momentos». Porque esa sería la verdad. Una vez que te comprometes a satisfacer tu necesidad mayor, te responsabilizas de elegir. Cuando sea algo importante, el tiempo aparecerá milagrosamente.

10

El sabotaje a la profesión y el miedo al éxito

Aterra tener un éxito mayor del que uno se puede
imaginar.

Tom Rusk

«Hay personas que realmente suplican que las despidan
—escribe Jacqueline Kramer en *Today's Careers*—. Se quejan de estar sobrecargadas de trabajo y nunca logran terminar un trabajo; contestan mal cuando no están ocupadas que-
jándose; es inútil que sus jefes intenten hablar con ellas de
sus problemas. Y cuando cae el hacha, nadie se sorprende, a
excepción del empleado en cuestión. En la mayoría de los casos este sabotaje se hace inconscientemente.»

¿Quién en su sano juicio sabotearía su puesto de trabajo? Para un observador, este comportamiento sólo tiene consecuencias negativas: críticas, periodos de trabajo a prueba, e
incluso el despido. Pero para la persona que lo hace, esa consecuencia «negativa» podría ser exactamente lo que desea.

Cuando vi estropearse a un empleado muy bueno (véase la historia de Jim en el capítulo 3), no se me ocurría la idea

de que alguien tratara de que lo despidieran. Jamás había oído algo semejante. La idea era absolutamente nueva para mí, y vaya si era impresionante (ten presente que es difícil ver el cuadro cuando uno forma parte de él). Pero una vez que estuve en la línea de visión de esta perspectiva diferente, me quedó muy claro (Jim es el número 7 de la sección «Beneficios» de este capítulo).

La ansiedad puede cerrar la mente a las consecuencias y hacer tomar malas decisiones. Sin embargo, el autosabotaje es igual de propenso a ocurrir cuando las cosas van bien. Ejemplo: después de ganar un prestigioso premio en su profesión, un abogado de California fue sorprendido robando reglas y objetos pequeños en las salas de los jueces.

¿Por qué?

Imagínate que delante de ti flota una enorme hoja de plexiglás. En esa hoja transparente está la imagen que tienes de ti mismo. Coloca esa imagen sobre ti. Si calza bastante, estás bien. Pero si esa imagen no calza contigo respecto a tus logros o posición en la vida, podría haber necesidad de sabotaje.

Comprobación rápida: ¿Saboteas tu trabajo?

1. La historia se repite. Repetidamente has elegido un empleo y luego has descubierto que hay algo mal ahí y te has marchado. Repetidamente has elegido profesiones diferentes, te has formado en ese campo y luego lo has dejado. Repetidamente has estado cerca de un ascenso o de conseguir un contrato, y por una extraña coincidencia, se te ha escapado. Revisa tu lista de cosas por hacer en el día. ¿Es la misma que tenías hace más de tres

días? Debería de ser evidente para ti que no deseas hacer las cosas de esa lista.

2. Es una estupidez. No hay vuelta que darle, lo que hiciste fue una locura y nadie en su sano juicio lo habría intentado.

Ejemplo: tenemos el caso del ex senador Gary Hart, cuyo supuesto romance con una actriz le impidió presentarse de candidato a la presidencia. ¿Fue instigado inconscientemente estropeando así su campaña? ¿O simplemente lo sorprendieron en el romance? Psicólogos que siguieron el caso dicen que Hart fue muy temerario, en un momento incluso desafió a la prensa a vigilarlo; debe de haber deseado que lo sorprendieran. Y eso lo convierte en autosabotaje. La prueba para comprobar si es autosabotaje es el factor estupidez: «Si el comentario número uno que hace todo el mundo acerca de su comportamiento es que fue francamente estúpido, probablemente fue autosabotaje».

¿Por qué tantas figuras públicas se autodestruyen una vez que tienen fama y fortuna?

Es muy fácil decir: «Bueno, pensaron que no se lo merecían y maquinaron su propia caída». Los defensores de la autoestima se apresuran a aplicar sus teorías a los políticos famosos caídos, pero la necesidad mayor (satisfecha por el sabotaje) podría ser más inaprensible, más misteriosa. Este capítulo comprende: cuatro maneras de sabotear nuestro puesto de trabajo, siete beneficios que obtenemos de este sabotaje y lo que podemos hacer para solucionarlo.

• • •

Mi pronóstico es que la clonación no se hará popular. Son demasiadas las personas que ya encuentran difícil vivir consigo mismas.

Jeanne Dixon

¿Has saboteado o estás saboteando tu vida laboral? ¿Cómo saberlo? Reconocer que se está haciendo es más o menos el 90 por ciento de la tarea de solucionarlo. El 10 por ciento restante es el valor para derrotarlo.

Cuatro maneras de sabotear nuestro puesto de trabajo

1. Dividirse

Teniendo un trabajo de jornada completa te apuntas a cursillos universitarios, das clases de esquí como voluntario y te compras un perro. Consideradas individualmente, todas estas actividades son fabulosas, pero miradas en conjunto, uno no puede dejar de preguntarse: ¿estás loco? Cuando llegas tarde al trabajo porque el bus de la estación de esquí te dejó en casa a las dos de la mañana y el perro te come los muebles para soportar la soledad y pierdes tres clases del cursillo, ni siquiera tus amigos te compadecen.

Cuando estamos divididos, no hay descanso; estamos siempre ocupados en satisfacer a demasiadas facciones. A esto se le ha llamado «terrorismo personal».

Una decana de universidad, también entrenadora de fútbol, tenía la activa afición de coleccionar recuerdos de trenes y conducir trenes. Pasaba por lo menos diez horas a la semana con las Girl Scouts. Una vez que le pregunté a una alumna cómo la decana podía hacer todas esas cosas, me contestó: «No has conocido a su marido». La decana era honrada y condecorada por las

Girl Scouts, sus compañeros de afición y la universidad. Es casi imposible salirse de ese estilo de vida cuando se reciben tantos «vitoreos» por la dedicación. La decana era una desconocida en su casa; su exceso de actividades era un mensaje claro.

Estamos aquí para hacer algo, no para hacerlo todo.

Henry David Thoreau

Un joven cuya esposa lo criticaba sin cesar, hizo un curso de camionero, obtuvo la licencia y empezó a recorrer los caminos con el pretexto de llevar más ingresos a casa. Sus transportes de larga distancia lo llevaban a todos los rincones del país. Continuó en la carretera hasta que su divorcio fue definitivo. Es interesante observar que una vez que firmó los papeles, encontró trabajo en la localidad.

La necesidad mayor se satisface de modos muy interesantes. Podríamos recurrir al sabotaje a las finanzas para atraer atención, sabotear el peso para protegernos, pero saboteamos el trabajo por un número infinito de beneficios. Querer servir a dos señores (un trabajo a jornada completa y un interés de jornada completa) nos divide y nos protege de ser fabulosos en ninguno de los dos.

Cuando perseguimos a dos conejos, los dos escapan.

Proverbio zen

2. Flamear

Éste es un fallo de combustión espontáneo que cambia una profesión, trabajo o relación para siempre; el avión estalla y cae en tierra despidiendo llamas. No hace falta ser drogadicto para hacer temeridades que sabotean el empleo, pero que ciertamente sirven si uno quiere estallar. Los aficionados a las drogas y al alcohol, como Robert Downey hijo, son flameadores clásicos. Y una droga todavía más potente es esa parte que busca para nosotros algo diferente. ¡Ahí es donde está el verdadero poder!

Ejemplos: un ejecutivo que tenía ingresos de seis cifras y robaba artículos de 9 dólares en unos grandes almacenes sin que se le alterara la química cerebral. El empleado que pedía que le dejaran en la recepción de la empresa en que trabajaba los trabajos que hacía para clientes ajenos a la empresa. El piloto de combate que le echó una bronca a su comandante después de unas copas en el club de oficiales. Flameadores obvios.

Sin alcohol ni drogas es posible tener éxito en la profesión o trabajo; pero beber y drogarse es simplemente demasiado arriesgado. Muchos estallidos han sido provocados por el consumo de alcohol. Las fiestas de Navidad en la oficina son famosas por estimular tales desmadres entre el personal que les merecen el despido.

El párroco de una ciudad pequeña sacrificó eficientemente su puesto y su matrimonio liándose en un romance con la directora del coro de la iglesia. Incapaz de reunir el valor para hacer los cambios que deseaba, eligió la ruta destructora. Su comportamiento fue perjudicial para su comunidad religiosa, para su mujer y para su amante, a la que abandonó una vez que cambió de profesión.

Lo lamentable del sabotaje al empleo es que, a diferencia de otras formas de sabotaje, afecta a otras personas.

Si tu trabajo depende de cómo hacen su trabajo otros (y sabotean), no eres el único que tiene el problema, ¿verdad? ¡No! Esto significa que tienes que participar también. No me gusta ser la espectadora inocente del sabotaje de otra persona. Deseo ser capaz de reconocer el comportamiento autosaboteador de los demás para poder *hacerme a un lado*.

Antes de que ocurra, el autosabotaje del flameo puede ser el más difícil de detectar. Es posible que no haya ningún indicio gradual del feroz fin que se aproxima. Sencillamente ocurre. En el subconsciente sabemos que producirá un rápido fin a nuestro empleo. Tal vez robas algo, hostigas flagrantemente a la persona que no debes, envías un memorándum furioso lleno de palabrotas, o simplemente te ausentas sin permiso. Si tienes fantasías con este tipo de comportamientos, examina los beneficios que te supondrían. Después haz los cambios con conocimiento, es decir, hazlos con cierta clase. Confiesa los cambios que deseas hacer y asume la responsabilidad sin sabotear.

Parte del atractivo del flameo es la consecuente humillación de haber hecho algo tan estúpido. Comprende que algunas personas necesitan esa humillación. ¿Te parece que tú la necesitas o deseas?

3. El *mártir*

El clásico engaño de todos los tiempos es el mártir. Sería fantástico si la persona que es mártir se limitara a sacrificarse y lo dejara ahí. Pero no; obtienen su paga de compasión gimoteando, o expresando pasivamente su resentimiento, de diversas maneras. Si se limitaran a estar sobre sus cruces sangrando, podría no ser tan terrible. Por desgracia, a la mayoría de los mártires les gusta tener público. El mártir es la persona que se aterroriza a sí misma anteponiendo los sentimientos de los demás (reales o imaginarios) a los suyos.

Ejemplos: la persona que no puede llegar a tiempo a la entrevista para un trabajo debido a obligaciones familiares que cree tener. La persona que no mejora sus técnicas profesionales asistiendo a seminarios de un día o a cursos vespertinos porque la necesitan mucho en otra parte. El escritor que no presenta a publicación sus obras porque el éxito sería un peligro para la unión conyugal. El empleado que no se retira y prueba con otra empresa porque «me necesitan aquí». El voluntario que generosamente da tanto de su tiempo que no le queda para nada más. El empleado que repetidamente declina un ascenso debido a _____ (llena el blanco).

El mártir se resiente secretamente de las obligaciones que cree tener para con familiares, amigos, cónyuge y empleador. Algunas personas se sienten egoístas cuando se concentran en sí mismas o en su profesión. ¿Ambición? La ambición sólo está bien en los atletas olímpicos y las superestrellas, pero no en nosotros. Así nos educaron. Sin embargo, tu vida no es menos importante que la de un atleta; tu profesión o trabajo se merece tu atención.

Cuando se trata de tomarse tiempo para ellos, para mejorar la salud, mejorar en la profesión o dedicarse a algún arte, la mayoría de los mártires no pueden hacerlo. Ni siquiera se permiten soñar. Si uno sueña durante mucho tiempo o con mucha intensidad, muy pronto tiene que responsabilizarse de esos sueños. Los mártires dejan la responsabilidad a otros.

• • •

No sé cuál es la clave del éxito, pero la del fracaso es tratar de complacer a todo el mundo.

Bill Cosby

Al llegar la noche, ¿te sientes como si tuvieras repartidas partes de tus días entre todas las demás personas? ¿Es ésta una dificultad temporal o se ha convertido en tu estilo de vida?

4. El disco rayado

Un pariente mío me llamó entusiasmadísimo desde Cancún para explicarme el trabajo de ensueño que tenía allí. Había dejado su trabajo en una empresa de submarinismo de Hawai por las aguas igualmente límpidas y hermosas de ese elegante balneario de México. Le resultaba más barato vivir allí, alardeó, y no sólo enseñaba submarinismo a los turistas cada día sino que además hacía incluso más dinero aprovechando su cámara submarina para tomar fotos bajo el agua a sus alumnos submarinistas, que se las compraban para tener un recuerdo. Cuando le pregunté por la dirección y longevidad de esa empresa, la pasó por alto; continuó hablando maravillas del tiempo, de los fabulosos hoteles llenos de turistas que hacían cola en el muelle a la espera de dar su dinero a la escuela de submarinismo.

Daba la impresión de ser un paraíso, pero... yo veía el pero. Ya lo había oído todo eso antes. El jefe que llegaba en su Mercedes, las promesas de repartir los beneficios, la interminable cola de clientes felices de pagar. Seguro. Antes de que acabara el año, la empresa estaba dirigida por un imbécil, los clientes eran todos unos pelmazos mimados, y a él le habían prometido recompensas aún mayores en los Cayos de Florida, de modo que se marchó hacia allá.

Cuando me llamó desde Big Pine Key, estuve tentada de grabar la conversación. ¡Qué entusiasta, qué positivo! Y todo extrañamente muy similar a lo de Hawai, Cancún y varias otras oportunidades fabulosas que misteriosamente se habían estropeado. La historia era tan previsible que pensé si no podría calcular la fecha en que se agriaría también esta nueva situación idílica. ¿Cuánto tiempo tardaría el próspero jefe de Florida en convertirse en el mismo tipo de imbécil que dirigía la operación de Cancún? ¿Cuánto tiempo tardaría esa maravillosa empresa de submarinismo en convertirse en el infierno de Hawai? Solamente era cuestión de tiempo.

Este es el síndrome del disco rayado, que repite una y otra vez el mismo trocito de melodía. Pasado un tiempo la gente pierde interés en el fabuloso nuevo trabajo y en lo maravilloso que va a ser. Y, lógicamente, no se interesa en absoluto cuándo llegará a su fin ese empleo.

Mi pariente se niega a hacer las preguntas importantes cuando se informa acerca de un trabajo, por ejemplo, ¿cuánto tiempo lleva usted en esta empresa? Se vuelve muy leal, muy decidido, y luego se fastidia cuando lo sobrecargan de trabajo y no lo valoran. Jamás se molesta en preguntar sobre los criterios y evaluaciones de rendimiento, el tiempo de servicio de otros empleados, los planes a largo plazo de la empresa, las normas de servicio a los clientes, en resumen, las cosas que uno querría saber antes de dedicar su tiempo (¡su vida!) a esa organización.

Cuando estas personas se cansan del caos y las sacudidas provocadas por este tipo de sabotaje al trabajo, comienzan a hacer las preguntas importantes. Una persona que siempre desea estar en el centro del escenario en un drama es la que encuentra el empleo tiovivo. Todos los caballitos son iguales, simplemente están pintados de colores distintos; la música es la misma canción, y cuando se acaba el viaje estás en el mismo sitio. Ha sido divertido, con muchos altibajos, eso seguro.

Pregúntate: ¿Me he oído quejarme de estas mismas cosas antes? ¿Todos mis supervisores han sido unos pelmazos? ¿De quién es la culpa? Te reconoces cierta responsabilidad por haber elegido a esos pelmazos, ¿verdad? ¿Tienes la maña de elegir empresas que van a la quiebra? ¿Qué tipo de atención recibes por esto? ¿Tu madre bate palmas cada vez que dejas un trabajo por otro? ¿Te sientes extrañamente vindicado cuando comunicas que te marchas? ¿Qué hay en todo este drama que encuentras tan atractivo?

Siete beneficios (los porqués) del sabotaje al empleo

1. Volver a lo agradable (y conocido)

La empresa de ingeniería iba muy bien; iba creciendo año a año, conseguían más trabajos y aumentaba el personal. Los tres socios iniciales continuaban dirigiendo las cosas. Estaban derribando paredes para acomodar a más ingenieros, más delineantes y personal auxiliar. Las proyecciones hacia el futuro no hacían más que crecer.

Un día me reuní con uno de los socios para hablar de algunos proyectos. Le noté una expresión de cansancio, estaba ojeroso y parecía tener dificultad para concentrarse. Le pregunté si le pasaba algo. Miró hacia la puerta de su despacho, indicando el largo corredor, y me dijo: «Esta mañana cuando venía por el corredor me crucé con una persona a quien no conozco». Yo lo miré algo perpleja, sin entender de qué hablaba. «Es un empleado de esta empresa y ni siquiera sé cómo se llama —continuó, con tristeza—. Aún me acuerdo cuando toda esta empresa éramos sólo tres ingenieros y tres delineantes.»

Ese comentario aparentemente insignificante adquirió un nuevo sentido para mí cuando vi cómo poco a poco esta empresa empezó a reducirse. Se fusionaron con otra empresa, pero continuaron reduciendo personal. Su excelente reputación nunca declinó, afortunadamente, pero se fue haciendo cada vez más pequeña.

Llegué a comprender que la molestia que sentía ese socio ingeniero era mayor que su necesidad de crecimiento. Tendemos a desear lo que nos es conocido. Si actuamos o somos tratados de modos que nos son desconocidos, aunque sean mejores, nos sentimos cada vez más incómodos, y consciente o inconscientemente actuamos para volver a lo que nos resulta agradable.

Una empresaria lista me dijo: «No convertiré esta empresa en el trabajo que dejé». Ha mantenido su próspera empresa de tamaño mediano, para no recrear la empresa que tanto trabajo le costara dejar.

En una entrevista a un próspero artista joyero para la sección negocios de las noticias le preguntaron si ahora va a producir en masa sus diseños. Lo horrorizó la pregunta. «Hago esto por el placer de trabajar con mis manos. ¿Para qué convertirlo en una función empresarial?»

Muchos viajamos a Europa como para apartarnos de los caminos trillados y poder alojarnos en posadas con encanto y hosterías pequeñas. Tal vez nos horroriza la idea de comer en un MacDonald en París o alojarnos en la Holiday Inn de Londres. ¿Para qué demonios va a viajar uno a la fabulosa Europa e ir a lugares tan americanizados? Pero después de soportar algunos alojamientos bastante raros, comprendo por qué la gente elige un hotel con sello estadounidense. Es conocido. Después de varias semanas de dificultades con los idiomas, cambio de moneda extranjera, opciones incomprensibles de comidas y de lidiar con el teléfono y sistema postal (por no mencionar las cincuenta manera de tirar la cadena del lavabo), comprendo por qué alguien elige andar por sitios que le sean un poco conocidos. Es estresante estar tan lejos de la zona de agrado durante un periodo prolongado; puede empezar a desgastarnos pasado un tiempo.

Tal vez motivadas por el Principio de Peter (elevarse al nivel de incompetencia), algunas personas sabotean su puesto de trabajo hasta que vuelven a su zona de agrado donde se sienten a salvo.

2. Mensajes parentales

«No te eleves por encima de quienes te criaron...»

Le pedí a Myra que se «convirtiera en su madre» y me hablara de Myra. Lo que siguió fue una reveladora conversación acerca de la competición. Antes de hacer este ejercicio, Myra no tenía la menor conciencia de que su madre se sentía eclipsada por su talentosa hija. Si te convirtieras en tu madre o tu padre durante unos minutos, ¿qué dirías de tu hijo o hija (tú mismo)? Te prometo que si te tomas el tiempo para hacer este ejercicio, te llevarás sorpresas. Coge papel y pluma y escríbelo. Ahora.

Hazlo.

A muchos nos resulta difícil presentarnos a la reunión familiar siendo muy diferentes de los demás parientes. Deseamos triunfar, pero no demasiado.

Joe Dubay, extraordinario asesor profesional, cree que algunos padres transmiten a sus hijos sutiles advertencias de «no hacerlo mejor de lo que lo han hecho ellos, y este mensaje sigue incrustado en la psique de sus hijos durante toda su edad adulta». Esto, a su vez, suele llevar a los adultos a hacerse daño sin darse cuenta en sus profesiones o trabajo.

> Triunfar en la vida significa no parecerse a los padres.
>
> *Louise Bowie*

3. Esto es una prueba

Es el viejo y popular tema: el príncipe o la princesa que deja su castillo bajo un disfraz para encontrar el «verdadero amor», a la persona que los ame por sí mismos, no por su posición. Al parecer, todo el mundo sabe que, cuando se tienen dificultades en la vida, se «descubre cuáles son los verdaderos amigos».

Si la persona se siente incómoda con su fama y fortuna, eso podría explicar su comportamiento autodestructivo. «Las cosas no pueden ser tan perfectas», podría decirse a sí misma y a las personas que la conocen. Después de dar un seminario sobre el trabajo en equipo, se me acercó un próspero empresario.

—He sido capaz de realizar todo lo que me he propuesto, excepto eso —me dijo, señalando mi fotografía de «antes», de cuando pesaba más de 90 kilos.

—Eso le hace humano entonces, ¿verdad? —le dije yo.

A veces hemos trabajado tanto para lograr que todo nos salga bien que necesitamos algo que nos apoquine. Necesitamos no tener éxito en algún aspecto de nuestra vida. Cualquiera que tenga la sensación de que las cosas le están saliendo demasiado perfectas es candidato de primera clase para el sabotaje a la profesión o trabajo.

Dice un psiquiatra: «Inseguros de si se los admira por ellos mismos o por su posición y dinero, algunos *tienen que fracasar* para descubrir quiénes son sus verdaderos amigos».

4. *La gracia está en limpiarse, o A ver si escapo de ésta*

En algún momento de sus campañas el presidente Bill Clinton adquirió el apodo Chico del Retorno; tenía una especie de don para «retornar» de cualquier tipo de escándalo, por sórdido que fuera. En 1999 esto fue puesto a prueba a costa de un país asqueado (aunque fascinado) por las noticias que iban apareciendo.

Cuando se tiene la imagen de Chico del Retorno, ¿qué hay que hacer? Volver de algo, ¿verdad? Los comunicados de prensa se apresuraron a afirmar que Clinton y su matrimonio estaban en su mejor momento cuando el lodo comenzó a sedimentar. Para algunas personas, la diversión está en limpiarse y mantener en alto la cabeza bajo las montañas de lodo. «Ser sorprendido es la madre de los inventos», escribe Robert Byrne.

• • •

La vida, o es una aventura osada o no es nada.

Helen Keller

Todo el mundo admira a Hellen Keller; no cabe duda de que fue una persona extraordinaria. Si no saben que Helen Keller dijo la frase citada, todos saben por las películas de Indiana Jones que hemos de tener aventuras osadas. Cuando mi vida era una aventura osada tras otra, sin tiempo para nada más, empecé a comprender por qué me afectaba esta frase. Una parte de mí ansiaba pasar unos cuantos días sin aventuras osadas.

Hasta entonces, me sentía en la obligación moral de aceptar cualquier aventura osada (en especial si implicaba viaje), porque si no la vida habría sido vulgar y aburrida; creía que no viviría mi vida en toda su plenitud si no estaba metida en aventuras osadas. Bueno, eso es chifladura; está muy bien que las cosas discurran tranquilas, normales y apacibles de vez en cuando. Eso de «la vida es una aventura osada» puede ser una clara invitación a sabotear la profesión o el trabajo. Esto es tan predominante que pienso que se podría considerar un síndrome: la persona que tiene que vivir constantemente en el filo para sentirse motivada porque se ha tomado demasiado en serio a Hellen Keller.

El propietario de una empresa explicaba: «No necesito hacer deportes extremos; en mi negocio ya tengo todo el terror que necesitaré en mi vida».

Los triunfadores no buscan la emoción «sólo» para transgredir reglas o derrotar al sistema.

5. Esto no puede durar

Este es el otro zapato a punto de caerse. No se ve venir.

En un equivocado intento de controlar, algunas personas se disparan en el pie antes que esto se lo haga el destino u otra persona.

Para añadir más drama, algunos combinan romance con un poco de trabajo. Está el ejecutivo que combinaba la infelicidad en el trabajo (llevando la empresa de un pariente) con la infelicidad en casa teniendo un romance con su secretaria. Es evidente que para él, esto no era sabotaje suficiente, porque lo arrestaron en un centro comercial por exhibición indecente. En algún plano inconsciente se estaba buscando la destrucción.

En cada vida tiene que caer un poco de lluvia.

Viejo proverbio

Y, caramba, si la lluvia no viene, encontramos la manera de que nos llueva en nuestros propios desfiles.

Un subconjunto de este fenómeno de autosabotaje es la persona que piensa que, si gana algo, tiene que perder algo también. Si obtiene un ascenso, tiene que sufrir un castigo: un accidente de coche, un aumento de peso, una problema conyugal.

6. Merecerlo

Ninguna buena obra queda sin castigo.

Clare Boothe Luce

Un millón de gracias, Clare, necesitábamos esta.

Bob ponía muchísimo empeño en hacer un buen negocio de su carpintería; también prestaba mucha atención a su familia y a su salud; pero nunca lograba que le saliera todo bien. Una noche descubrió por qué; estaba con un grupo de amigos hablando de quién se merecía ganar en la lotería cuando de pronto cayó en la cuenta de que él no se consideraba merecedor de éxito en la vida. ¿Por qué no? Resulta que, cuando era adolescente, su hermano gemelo se suicidó, y a raíz de eso él se hizo la idea de que si a su hermano se le había negado la vida, él debía negársela también. Tenía que esforzarse constantemente en conseguir el éxito en todos los aspectos (negocio, familia, salud) porque una parte de él trataba de destruirlo todo. Por dos pasos que avanzaba retrocedía uno y medio.

Este asunto del «merecimiento» es espinoso. Incluso los duros lo pasan mal con él. Notable es la historia de Lewis Puller hijo, el condecorado *marine* que perdió un tercio de su cuerpo en una trampa explosiva en Vietnam y después ganó el premio Pulitzer por su autobiografía, *Fortunate Son*. Puller dudaba de ser merecedor de la admiración que le ganó su libro. «Sufrió una profunda depresión», comentó el senador Bob Kerrey, que había pasado seis meses en una sala de hospital con él. A los cuarenta y ocho, Puller se mató de un disparo.

¿Te mereces el éxito que tienes?

Si esta tarde salieras a caminar y te encontraras un billete de 20 dólares en la calle, ¿te preguntarías si te mereces tenerlo? ¡No! Lo cogerías y te dirías: ¡bravo!

Si te va bien atribuir tu éxito a la suerte, hazlo. Pero cógelo y continúa con tu vida.

7. Falta de conocimiento propio

Si te falta la capacidad para identificar lo que deseas, estás en primera fila para sabotear tu profesión o trabajo. Jim no sabía que deseaba regresar a Seattle e inconscientemente se esforzaba en que lo despidieran.

Gran parte del comportamiento perjudicial que ha visto una encargada de contratar personal entra en esta categoría. Dice: «Uno de los mayores problemas es que la gente no sabe lo que desea hacer. Simplemente quieren un trabajo. Esta actitud se refleja en las solicitudes, al exponer objetivos contradictorios, o en el comportamiento inapropiado durante la entrevista».

«Es posible que la persona no se vista de modo apropiado para la entrevista, no conteste las preguntas ni haga contacto visual frecuente, porque, subconscientemente no desea ese trabajo o no se siente capaz para ese puesto», escribe Jacqueline Kramer en *Today's Careers*. A continuación da la lista de los rasgos comunes en este autosabotaje:

- Culpar a otros de los problemas
- Creer que el fracaso es inminente
- Contar con la suerte en lugar de la propia habilidad o planificación
- No aprender de errores pasados
- Negarse a ser flexible
- Ser incapaz de tomar decisiones
- Ser incapaz de delegar tareas
- Excesiva cautela.

«La persona llega a un punto de transición en su vida —explica Joe Dubay—, y tiende a actuar mal y hacerse sabotaje en lugar de hacer el trabajo y la reflexión interior necesarios para hacer frente a su transición.»

Una reacción típica del autosaboteador es «Deseo algo (profesional o laboralmente) que no debería desear».

Qué hacer para solucionar el autosabotaje a la profesión o el trabajo

1. Ve a un terapeuta profesional

Busca uno bueno y ve a verlo. Será dinero bien invertido. Si eres un gran dolor de cabeza para la empresa, es posible que consigas que ésta te pague la terapia. Ya que tu sabotaje afecta a tu familia y a tu lugar de trabajo, les harás un gran favor a todos. Sólo tú puedes examinar por qué haces daño a tu profesión.

2. *Compra el libro* Wishcraft: How to Get What You Really Want *[Artesanía del deseo: Cómo obtener lo que realmente se desea], de Barbara Sher*

La primera mitad de este libro consiste en descubrir lo que se desea, algo que para algunos de nosotros no ha sido fácil (la mayoría no despertamos un día a los cinco años *sabiendo* que deseamos ser dentistas; las cosas sencillamente no funcionan así). La segunda mitad son ideas sobre cómo llegar ahí (sea cual sea el «ahí» para ti). Este no es un libro para leer, es un libro para hacer. Contiene muchos ejercicios reveladores y caminos para la creatividad. Los ejemplos de transiciones radicales en la profesión o trabajo son estimulantes.

Barbara Sher ha oído a muchas personas asegurar que deseaban vivir apasionadamente, pero que se quedaron atascadas porque no sabían qué les captaba totalmente la atención. Dice Sher: «Todo el mundo está inconscientemente ocupado en una batalla interna por controlar su dirección. Sus vidas están llenas de pistas, pero no saben buscarlas. No podemos avanzar si no sabemos qué nos frena».

Hay una parte interna de ti que sabe exactamente qué te frena: esa parte tiene una necesidad mayor para ti, un Muy Buen Motivo. Esa parte aceptará *Wishcraft* que es una estrategia práctica, lógica, que permite tomarse días «libres», tener una mala actitud y todo el miedo y la pereza que se desee. Barbara Sher dice que jamás ha oído un sueño que considere frívolo.

Una última observación

Si vas a por algo y no «resulta» (una entrevista de trabajo, un nuevo cliente, un negocio), quiero que antes de deprimirte recuerdes el puente Rialto de Venecia. Búscate una foto de este puente y ponlo en tu lugar de trabajo. Miguel Ángel *no consiguió el contrato para diseñar ese puente, ¿te lo puedes creer?*; alguien rechazó a Miguel Ángel. Los descendientes de los que formaron la comisión para seleccionar al diseñador de ese puente existen todavía; están en todas partes. Es posible que esta misma mañana les hayas enviado una propuesta. Sí, hicieron su puente y sí, es distintivo. ¿Pero, *y Miguel Ángel*?

Probablemente Miguel Ángel no perdió ni una noche de sueño por ese rechazo, a juzgar por sus obras posteriores. Aprende la lección de este maestro.

El trabajo es amor hecho visible.

Kahlil Gibran

11

El sabotaje a la relación de pareja

Estamos invadidos por hombres y mujeres pioneros
en encontrar parejas equivocadas y perder las correctas.

Roy Rivenburg

Lo extraordinario de los seres humanos es que obtienen lo
que desean aunque no sepan qué es.

Trabajas como loco en quitarse peso, incluso te haces
grapar las mandíbulas o el estómago, cuando tienes una parte interna poderosa que desea conservar el peso.

Ahorras céntimos y derrochas dólares. Si llevas más de
cinco años lidiando y no mejoras tus finanzas, considera la
idea de que una parte de ti tiene una necesidad mayor de andar mal de dinero.

Aseguras que deseas limpiar el garaje, escribir una novela y hacer a tiempo la declaración de renta, cuando tus actos dicen exactamente lo contrario. Si has tenido problemas
de dilación, imagínate que alguien de tu interior tiene una
necesidad mayor de dejarte las cosas para después.

Dices desear una «relación duradera» cuando los matrimonios tardan apenas un poco más que la leche en agriarse.

Si has tenido muchas relaciones, considera la audaz idea de que tal vez *no deseas ni una.*

Los anuncios nos dicen que buscamos pareja. Nuestra comunidad religiosa hace oraciones para que encontremos una. Nuestra madre espera que nos ocurra el milagro: la persona «adecuada». La televisión y el cine nos tocan el fondo del corazón diciéndonos que sólo tenemos medio corazón mientras no encontremos la otra mitad. Las letras de las canciones («No eres nadie mientras no te ame alguien»), los barcos de cruceros, los anuncios personales, las agencias de contactos y todos nuestros amigos saben que es sólo cuestión de tiempo. De hecho, eres un bicho raro si no estás:

- en una relación romántica;
- en busca activa de una relación romántica;
- lamiéndote las heridas por una relación romántica (temporalmente, porque volverás a la caza pronto), o;
- esperando que aparezca él o ella.

¿No sentiste aunque fuera una pequeñísima sensación de alivio cuando acabó la última relación? Por muy afectado o triste que te sintieras, reconócelo, ¿no oíste una vocecita en tu interior que decía: «Gracias a Dios que acabó»?

Un estudio reciente informa que las personas resuelven mejor los problemas complejos cuando están con sus perros que cuando están solas. Y se desenvuelven mejor solas que en presencia de sus cónyuges. Cuando explico en seminarios los detalles de este estudio, los participantes siempre adivinan en qué circunstancias las personas se desempeñan mejor, y siempre saben que los participantes del estudio que estaban con sus cónyuges lo hicieron peor. La gente nunca deja de adivinar correctamente. ¿Cómo lo saben?

Creo que se debe a que ya saben que es limitado el agrado que encuentran hombres y mujeres en compañía mutua. Toma, ya está dicho.

En *Male and Female Realities* [Realidades masculinas y femeninas], Joe Tanenbaum escribe: «Sólo recientemente han comenzado a hablarse entre sí los hombres y mujeres. Hasta ahora no ha sido necesario. Hemos comenzado a decir: "¿Sentémonos a conversar?", y hemos descubierto que no podemos. Mis observaciones me han llevado a la opinión de que los hombres y las mujeres no estamos hechos para estar juntos todo el tiempo».

Imagínate que eres biólogo y estudias dos grupos de mamíferos. Después de atenta observación, detectas las siguientes diferencias entre ellos:

- en la estructura muscular y ósea;
- en el tamaño y la química del cerebro;
- en los órganos internos (tamaño y localización);
- en la velocidad del metabolismo;
- en el ritmo de la respiración y la sensibilidad de la piel;
- en las glándulas y hormonas;
- en la vista;
- en la audición y las cuerdas vocales;

- en flexibilidad y energía;
- en el sistema inmunitario;
- en la forma del cráneo;
- en la reacción al frío y la luz;
- los de un grupo se sienten atraídos por objetos;
- los del otro se sienten atraídos hacia otros mamíferos;
- los de un grupo tienen menos pelo, se hacen hematomas con más facilidad;
- los del otro tienen un 17 por ciento más de masa muscular;
- en un grupo muere el 30 por ciento más durante los tres primeros meses de vida.

Sin riesgos podríamos llegar a la conclusión de que esos dos grupos de mamíferos son especies distintas y que las expectativas respecto al comportamiento de cada uno de estos dos grupos deberían ser diferentes.

Pero no lo son: se llaman hombres y mujeres humanos, y la estructura social actual espera que se emparejen y vivan juntos en la misma madriguera.

Y, por cierto, ¿quién nos dio la idea de que debíamos emparejarnos?

El matrimonio es un malogrado intento de hacer durar algo a partir de un incidente.

Albert Einstein

• • •

Sin embargo, todo nuestro sistema de leyes, vivienda y diversión está engranado con la obsesión de emparejarse. Ya no tenemos que preocuparnos de continuar con nuestra forma de vida; estamos muy lejos de la extinción. La mayoría de los animales reducen su número cuando han llenado los bosques, ríos y llanuras con sus especies. Esto es algo más que un imperativo biológico. De todas las compulsiones posibles, la energía que se pone en emparejarse es incomprensible; desafía la cordura. «El amor es una imbecilidad transitoria», escribió Ortega y Gasset (¡y tú que me creías radical!).

«Según las diferencias biológicas medidas entre hombres y mujeres —escribe Joe Tanenbaum—, el macho humano tiene más en común con otras especies, en particular con los monos, que con las hembras humanas.»

Hombres y mujeres. Mujeres y hombres. Nunca funcionará.

Erica Jong

Es necesario introducir un estilo de vida nuevo y sano en una población enferma debido al sabotaje.

La gente vive tratando de matarse con drogas, comida y cigarrillos; estos son bastante obvios. Los que no son tan obvios son destruirse financieramente, arruinarse la profesión o el trabajo y, por supuesto, el tan popular «estropeemos la relación». Esto último podría ser el pasatiempo más popular en Estados Unidos. Pero llega un momento en que algunas personas se cansan de ser pobres y bastante pronto tienen dinero; se cansan de los cambios de empleo, se cansan de inventar maneras de desbaratar el sistema y encuentran trabajos o profesiones que les gustan. Cuando se aburren del caos emocional producido por las guerras de relaciones, agotados de pelear, se rinden y empiezan a llevarse bien, o descubren un estilo de vida que por fin les va bien.

La cultura necesita hacer espacio para una nueva situación preferida: la del Solitario. Sólo en los últimos años se ha reconocido la necesidad de comida envasada para la persona que come sola. Los diseñadores de casas y coches pueden seguir ese ejemplo.

El nuevo estilo de vida se puede llamar «vivir solitario». Es una circunstancia elegida tal como uno podría decir que «ser dentista» es la profesión elegida.

¿Encuentras radical esto? Espero que sí porque la manera tradicional de pensar no resulta.

Una noche oí decir a una mujer que su marido llevaba dos semanas fuera por trabajo y que estaba asustada. Supusimos que quería decir que la asustaba estar en la casa sola. «No —dijo—, es que en los pocos días que ha estado fuera he descubierto que me gusta estar sola, es decir, me gusta, me gusta de verdad...»

Deseo estar terriblemente unido a alguien que me deje en paz.

Anónimo

¿Podría ser que muchos somos Solitarios naturales y no lo sabemos? ¿Tendremos que esperar hasta que aparezca

Cómo hacer un éxito del quinto matrimonio en la lista de best-séllers del *New York Time* para captar el mensaje?

¿Es remotamente posible que después de unas cuantos rodeos conyugales que convertimos en matrimonios finalmente nos quedemos callados, cansados de luchar y sin bastante creatividad para descubrir una alternativa? ¿Renunciamos y continuamos casados esta vez, reconociendo en silencio para nuestros adentros que éste no es muy diferente del primero?

El impulso de unirnos con otro ser humano es, pienso, más fuerte que cualquier otro apetito que tengamos. Es más fuerte que las ansias de comer chocolate y que el avasallador aroma del pan recién horneado. Si muchos empresarios pusieran tanta energía y pensamiento en sus negocios, todos serían ricos y prósperos. Nada se puede comparar a la energía y euforia que sentimos cuando creemos que hemos encontrado a nuestra «pareja del alma»; y esta vez será diferente.

La más feliz de todas las vidas es la soledad ocupada.

Voltaire

Las mujeres Solitarias están a la cabeza en las gráficas de felicidad. Según numerosos estudios, la mujer soltera es la más feliz con su suerte en la vida. Más mujeres elegirían esta vida si:

a) fuera socialmente aceptable;

b) pudieran permitírselo económicamente.

• • •

Esto último podría ser motivo de verdadera preocupación. ¿Cómo saber si me han elegido a causa de una necesidad económica? Tal vez la mayor excitación sexual del hombre existe para anular su capacidad de considerar esa posibilidad.

Si eres feliz con tu pareja, eso es fabuloso; fabuloso y excepcional. Entonces este no es un tema para ti. Podrías estar en el 50 por ciento de la población que tolera el emparejamiento con un estrés mínimo. Pero si estás felizmente emparejado probablemente no estarías leyendo esto, a no ser que quieras entender a alguien que no es feliz emparejado. Un porcentaje de la población está satisfecha e incluso extática con su vida y elección de cónyuge o pareja. Un porcentaje.

Luego está el otro porcentaje. Estas son las personas a quienes quiero dirigirme.

Quiero sugerir que la frase «No eres nadie mientras no te ame alguien» se puede interpretar como «No eres nadie mientras no te ame alguien, y ese alguien está dentro de ti, no fuera».

¿Sospechas que podrías ser un/a Solitario/a natural? Lee esta lista de características y ve cuáles encajan contigo.

Sí o No

_____ Las interrupciones son difíciles para mí. Si me interrumpen cuando estoy trabajando o pensando, parece que me afecta más que a otras personas.

_____ Admiro el pensamiento y disfruto pensando cosas.

_____ Encuentro delicioso invitarme a tomar un café o a comer yo solo/a.

_____ Mi entorno es totalmente distinto a lo que sería si lo hubiera creado y decorado yo solo/a.

_____ Aunque me llevo bien con la gente, creo que soy muy introvertido/a.

_____ Me han dicho que no soy particularmente cariñoso/a, espontáneo/a ni comprensivo/a.

_____ Me siento culpable de pedir que me dejen un tiempo a solas, o he renunciado a pedirlo.

_____ Fantaseo con la muerte de mi cónyuge o pareja, y esto no me asusta.

_____ Me gustaría que mi pareja tuviera una aventura extraconyugal.

_____ No me da miedo estar solo/a.

_____ Me encanta estar solo/a.

_____ No veo la hora de estar nuevamente solo/a.

_____ La mejor parte de mi día son los trayectos al trabajo y de vuelta a casa.

_____ La gente se asombraría si supieran lo tímido/a que soy realmente.

_____ Mi primera reacción cuando me avisan de una reunión o encuentro es: «¡Ay, Dios, otra reunión!»

_____ Más de una vez esta semana me he dicho: «Tantas cosas que podría hacer si me dejaran en paz».

_____ Me encanta la investigación y el análisis.

_____ Estoy retrasado/a en quince años en mis proyectos…, y esos son justamente mis aficiones.

_____ Si dependiera de mí solo/a, podría resolver la mayoría de mis problemas.

_____ Pienso y/o trabajo mejor en silencio.

_____ No encuentro sentido a la letra de la canción *People*.

_____ Me encanta averiguar el funcionamiento de las cosas.

_____ Prefiero escribir en papel rayado.

_____ Si sólo tuviera que contender conmigo, llevaría una muy buena vida.

_____ Como en exceso cuando estoy acompañado/a.

_____ Gasto más cuando compro acompañado/a.

_____ Viajar con otra persona suele ser frustrante o muy difícil.

_____ Doy la impresión de ser diferente a los demás; debo de ser excéntrico/a.

_____ Cuando llego a casa después de un día muy agotador o un viaje de trabajo largo, es un alivio descubrir que todos se han ido a acostar.

_____ Cosas que son complicadas para todos los demás son sencillas para mí si las hago solo/a (la compra, por ejemplo).

_____ Mi vida sería maravillosa si pudiera tener diez minutos más a solas cada día.

_____ Mis mejores ideas las tengo cuando estoy solo/a.

_____ Disfruto de un viaje o trayecto largo a solas.

_____ Cuando estoy en la ducha encuentro soluciones fabulosas para las cosas.

_____ Preferiría extraerme el cerebro y jugar con él a hacer cualquier otra cosa.

_____ A veces, sin ningún motivo aparente, me siento nervioso/a o irritado/a cuando estoy con mi cónyuge, y no tengo idea de por qué me ocurre.

_____ Cuando me imagino mi día perfecto y mi vida perfecta, despierto a solas.

_____ Pagaría el extra por tener desocupado el asiento de al lado en un tour.

_____ No encuentro particularmente difícil vivir conmigo, y no logro imaginarme por qué otra persona sí.

_____ Me encuentro sentido a mí mismo/a.

_____ No me interesa compartir mi maquinilla de afeitar.

_____ Me encanta encontrar las cosas donde las dejo.

_____ Soy organizado/a y me frustran las personas que no lo son.

Si has contestado «sí» a diez o más afirmaciones, es posible que seas una persona Solitaria muy encorsetada por la forma tradicional de pensar. Si también has tenido muchas relaciones que luego han acabado, examina la posibilidad de que una parte de ti sepa muy bien que eres un/a Solitario/a natural. Es posible que comas en exceso para ahogar esos sentimientos de frustración por vivir con otra persona. Tal vez gastas en exceso para mantenerte feliz cuando en realidad sólo te iría bien la soledad. Tal vez saboteas tus relaciones y te sientes muy agraviado/a por tu pareja, sin saber que la verdadera pareja que ansías es la soledad.

Un Solitario podría ser una persona a la que le gusta pensar y barajar posibilidades. Necesita tiempo y silencio para combinar ideas divergentes y ver formas. El cielo para una persona Solitaria es poder encontrar las cosas (las tijeras, por ejemplo) donde las ha dejado.

Para la mitad de la población, tener que buscar las tijeras de la familia es molesto, pero no gran cosa. Para la parte de la población que es _Solitaria natural_, y no lo reconoce, tener que buscar las tijeras es un auténtico estresante.

En nuestra cultura es más fácil reconocer que se es homosexual que admitir que lo que realmente se desea es estar solo/a. Revelarlo ha sido dificilísimo para muchos homosexuales; se acuerdan de la fecha y se encogen al recordar sus sentimientos. Esto no es tan radical como reconocer para ti mismo y ante el mundo que no deseas a personas del sexo opuesto ni a personas del mismo sexo. Lo que realmente deseas es una relación monógama contigo mismo. Ah, eso sí que es *pervertido*.

> Una de las ventajas de vivir sola es que no hay que despertar en los brazos de un ser amado.
>
> *Marion Smith*

Una escritora me explicaba: «La "compulsión a emparejarse" la veo como si todo el mundo fuera a toda velocidad por una carretera interestatal. Todos van como bólidos por la Carretera de la Relación, y hay algunos que causan accidentes por su mala conducción. Hay conductores que les gritan las cosas típicas, que uno esperaría oír, por ejemplo, "¡Fuera de la carretera! ¡Apártate hasta que aprendas a conducir!"»

A mí me pareció que yo era una de esos malos conductores, así que me salí de la carretera y aparqué. Mi idea era bajar del coche y caminar un rato, pero ahora que me he alejado bastante de la carretera la veo por lo que es y no quiero volver. Mi viejo vehículo, Romance, sigue aparcado y abandonado junto a la carretera. He sido muy feliz desde que capté esta perspectiva. No hay nada mal en mí; simplemente, no quiero volver a conducir nunca más por esa carretera. No veo ningún motivo para participar. Me parece que el mundo está más feliz, y sé que yo lo soy.

Me siento mucho mejor ahora que me he hecho extirpar la glándula del emparejamiento.

Anónimo

Puede resultar violento y casi imposible pedirle a la pareja que nos deje más tiempo a solas. La reacción normal sería preguntar: «¿Es que pasa algo?» Tenemos la errónea idea de que algo tiene que estar «mal» para tener el valor de pedir soledad. Puesto que es tan difícil decir las palabras «Simplemente quiero estar solo/a» (sólo la Garbo sabía decirlo con garbo), una pareja de casados encontraron una inteligente solución. Los dos estaban de acuerdo en que necesitaban más tiempo a solas y en que es difícil pedir eso. También estaban de acuerdo en que es imposible leerle la mente al otro, y no hay por qué esperarlo. Inventaron una señal visual entre ellos, que significaba «Ahora estoy solo/a. No me interrumpas». Él se ponía su vieja gorra de pescar cuando quería estar solo, y ella se ataba un pañuelo rojo al cuello.

Así él podía sentarse a leer el diario y leerlo entero sin interrupciones. Si ella estaba en el jardín, por ejemplo, y sonaba el teléfono y la llamada era para ella, él miraba por la ventana; si ella llevaba el pañuelo rojo, cogía el mensaje; si no lo llevaba, la llamaba. Fantástico como sistema.

A un orador de seminarios le encantaba dar charlas durante los cruceros, pero le fastidiaba que se le acercaran constantemente a hablarle cuando ya había acabado la charla. Finalmente cayó en la cuenta de que contaba con que la gente le leyera la mente. Entonces encontró la solución. Se ponía una cinta roja en la solapa que quería decir: «Pare, no se moleste en hablarme ahora». Si no llevaba la cinta, dijo a sus oyentes, con mucho gusto aceptaría la conversación.

Un supervisor de una empresa de construcciones era un Solitario natural. Era casado, y trataba de hacer muy bien su trabajo. Se llevaba bien con la gente, pero el esfuerzo lo estaba agotando. Las interrupciones en su oficina y en el sitio de la obra en supervisión lo molestaban infinitamente. Era tal el estrés que le producía esto que llegó a pensar que tendría que dejar su trabajo. Las cosas cambiaron cuando se inventó una señal visual para comunicar que estaba concentrado y quería que lo dejaran en paz. Cuando estaba en la oficina ponía un naipe en la ventana para indicar al personal que no quería que lo interrumpieran, y en el sitio de la construcción se ponía una gorra de béisbol de color vivo.

Los demás no tienen ninguna manera de saber cuando uno tiene el cerebro ocupado en pensamientos serios y es mal momento para interrumpir. No saben que hablarnos es interrumpirnos. La técnica de poner una señal visual que indique «Después, por favor» es una buena manera para que el solitario natural pueda vivir en un mundo lleno de otras personas. Si contabas con que los demás te leyeran la mente, olvídalo; eso es buscarte frustraciones y no les haces ningún favor. Prefieren tener toda tu atención y que no tengas que superar el estrés de la interrupción simplemente para escucharlos. ¿Qué señal visual te iría bien?

La conversación enriquece el entendimiento, pero la soledad es la escuela del genio.

Edward Gibbon

En una de las entrevistas que emitieron en el programa Lone Stars [Estrellas solitarias], un ejecutivo de una empresa de servicios explicó: «Solamente cuando cumplí los cincuenta, mis amigos y familiares dejaron de intentar emparejarme con alguien. Pasado el medio siglo por fin renunciaron. Hay quienes creen que soy homosexual y que tengo amigas para encubrirlo. Me gustan las mujeres. Lo que pasa es que necesito más soledad que la persona corriente, y eso lo sé».

Conócete a ti mismo; esta frase nos viene una y otra vez, ¿verdad?

¿Por qué cuando alguien dice: «Te amo», la otra coge una maleta y se empiezan a trasladar muebles? ¿Por qué a continuación de «amor» ponemos «convivir»? ¿De dónde sacamos la idea de que si es agradable estar con esa persona varias horas a la semana, estar más horas va a ser más agradable? Eso es como pensar que si tener un perro es agradable, tener cien perros sería aún más.

Lo hacemos porque separados podemos comprar un equipo de música de 300 dólares, pero juntos podemos comprar uno de 500. Para tener el nivel de vida que deseamos hacen falta dos sueldos, y uno solo no puede llevar más que uno a casa. Tal vez aquí sería apropiada una modificación en lo que llamamos nuestro «nivel de vida». Para un solitario natural tiene que ser preferible un equipo de música más barato que tener que encogerse cada vez que oye el «Hola, cariño, ya estoy en casa».

Destruye los nervios ser amable cada día con el mismo ser humano.

Benjamin Disraeli

Esta conclusión automática de vivir juntos, ¿nos funciona? Las estadísticas de divorcio ciertamente indicarían que nuestro actual sistema no funciona. ¿Podríamos tomarnos un nanosegundo para considerar alguna posible alternativa sana?

Rhonda Fleming y su marido viven en condominios separados pero vecinos. «Necesito estar a solas, y él también», explica la actriz.

Cuando mi hija empezaba su adolescencia, visitaba a una amiga suya que vivía a unas veinte manzanas de casa. Un día que me ofrecí a pasarla a recoger en coche, me explicó cómo llegar allí y añadió: «Puede ser la casa azul o la blanca que está en la esquina». Extrañada, le pregunté cuál de las dos. «Cualquiera —contestó—. La azul es de su madre y la blanca de su padre. Estaremos en cualquiera de las dos.» Esos padres vivían en casas contiguas y sus hijos usaban libremente las dos.

¿Quién puede permitirse ese arreglo? Nuestro sistema de vivienda está totalmente sesgado hacia nuestra obsesión por emparejarnos.

Problemas de límites. Podemos iniciar una relación en acogedores restaurantes hogareños, pero acabaremos ante la barra de un bar de comida rápida. Los paseos por la playa se trocan en salidas a pasear al perro callejero que han traído nuestros hijos y le han puesto nombre antes que pudiéramos impedirlo. Y llevamos tanto tiempo en compañía de otros que ya no sabemos qué deseamos para nosotros.

Absolutamente inconscientes de esto (ten presente que uno es la última persona en saber que se está haciendo auto-sabotaje) empezamos a desembrollar la relación. Es trabajo. Y luego viene lo de «¿a quién le hace falta esta irritación?»; esto cede el paso a «La vida es demasiado corta». Incapaces de salir de esa situación, recurrimos a estrategias pasivo-agresivas o a descarados y desconsiderados engaños. Finalmente aprendemos una de las «cincuenta maneras de abandonar a la pareja», y la relación llega a su feliz conclusión; todo maravilloso, si exceptuamos el papeleo. ¿Y por qué nos deprimimos? Porque se supone que tenemos que deprimirnos; parecería crueldad recuperarse demasiado pronto. Pasamos por una especie de proceso de duelo. Decimos a las amistades que no queremos volver a salir con nadie, y por una vez en la vida conectamos con esa parte nuestra que lleva tanto tiempo ansiando la soledad.

Pero cuando el regalo de la soledad se hace por fin realidad, no sabemos qué hacer con ella. No sabemos qué hacer con nuestro tiempo a solas. Y ninguno de nuestros amigos es un solitario, de modo que no tenemos ningún modelo de cómo debe actuar una persona solitaria.

Dios creó el mundo en seis días… Ah, pero Él tenía la ventaja de trabajar solo.

Desconocido

Hay diferencia entre sentirse solo y estar solo. A estar solos y ocupados lo llamamos «estar solo». A estar solo y *aburridos* lo llamamos «sentirse solo». O sea que la expresión «sentirse solo» tiene más que ver con la actividad, con el interés y ser una persona interesante que la expresión «estar solo». Cuando estamos solos y aburridos llamamos a eso «triste soledad». También decimos que podemos sentirnos solos en medio de una multitud. Eso sólo significa que estamos aburridos y desconectados de los demás, pero también desconectados de nosotros mismos.

Es hora para el Teatro Interior. Pon en práctica este método y jamás volverás a sentirte solo. Un requisito principal para practicar el Teatro Interior es un tiempo a solas. Y el método del Teatro Interior es la forma más barata y más eficaz para solucionar problemas de autosabotaje y conocerse verdaderamente.

¿Cómo ha afectado a tu vida tu manía de estar conectado? ¿A cuántos actos, funciones o reuniones has asistido físicamente cuando tu verdadero yo te habría llevado a otra parte? ¿Cuánto de tu vida has dado para hacer vida social cuando preferías la paz y la quietud? ¿De quién es tu vida?

Cantad y bailad juntos, alegres y jubilosos, pero dejaos tiempo para estar cada uno a solas.

Kahlil Gibran en El profeta

¿Por qué se eligen estas hermosas y conmovedoras palabras en tantas promesas nupciales, y luego la pareja procede a volverse loca mutuamente con cuentas bancarias conjuntas y familiaridades en el cuarto de baño? Por dos motivos:

a) porque es un hábito: no hemos considerado otra posibilidad;

b) porque es más barato.

No todo el mundo está diseñado para ser un Solitario. El impulso a conectar espiritual, emocional y físicamente con otro ser humano es tal vez el más fuerte que tenemos, y aquellos que lo logran son exquisitamente recompensados. Lo que estropea el mecanismo son aquellas personas que creen desear una relación, pero en el fondo no la desean. Estas personas son las saboteadoras que atraen y luego repelen, desconcertando y molestando a quienes las rodean. La estela de devastación que dejan es incalculable, e implica a los hijos; y es posible que sean las últimas en reconocer su comportamiento saboteador. Si has tenido cinco o más relaciones que llamarías serias y/o matrimonios, tal vez te convendría considerar la posibilidad de que una parte tuya no desee pareja. Podrías ser una persona solitaria sin saberlo. Si has probado de vivir solo durante un tiempo y no ha «resultado», eso no significa que una parte de ti no siga deseando un tiempo a solas.

No se podría haber inventado un sistema más calculadamente hostil a la felicidad humana que el matrimonio.

P. B. Shelley

· · ·

Todos tenemos lo que yo llamo un cociente «S», ansias de Soledad. Todos necesitamos soledad tal como necesitamos alimento, aire y agua. Algunos sólo necesitan un poquito, y a su manera son capaces de soportar estar en compañía durante horas y días seguidos; y no le ven ninguna magia a eso. Luego están aquellos que necesitan gran cantidad de soledad, y cuando encuentran que no tienen bastante, pronto se arman y cometen actos antisociales. Esto podría empezar como una moderada frustración generalizada con las personas, pero luego va escalando hasta la irascibilidad y franca brutalidad; infracciones normales de tráfico podrían provocar una reacción instantánea y cruel. Algunas personas conducen mientras están saturadas de estar rodeadas de personas; su capacidad está tan saturada como una esponja que ya no puede aceptar más agua. Pero nuestra cultura nos dice que sólo somos normales cuando tenemos los codos enrojecidos de rozarlos con nuestros compañeros humanos, y que en cierto modo *nos hace falta* relacionarnos con los otros miembros de la especie.

Eso es una tontería. También es doloroso para la persona Solitaria que se ha regido por esta forma de pensar durante demasiado tiempo. Ansiamos tener una hora para nosotros. Y puesto que no nos damos ese gusto, lo reemplazamos por un postre, o por un regalo caro. En lugar de tiempo a solas nos damos el premio bobo de comida y cosas. Esto simplemente pone el sabotaje en otro bolsillo; tenemos sobrepeso y estamos sobrepasados en el presupuesto, pero seguimos teniendo la sensación de que hemos pasado el día metidos en ropa de papel de lija porque no hemos logrado lo que realmente deseamos: tiempo a solas. Los escritores y artistas tienen que reconocer finalmente que escribir, pintar y esculpir no son actividades de grupo. ¿Te ves obligado a moverte «al ritmo de los demás»?

Tanto la necesidad de estar a solas como la de conectar con otros han de equilibrarlas nuestras *exigencias* personales. Creo que la cantidad de soledad que se necesita varía según la persona. Pero todos necesitamos *algo* de soledad. «Sin soledad perdemos la importante sensación de ser individuos que se autorregulan. No se puede negar que muchas de nuestras enfermedades sociales y psíquicas son principalmente trastornos de la autorregulación», escribe Ester Schaler Buchholz, en *The Call of Solitude* [La llamada de la soledad]. O bien perdemos la autenticidad; decimos que «ya no sabemos quiénes somos». ¡Nos sentimos desconectados de nosotros mismos y de quienes nos negamos a alejarnos!

Nunca he encontrado una compañía más simpática que la soledad.

Henry David Thoreau

Si pudiéramos mirar entre las fauces de la soledad a la que tanto miedo tenemos, descubriríamos que no son las fauces de un tiburón sino las encías de un pececillo de acuario.

¿Por qué encontramos desagradable estar solos, o tenemos miedo a estarlo? Cuando éramos bebés dependíamos de otra persona para satisfacer nuestras necesidades. Teníamos que estar cerca de alguien para poder sobrevivir. Al crecer, podríamos haber asociado el estar solos con la incapacidad de obtener lo que necesitamos. No es de extrañar entonces que la necesidad de estar conectados se anteponga al deseo de estar solos.

Trece motivos para no tomarse la soledad que se desea

- Creemos que es egoísmo.
- Creemos que es un lujo frívolo y caro.
- En estos momentos es algo pionero, y no es cómodo ser pionero. «[No estamos] acostumbrados a las alegrías de la soledad» (Edith Wharton).
- Imaginamos que se nos va a aparecer la verdad de nuestra vida, y que tal vez no seamos capaces de enfrentarla.
- Es difícil admitir que se la desea.
- Sentimos vergüenza de dar «una apasionada atención a la propia vida» (Virginia Woolf).
- No sabemos qué hacer en el tiempo que estamos solos.
- Tememos que nos guste y deseemos más.
- Nos han «advertido de los vicios solitarios» (Jessamyn West).
- Equiparamos tiempo a solas con cuarentena.
- Tenemos que reunir la energía para pedirlo y defenderlo.
- Tememos ofender a alguien si se pide.
- Suponemos que nos van a tildar de antisociales o excéntricos.

Es difícil aprender a practicar adrede el arte de la soledad. Y, sin embargo, una vez que se hace, es increíblemente precioso.

Anne Morrow Lindbergh

¿Entonces para qué hacerlo? ¿Para qué darse el trabajo de arriesgar todo esto por conseguir un tiempo a solas? ¿Qué obtenemos con la soledad? ¿Cuál es la compensación?

- Se puede pensar y barajar posibilidades.
- Los estudios indican que se resuelven mejor los problemas a solas que acompañado por el cónyuge.
- La soledad mejora la calidad de la vida.
- Cuando se está con otros, la experiencia es más gratificante.
- La soledad es necesaria para desarrollar creatividad.
- La soledad es requisito para trabajar el método del Teatro Interior: incluso veintiún segundos de soledad te han dado percepciones que no tenías antes.

> Hay voces que oímos en soledad, pero que se apagan cuando entramos en el mundo.
>
> *Ralph Waldo Emerson*

¡Recuperemos esas voces!

- Las malas relaciones, la personalidad tipo A, la falta de sueño y la depresión se exacerban por la falta de tiempo a solas.
- La soledad da la oportunidad de volver a la calma interior, da una renovada percepción de lo que realmente deseamos, eliminando por lo tanto la necesidad de sabotaje (entre otros, de sabotaje al peso, al trabajo y a las finanzas).

- La soledad «alimenta el alma» (Anne Morrow Lindberg).
- La reducción de los estímulos durante el tiempo a solas disminuye la negatividad y mejora la atención, contribuyendo a reparar la capacidad de pensar con claridad, ser creativo y mantener la serenidad emocional.
- En la terminología religiosa, «soledad» significaba la experiencia de la unión con Dios.

    No es nada agradable la compañía de los «nunca descansados».

Sarah Ban Breathnach, en Simple Abundance

No es insólito el hecho de que un requisito básico para la vida no sea evidente, observa Ester Schaler Buchholz. «Pongamos por caso la sed. Por lo general bebemos lo suficiente en las comidas normales. Pero incluso en estado de deshidratación no se siente sed necesariamente. Lo mismo ocurre en la necesidad de soledad. Antes, la necesidad de estar a solas se satisfacía más o menos en el curso de la vida normal. Actualmente pocos reconocen esta pérdida. Socialmente el estar a solas se considera con desconfianza o extrañeza, cuando no con censura. La gente asocia la soledad con un riesgo innecesario y con ser antisocial. Agradecemos el «tiempo libre» para ocuparnos de nuestras cosas, como los presos a los que se les concede libertad condicional.»

En el libro ilustrado de Shel Silverstein, *The Missing Piece* [La pieza que falta], un círculo rodante recorre el mundo en busca de una pieza en forma de cuña, como un trozo de tarta, que le falta en el lugar donde tiene la boca. Finalmente encuentra la pieza que encaja bien en la abertura. Entonces, cuando el círculo está completo, rueda más rápido, tanto que no puede ingerir vida; con la pieza encajada en la boca tampoco puede cantar. Esta historia ilustra a la perfección el problema de encontrar a nuestra «mitad mejor».

Una cosa peor que estar solo: desear estarlo.

Bob Steele

Hay más maneras y motivos para sabotear una relación que tribunales en este país. A algunas personas simplemente les encanta el drama que provocan, que se puede comparar con el golpeteo de las olas contra la rocas de la orilla. Algunas niegan que les disguste el sexo opuesto mientras al mismo tiempo están empeñadas en destruirlo. Otras están convencidas de que son indignas de amor, y cuando se presenta una persona que quiere amarlas tienen que demostrarle que está equivocada. La complejidad del sabotaje a la relación de pareja es más evidente porque hay que tomar en cuenta a dos conjuntos de directores internos.

Si sospechas que podrías tener el deseo de sabotear una relación (sobre todo si repasas tu historial), puedes aplicar el método del Teatro Interior para descubrir qué hace por ti este sabotaje.

Decidí centrar la atención en la apurada situación de los Solitarios porque con mucha frecuencia se pasa por alto. Yo creía que los Solitarios naturales eran menos de un 10 por ciento de la población, pero estudios recientes y mi observación dicen que esa cifra está más cerca del 30 por ciento. Y de todos modos, aquellas personas que están emparejadas y son felices por vivir con otra persona también necesitan tiempo a solas. Ten en cuenta que tu pareja o cónyuge podría marcharse o morir, pero tus Directores Internos estarán siempre contigo. Es importante que te hagas el regalo de la soledad y te mantengas en contacto con ellos.

12

La actitud, el «¿Y ahora qué?» y soluciones

Acabo de poner tres dólares en la máquina del cambio y sigo siendo yo.

Jay Trachman

Cuando yo tenía diez años, en mi libreta de notas había un rubro que se incluía en la evaluación del comportamiento. No me gustaba entonces y sigue no gustándome ahora. ¡Si de mí dependiera, haría que fuese *ilegal* la mención de este rubro en la Evaluación de Rendimiento de un empleado! El rubro era: actitud.

Creo que uno tiene derecho a su actitud; y sé que no siempre tengo una buena. Afortunadamente, no se exige.

¿Y qué es la actitud, por cierto?

Actitud es una combinación del estado de ánimo y de perspectiva. El estado de ánimo es cómo te sientes hoy; la perspectiva es como ves el mundo. Tú y yo tenemos derecho a esas cosas.

Pero actitud es actitud y comportamiento es comportamiento. ¡No son lo mismo! Comportamiento es lo que veo y oigo que haces. Si alguien dice que tienes mala actitud, lo hace debido a lo que ha visto u oído.

> Se cambian neumáticos,
> se cambia de zona horaria,
> se cambian los planes,
> se cambian canales,
> se cambia de opinión,
> se cambian las sábanas,
> se cambia el nombre,
> pero *¿cómo se cambia de actitud?*

Si le pides a alguien que «cambie su actitud», ¿qué es lo que debe cambiar?

Imagínate que trabajas para una empresa como jefe de los recepcionistas que atienden el teléfono. Hay un recepcionista que contesta el teléfono con una voz reservada para vender pescado y dice: «Acme Company, ¿qué *@#&! quiere?»

En calidad de jefe, puedes decirle a ese empleado que «cambie de actitud», y ¿qué podría ocurrir? Podrías obtener una reacción defensiva. O puedes darle una orden del estilo: «Quiero que cambies dos cosas en la manera de contestar el teléfono. Quiero que digas "Acme Company, ¿en qué puedo servirle?". Lo segundo que has de cambiar es el tono de la voz, tiene que ser más alegre, más simpática. Así pues, cambia esas dos cosas, las palabras y la manera de decirlas. ¿Entendido? De acuerdo, entonces».

Has dado una orden a esa persona como un director de escena a un actor. El recepcionista sabe concretamente qué cambios debe hacer, y tú no te metes con su actitud. Quieres que esa persona haga el papel de un recepcionista agradable.

No es asunto tuyo si tus empleados o tu cónyuge o tus hijos tienen malas actitudes. Tienen derecho a sus malas actitudes si las quieren. Y tú también.

Sencillamente no es lógico esperar que uno se sienta a gusto todo el tiempo.

Barbara Sher

Un catedrático de una universidad del Medio Oeste explicó una vez: «Trabajé varios años en una universidad; no me gustaba mi horario, no me caía bien el decano, y tampoco me gustaba esa universidad. Mi actitud era horrorosa. Pero hice un buen trabajo mientras estuve ahí. Mis alumnos no tenían por qué saber que yo tenía mala actitud. No me hacía acompañar por un comportamiento horroroso».

Si tienes una actitud fabulosa, pues, maravilloso. Lo pasarás mejor y probablemente las cosas te serán más fáciles. Pero cuando hay cierre de departamentos, despidos, paro, reducción de personal, atascos de tráfico, intrigas de oficina y un personal que no se pone de acuerdo sobre cómo colgar el papel higiénico, bueno, entonces es cuando necesitas mi información. Algunos tratamos de pasar por esas épocas suponiendo que de alguna manera nos va a surgir una buena actitud. No haríamos nada si tuviéramos que esperar la actitud correcta.

Está bien que tengas una mala actitud, y está bien que yo tenga una mala actitud. A todo el mundo que ha trabajado para mí les he dicho que tienen derecho a tener una mala actitud. Lo que no está bien es tener un mal comportamiento, un comportamiento falto de cortesía, cooperación y creatividad.

La actitud no es el comportamiento. La actitud es actitud. El comportamiento es comportamiento. La magia, lógicamente, es que si cambiamos el comportamiento (y actuamos con cortesía, cooperación y creatividad), descubrimos que nuestra actitud mejora sola.

Los empleados tienen vidas fuera del lugar de trabajo. Algunos están en trámites de divorcio, tienen hijos con problemas de droga, tienen padres ancianos que necesitan atención, podrían tener problemas económicos. Pero cuando se crea un ambiente de trabajo en el que se espera que todos tengan un comportamiento fabuloso, *pase lo que pase*, ocurre lo siguiente: los empleados acuden al trabajo como a un refugio. Una vez que cogen el ritmo, alrededor de las diez de la mañana ya están con buena actitud.

La actitud es como un cachorrito que te va a seguir a todas partes, ¡cuando empieces a moverte!

No tengo una actitud fabulosa hacia la comida ni hacia el peso. Cualquiera que haya deseado bajar unos cuantos kilos sabe que no me despierto por la mañana diciendo: «¡Uy, qué bien! Otra vez tengo que arreglármelas con el apetito de un oso y esa comida. ¡Qué suerte la mía!» No, ¿buen comportamiento los 365 días del año, sin días libres, sin vacaciones, todos los días de mi vida? ¿Eso es lo que me gusta? ¡No! ¿Consigo mantenerme en mi peso? ¡Sí! No hace falta tener una actitud fabulosa hacia eso, ¡afortunadamente! Sólo tengo que aceptarlo y arreglármelas. Si fuera por mí, el helado de crema sería verdura. Pero no lo es. Y no existe ni un plan de comida ni una píldora milagrosa que permita a Alyce comer lo que desea y en la cantidad que desea, y seguir teniendo la talla que desea. Créeme en esto.

Si la actitud determinara la altitud, yo estaría bajo el agua.

Dile a las personas que trabajan para ti que tienen derecho a tener malas actitudes. Te mirarán como cachorros a los que intentas enseñarles a jugar al ajedrez. Explícales concretamente qué tipo de comportamientos exiges en el lugar de trabajo. Y punto. Explícales cómo es y cómo suena actuar con cortesía, cooperación y creatividad (cuando era jefa hice eso y sé que es posible). Luego explícales que siempre que piensen que no pueden actuar con cortesía, cooperación y creatividad, hay una solución.

Hay un pequeño impreso que normalmente llega cada semana y los empleados ponen su firma en él. Cuando firman quiere decir que aceptan trabajar con cortesía, cooperación y creatividad. Así, cuando creen que ya no pueden hacerlo, lo único que tienen que hacer es no firmar el impreso. El impreso es su paga.

Cada vez que pones tu firma en el impreso de tu paga aceptas jugar según las reglas de la empresa. Si aceptas esas reglas, ¿de quién son? Son *tus reglas*.

Es más fácil obligarse a representar una nueva forma de pensar que imaginarse en una nueva forma de actuar.

Cuando pagas 60, 80, 200 o 300 dólares por una entrada a un concierto de alguien importante y pagas el aparcamiento simplemente para dejar tu coche para asistir a ese evento, y llegas a tiempo y esperas pacientemente en tu asiento, no te importa si Merle Haggard, o Barbara Streisand, ha tenido un mal día y su actitud está igual de mal. Esperas que suba a ese escenario a tiempo y dé todo lo que tiene para dar. Esperas una actuación magnífica, sea lo que sea lo que ella esté experimentando en esos momentos.

¿Por qué hemos de esperar menos de un agente de alquiler de coches, un cajero o un funcionario? A todos nos pagan por estar ahí en el escenario del puesto de trabajo y actuar.

Ya seamos vicepresidente de banco, enfermero o dependiente de tintorería, tenemos derecho a una mala actitud. A lo que no tenemos derecho es a un mal comportamiento.

En una entrevista en *60 Minutes*, Katherine Hepburn dijo: «No apruebo mi actitud».

> Obligarse a tener una actitud positiva es la manera más segura de no hacer algo.
>
> *Barbara Sher*

Así pues, la próxima vez que sientas deseo de pedirle a alguien que «cambie de actitud», concéntrate en los comportamientos concretos que deseas que cambie. Pregúntate: «¿Qué me da la impresión de que esta persona tiene mala actitud? ¿Qué hace concretamente que me hace pensar eso?» Será algo que puedas ver u oír. En la lista podría estar: tono de voz, silencio absoluto, lenguaje corporal, dilación, compromisos no cumplidos, desidia.

La próxima vez que alguien te pida que «cambies de actitud», pídele que te dé información más concreta; si no lo preguntas, es posible que cambies un comportamiento que no había que cambiar.

Es más fácil hablar de comportamientos que de actitudes.

¿Pero no es mentir actuar de una manera y pensar de otra? Bueno, ¡bienvenido al planeta Tierra! Es más fácil y más rápido cambiar el comportamiento y *actuar como si*. Luego *siente* cómo cambia tu actitud.

> No podía esperar el éxito, así que seguí adelante sin él.
>
> *Jonathan Winters*

Me contrataron para dar mi curso de comunicación a un grupo de empleados de hospital. Cuando llegué a la sala, observé que había más personal que el de costumbre. Me explicaron que sólo la tarde anterior había habido un gran número de despidos; incluso despidieron a empleados que estaban muy cerca de la jubilación. «Así que el personal va a estar sangrando emocionalmente», añadieron. Les pregunté si de verdad querían seguir con el curso. Me explicaron que se habían reunido a las dos de la madrugada de ese día a discutir ese asunto. Y sí, habían decidido continuar con las cosas «como siempre».

Mi curso de comunicación es una sesión muy animada e interactiva, de modo que yo esperaba que tal vez podría quitarles de la cabeza la situación laboral; estaban enfrentados a mucho más trabajo por hacer y menos personas para hacerlo. Dado que enseño comunicación desde el punto de vista del comportamiento, introduzco la parte sobre la actitud. Bueno, cuando llegué a esa parte se produjo un cambio en la sala. Observé hombros que se hundían y vi aparecer surcos de tensión en las caras. «Lo que me gusta de su programa —me dijo una enfermera— es su actitud hacia la actitud. En estos momentos no tengo una buena actitud hacia el hospital. Me siento mucho mejor ahora que puedo tener mi mala actitud. Me hará mucho más fácil el buen comportamiento. Y, ¿sabe?, mis pacientes no tienen por qué saber que tengo una mala actitud.»

Bueno, eso es profesionalidad. Cualquiera que sea capaz de subir al escenario y cantar su canción con el corazón latiendo en el suelo, puede contarse en la categoría de profesional.

Por suerte no es necesario tener buena actitud. Eso me alivia, porque si hubiera sido necesaria una buena actitud para quitarme el peso, todavía pesaría más que Jesse Ventura. Si tuviera que tener buena actitud para hacer a tiempo mi declaración de renta o escribir una novela o dar un discurso en el mismo estrado que Henry Kissinger, no sería capaz de hacer esas cosas tampoco. Puedo sentirme frustrada, asustada o intimidada, y todas esas cosas simplemente significan que soy humana. Así pues, date unas palmaditas en la espalda por ser humano y hazlo.

Actúa como si fuera imposible hacerlo mal.

Dorothy Parker

Ahora voy a explicar cuatro escenas de una vida típica. Todas son situaciones reales que me han contado las personas que las vivieron.

«Apalabré el alquiler de una casa, matriculé a mis hijos en otra escuela, y ahora resulta que no me alquilan la casa. Mi mujer se va a enfadar tanto que...»

¿Y qué? ¿Y ahora qué?

«He comido bien, me he tomado todas las pastillas que me dio el doctor, y sin embargo desde hace dos semanas tengo el azúcar en más de doscientos ochenta y cinco. He hecho todo lo que me dijeron que hiciera...»

¿Y qué? ¿Y ahora qué?

«El gandul de mi hijo adolescente, vestido de negro, con pelo teñido y botas de combate... Acaba de llamar el director del colegio; dice que mi hijo no ha ido a clases desde hace tres días. Éste es el hijo que yo deseaba ver titulado en West Point...»

¿Y qué? ¿Y ahora qué?

«Tengo un perdedor en mi equipo en el trabajo. Lo he probado todo para hacerle posible triunfar. Se aprovecha de todo el mundo. Y todos me consideran tan buen jefe, me gusta que todos me encuentren un tío simpático...»

¿Y qué? ¿Y ahora qué?

Tenemos que dejar de engañarnos respecto a la casa: *tienes que buscar otra*; respecto al azúcar en la sangre: *eres dia-*

bética, ve al médico a ver qué pasa; respecto a West Point: *no eres tus hijos*; respecto al perdedor: *¿va a mejorar su rendimiento esta persona alguna vez?* (No olvides que, cuando dejamos de mentirnos, ocurre algo: éxito.)

Cuando dices: «¿Y qué? ¿Y ahora qué?», permites que ocurran tres cosas:

1. Puedes tomar la situación como *información*.
2. Puedes idear una *estrategia*.
3. Puedes *actuar*.

Hay una simpática historia de un hombre que desde hacía treinta años llevaba su próspero negocio en la misma esquina. Era barbero y poseía su pequeña barbería. Había enviado a sus dos hijos a la universidad, y su hija estaba en el instituto. Todo parecía ir muy bien cuando de pronto una promotora inmobiliaria instaló uno de esos centros comerciales tipo corredor justo frente a su barbería. Uno de los negocios era una peluquería, con licencia de una famosa, con un enorme letrero en el escaparate: «Corte de pelo: $ 6». Cuando el barbero vio este letrero, entró corriendo en su barbería y se puso a hacer números. Llegó a la conclusión de que no podría ni pagar el alquiler si cobraba sólo 6 dólares por corte de pelo; se arruinaría su barbería, y su hija no podría ir a la universidad.

Angustiado fue a ver a su rabino y le dijo: «He estado treinta años en esa esquina; siempre he cumplido fielmente con todos mis pagos y he tenido un buen negocio. No tendré dinero para la matrícula en la universidad. Mi hija…» El rabino, en su infinita sabiduría, lo miró y le dijo: «¿Y qué? ¿Y ahora qué?»

Anonadado, el barbero volvió a su barbería. Miró el enorme letrero del otro lado de la calle y miró su pequeño negocio. Finalmente buscó y encontró un tablón doble, de esos para anuncios de bocadillos por ambos lados, más o menos de 1,20 metros de alto por 90 centímetros de ancho, y lo puso delante de la puerta de su barbería, y escribió con letras grandes: «Arreglamos cortes de pelo de $ 6».

El «¿Y qué? ¿Y ahora qué?» pone las cosas en perspectiva como ninguna otra cosa. Cuando todo es caos y torbellino alrededor, podemos inyectarnos poder diciendo: «¿Y qué? ¿Y ahora qué?» Cuando estés tan asustado que creas que todos verán cómo te temblequean las piernas, di: «¿Y qué? ¿Y ahora qué?» Cuando deseas comprar algo maravilloso y justo descubres que en lugar de eso tienes que comprar neumáticos nuevos…, ese es un gran «¿Y qué? ¿Y ahora qué?» Sabes lo que necesitas hacer.

13

Minas terrestres

¿Quién sabe cómo hacer perdurar el amor?

Tom Robbins

Lo sepas o no, estás rodeado por un campo minado. Tú lo creaste; echémosle una mirada.

Tu campo está minado por las cosas que te enfurecen. A estas minas podrías llamarlas «pulsadores calientes», porque cuando alguien cae en ellas, te hierve la sangre. Entre tus minas podría haber cosas como promesas rotas, saleros con la sal atascada, el Departamento de Vehículos Motorizados, los manuales de ordenador y las llamadas telefónicas no contestadas. Para muchas personas estas cosas son simplemente irritantes, pero para otras son minas importantes.

Has de tener presente dos cosas respecto a estas minas terrestres:

1. Son solamente tuyas. Jamás se pone tan en evidencia nuestra maravillosa naturaleza excéntrica que cuando estamos enfadados. Lo que nos saca de

quicio ni siquiera interesa a los quicios de otras personas.

2. Tienes que reconocer y decir dónde están esas minas. No supongas que los demás van a adivinar dónde están.

Cuando se capta el concepto de minas terrestres, la vida se hace más fácil. Esto también te permite hacer un interesante trabajo con las personas de tu vida que se autosabotean.

Podrías ser una persona de carácter bastante apacible, lo que significa que estás rodeado por un campo poco minado. No hay muchas cosas que te enfurezcan de veras. Pero cuando Tom Brockaw dice su parte en el «Fleecing of America» [Trasquiladura de Estados Unidos], te subes por las paredes. Si los militares gastan en un solo martillo más de 500 dólares, juras que te vas a volver loco. Cuando oyes uno de esos reportajes, eres capaz de hacer un monólogo de quince minutos sin parar en el que entra tu «dinero arduamente ganado», tu factura de impuestos del año pasado, el déficit, la reforma impositiva, las campañas que financian el salario mínimo y luego trabajan gracias a él, la «seguridad desde la cuna a la tumba» y los parques nacionales. Si nadie te interrumpe, tu parrafada se podría remontar a lo que ganabas de niño repartiendo diarios, el fin de la proporcionalidad en los ingresos, y acabas enviando un insultante *e-mail* a tu senador. Eso está bien; al menos sabemos dónde están colocadas tus minas. Tu unidad conyugal podría advertir eso y prepararte una cena que te distraiga durante la próxima emisión de Tom.

En realidad no te conoces si no sabes dónde están tus minas terrestres. Por desgracia, nuestra manera de descubrirlas es que alguien caiga en una de ellas. No sabías que podías enfurecerte tanto hasta que recibiste un tique de aparcamiento y sabes que pusiste suficiente dinero en el parquímetro.

Ley n.º 1 de Minas terrestres para una persona racional: Es injusto enfurecerse con alguien cuando cae por primera vez en una de nuestras minas. Entre las excepciones a esta regla está cualquier cosa que amenace nuestra seguridad física. En las clases de defensa personal deberían enseñar a reaccionar con dureza en situaciones peligrosas. Otra excepción serían actos flagrantes de estupidez que amenazan nuestra propiedad o seguridad (el alojado por una noche que lleva drogas a la casa, por ejemplo). En situaciones obvias como esa hay carta blanca para manifestar la furia.

Ley n.º 2 de Minas terrestres para una persona racional: Localizar las minas y comprender qué son, aunque no se sepa por qué están ahí. Comprender el por qué no es necesario. Acepta tus rarezas.

Ejemplo: Supongamos que por motivos desconocidos le tienes aversión a ver pepitas de manzana dentro de un vaso. Tú no sabías que eso era una mina terrestre para ti, porque nunca habías visto cosa semejante. Entonces un día tu cónyuge, que está leyendo en la sala de estar, toma un vaso de leche y una manzana. Un rato después pasas por la sala y ves que tu pareja se ha marchado a hacer otra cosa y ha dejado el vaso ahí, y dentro del vaso, los restos de la manzana. Esto lo encuentras repugnante y te enfurece; te sube unos cuantos puntos la presión arterial y tus muelas se entrechocan.

En ese momento te dices esta rabia es irracional, esto no es para tanto. Si esa es tu reacción, quiere decir que has elegido la ruta lenta hacia la locura, via represión y agresividad pasiva. Ese día te desquitarás de tu cónyuge y no sabrá por qué; probablemente tú tampoco lo sabrás. Le dejarás abierta su pluma favorita, cogerás el último trozo de pizza o dejarás encendidas las luces en su coche.

Otra reacción podría ser coger el vaso y gritarle al cónyuge «malhechor» por lo haragán/ana y repugnante que es. Esa es una opción. Algunas parejas se comunican bellamente de esa manera. Tu pareja podría gritarte que estás loco/a y tú le contestas sí, «pero eso ya lo sabías cuando te casaste conmigo», y entonces él/ella te da un beso y dice que ese fue el mejor día de su vida. Esta escena es posible, pero poco probable.

¿Pero y si hicieras lo siguiente?

Coges el vaso con las pepitas de la manzana, lo llevas a tu pareja y le dices: «Esto te va a parecer raro, pero, ¿sabes?, parece que le tengo aversión a las pepitas de manzana dentro de un vaso. No sabía que tenía enterrada esta mina terrestre, pero te lo digo, esto es una mina terrestre para mí. Haznos a ambos el favor de que cuando te comas una manzana, no dejes los restos en un vaso, ¿de acuerdo?»

Ley n.º 3 de Minas terrestres para una persona racional: Si los demás han sido notificados así, se les ha de permitir caer tres veces en las minas antes de que tú estalles. ¿Por qué tres?

Es probable que la primera infracción se haya debido a total ignorancia de tu peculiar mina terrestre. La segunda es un desliz (¡Uy, lo olvidé!). Pero la tercera infracción es un mensaje.

Podría llevar años de vida en común localizar muchas de tus minas, y eso es lógico si son raras, simplemente tienes que responsabilizarte de ellas. Sé todo lo excéntrico que quieras, pero comunícalo a tu pareja para que tenga la oportunidad de tener éxito contigo. Si os habéis puesto de acuerdo en el concepto minas terrestres y le has explicado claramente lo de las pepitas de manzana en el vaso, has reconocido y dicho tu parte en eso.

Imagínate que tu pareja deja por tercera vez el vaso en la sala de estar, y con pepitas de manzana dentro. Esto ya no es un vaso con pepitas de manzana. Ahora es un mensaje. Es tentador decir que el mensaje es «malo», pero tal vez no lo es. Si vives con alguien que no desea esa relación, ¿no querrías saberlo?

Si eres verdaderamente racional (o, como decimos en inglés, *santamente* racional), podrías ir donde tu pareja con el vaso en la mano y repetir la petición de que esperas no volver a ver nunca en tu vida un vaso con pepitas dentro. Luego le preguntas si hay algún comportamiento odioso tuyo que pudieras trocar por no volver a ver otro resto de manzana en un vaso. Tu pareja podría contestar, por ejemplo: «Sí, tiras el diario antes que yo pueda leerlo». De acuerdo, propones no tirar el diario a cambio de no ver el resto de manzana en un vaso. Esto se llama negociación de comportamiento. Funciona con cónyuges, adolescentes, compañeros de habitación, padres y empleados.

Una vez troqué «avísame con tiempo que necesitas dinero para el colegio» por «cantando bajo la ducha». La petición de último momento («necesito veinte dólares») de mi hija adolescente normalmente venía al día *siguiente* de haber hecho mi depósito en el banco. Un par de peticiones de más planificación y más tiempo no funcionaron, de modo que sugerí un trueque de comportamiento. Ella me pidió que «no cantara en la ducha»; yo ni siquiera sabía que cantaba en la ducha. Ambas peticiones se respetaron y prevaleció la paz.

¿Qué ocurre si sigue sin respetarse la petición? Digamos que has cumplido tu parte del trato, e incluso has hecho dos subscripciones al diario y jamás tocas el de tu pareja. ¿Y si sigues encontrando vasos con pepitas de manzana en la sala de estar? Has sido buen campista y has respetado tu parte del acuerdo. Es probable que te pase por la mente que se trata de un comportamiento adrede, ¿verdad?

La reacción agresiva sería: «George, si vuelvo a encontrar un solo vaso más con pepitas dentro, voy a rociar con pintura tu camisa de suerte en el juego».

La reacción agresiva pasiva sería: Rociarle todas las manzanas con un potente laxante.

¿Qué harías? ¿Cuál es el mensaje de las pepitas de manzana?

Ley n.º 4 de Minas terrestres para una persona racional: Sabe que los demás también tienen un campo minado y que sin darte cuenta podrías caer en una mina. Si se produce una explosión, explícale a la persona el concepto de minas terrestres y que si hubieras sabido que había una mina ahí la habrías respetado. Ahora que lo sabes prometes evitarla en el futuro porque tu relación con esa persona es importante para ti. A no ser, claro, que no lo sea.

Ley n.º 5 de Minas terrestres para una persona racional: ¡No te molestes en tratar de persuadir a alguien de que quite sus minas! Eso es una infructuosa pérdida de tiempo además de insultante. Es mejor decir: «¡Caramba! Esto es una mina boba, pero muy bien, lo entiendo. Puedo arreglármelas».

Una pareja tenía una técnica sencilla que podría ser buen consejo para cualquier tipo de relación. Compartían un diario en que debían llenar los blancos. Vivían juntos, pero también reconocían la importancia de la comunicación escrita. Su sistema con el diario era así: completa dos frases:

«Me encanta que/cuando _____»

«Me fastidia que/cuando _____»

Respetaban la idea de que ninguno de los dos era capaz de leer la mente, y su objetivo era educarse o formarse para continuar enamorados. La regla es que tienes cuarenta y ocho horas para llenar los blancos y pasarle el diario al otro. El otro tiene cuarenta y ocho horas para completar las mismas dos frases y devolverlo. En el diario había escritas cosas como las siguientes:

«Me encanta cuando repones el papel higiénico en el portarrollo.»

«Me fastidia que dejes los zapatos en la escalera.»

«Me encanta que me rasques la espalda.»

«No me gusta cuando estás lejos».

Still Life With a Woodpecker es una novela de Tom Robbins; en ella trata el problema de continuar enamorado. La mayoría estaríamos de acuerdo con Robbins en que la dificultad en las relaciones no es enamorarse sino desenamorarse.

Suponemos que «si me amaras sabrías qué deseo», y eso es muy injusto. Lo que uno desea no es obvio. Para toda relación duradera se necesita una cierta cantidad de formación, y eso va para jefe/empleado, padre/hijo-a, marido/ mujer y comprador/proveedor.

Un jefe que piensa si no tendrá un empleado saboteador puede ir y decirle: «Puedes hacer lo que quieras en nuestro lugar de trabajo, pero lo único que no debes hacer jamás es pulsar este botón rojo que ves en esta pared. Ese es el único requisito para un largo y feliz empleo con nosotros». Luego observa cuánto tiempo tarda esa persona en pulsar el botón rojo. Hablo simbólicamente, pero captas el concepto. Sé muy claro en explicar los comportamientos que exiges (qué merece recompensa y qué merece penalización), y luego observa qué ocurre.

Ley n.º 6 de Minas terrestres para una persona racional: Respeta las pequeñeces.

Hoy en día hay una tendencia a absolver de responsabilidad moral a las personas y tratarlas como a víctimas.

Lo que limita a las personas es la falta de carácter.

Lo que limita a las personas es que no tienen la imaginación para protagonizar su propia película, y mucho menos para dirigirla.

Tom Robbins

14

Cómo evitar contratar al empleado saboteador

Te han ascendido a supervisor o jefe/director de departamento. Jamás en tu vida has contratado a nadie, y se espera que instantáneamente lo hagas bien, y ya.

Contratar personal no es sólo un rubro en tu descripción del trabajo; te juzgarán según lo bien que lo hagas. Los superiores observarán el movimiento de tu personal, en especial a los empleados que has contratado tú.

Contratar es una actividad esencial, y tu éxito como jefe depende de lo bien que sepas encontrar, entrevistar y seleccionar a cada persona que trabaja para ti. De pronto, contratar personal deja de ser esa molestia que tienes que meter con calzador en tu día ya ajetreado: si eres un jefe listo, comprenderás que es tan esencial como la electricidad en la sala de urgencias de un hospital. Sin ella, eres hombre muerto.

Nunca he tenido que despedir a nadie que yo haya contratado.

En parte esto ha sido suerte, y en parte se ha debido a los siguientes consejos que vas a leer ahora. Espero que leas esto antes de contratar a alguien, para que tú también puedas decir: «Nunca he tenido que despedir a nadie que yo haya contratado». Si ya lo has hecho, entonces podrás decir: «Nunca he tenido que despedir a nadie que yo haya contratado después de leer los consejos de Alyce».

Dado que alrededor del 50 por ciento de los estadounidenses han saboteado un trabajo por lo menos una vez en su vida, ¿cómo puede el jefe hábil evitar contratar al empleado saboteador?

1. *Reconoce lo seria que es la misión de contratar y pon tu atención en ella.* Por muy ocupado que estés, no delegues este trabajo. Si eres fanático del control, no necesitas oír esto.

2. *Comprende que el empleado saboteador viene en cuatro sabores: ponte las antenas para descubrirlo.* Las motivaciones que se ocultan tras un empleado saboteador pueden ser muy diversas, desde ser un quejica que no desea que nadie triunfe, hasta desear secretamente establecer su propia empresa sin siquiera saberlo; está esperando el despido para tener un pretexto. En cuanto jefe, no tienes tiempo para descubrir los porqués del sabotaje, sólo necesitas descubrir al saboteador en potencia para eliminarlo de tu lista de candidatos. Si te equivocas muchas veces en la elección, los superiores querrán eliminarte a ti.

Sabotajes de los empleados: *al tiempo, a cosas, al espacio y a la información.* Sabotean los objetivos de la empresa, a los demás empleados, al plan estratégico, al equipo, pero el cómo lo hacen se revela y resume en: tiempo, cosas/objetos, espacio e información.

Sabotaje al tiempo es, por ejemplo: dejar para después, incumplir plazos o fechas tope, llegar tarde al trabajo por cualquier motivo, darse descarados festines de cháchara y largos almuerzos, trabajar hasta tarde con demasiada frecuencia (esto no es una señal de dedicación al trabajo sino señal de mala administración del tiempo y de ser un mártir en potencia), hacer perder el tiempo a todos con reuniones aburridas e innecesarias, dedicarse a jugar en el ordenador largos ratos, no respetar el tiempo de los demás.

Sabotaje a cosas es, por ejemplo: hacer mal uso de los fondos de la empresa (el dinero es una cosa), llevar mal los archivos, estropear constantemente los sistemas audiovisuales, averiar el equipo, derrocharlo todo, desde el papel a la gasolina, usar cosas de otro empleado sin permiso, perder cosas, colocar las cosas donde no corresponde, dejar en mal estado las herramientas o instrumentos comunes fastidiando a la persona que las ha de usar después (desde fotocopiadoras atascadas a retroexcavadoras).

Sabotaje al espacio es, por ejemplo: ocupar más espacio del necesario, no comprender que cada palmo cuadrado tiene su valor en dinero y actuar en conformidad, invadir el espacio de otro empleado con sus cosas o con su cuerpo, dejar cualquier espacio (desde el vestuario a la sala para almorzar) en estado menos deseable que el que estaba, usar espacios para actividades ajenas al trabajo.

Sabotaje a la información es, por ejemplo: no incluir a participantes claves en una reunión, no devolver las llamadas

303

telefónicas, dejar mensajes por correo electrónico o por teléfono diciendo solamente «contacte conmigo» en lugar de hacer la petición o el pedido, reservarse información importante, «olvidarse» de informar a los demás para que puedan hacer bien algo, dar información errónea «por casualidad», incluir inexactitudes en currículums o solicitudes de empleo, ocultar información sobre clientes, mentir a la prensa o a compañeros de trabajo, o *a cualquiera*.

El presidente de Estados Unidos es un empleado federal, y cada vez que hemos sometido a proceso de incapacitación para su cargo a uno de ellos, se ha debido a que han saboteado estos cuatro elementos. El sabotaje del empleado no es exclusivo de los puestos de bajo nivel de ingresos.

Minicuestionario

El administrador municipal de una ciudad bastante grande de Estados Unidos fue noticia de primera plana cuando lo arrestaron por robar unas gafas de sol de 9 dólares; su salario era millonario. Esto hacía interesante la noticia; lo que la hizo fascinante fue que esa no era la primera vez que lo pillaban robando; la policía local había hecho la vista gorda al primer delito debido al puesto del hombre.

Vamos a ver, alumnos, ésta es una historia real. ¿Qué deducís del comportamiento del administrador municipal?

Si has dicho que está loco y necesita terapia, probablemente tienes razón, pero deja esas elucubraciones para otros; no es asunto nuestro. Lo que sí es asunto nuestro, particularmente en los funcionarios gubernamentales es: este hombre está saboteando su puesto de trabajo. Su mensaje es: «No deseo ser administrador municipal».

¿Entonces por qué no dimitía?, podrías preguntar. No dimitía porque no sabía que no deseaba ser administrador municipal (o para decirlo con mis palabras, no sabía que había una parte de él que no quería seguir siendo administrador municipal), y en el caso de que lo supiera, no podía admitirlo, por los motivos que fueran. Y, podríamos sospechar, el elemento de humillación pública era algo que deseaba. No olvidemos ese feo fenómeno del comportamiento humano que nos hace recrear lo que «conocimos» de niños; y si tú, como el administrador municipal, fuiste constantemente humillado entonces, esperarás y te las arreglarás para atraer a tu vida esa misma humillación.

El administrador municipal obtuvo lo que deseaba: a) liberación de su puesto, b) humillación pública, c) tratamiento y compasión por su «problema», y d) ninguna posibilidad de trabajar ni continuar viviendo en esa ciudad.

¿Cómo se puede mantener fuera de *la nómina de la empresa* al administrador municipal y a personas como él?

En primer lugar, no contratarlos.

3. *El proceso de contratación comienza por el currículum vitae y la solicitud de empleo.* Así pues, pon un filtro a tu percepción cuando leas esos documentos y analízalos para ver si detectas un comportamiento saboteador.

¿Cuántos empleos ha tenido esta persona?

¿En cuántos proyectos exitosos ha participado?

¿Parece tener un don especial para elegir ropa, equipo o instrumentos de perdedor?

¿Ha elegido esmeradamente sus empleos en el pasado?

¿Cómo se presenta a sí mismo/a en la solicitud? Si quieres contratar a un contable, deberían sonarte campanillas de alarma en la cabeza si ves una solicitud escrita con una letra ininteligible, mala ortografía y sintaxis, y manchones de tinta. ¿Qué cualidades buscas en este empleado? ¿Se reflejan en el papel? No hagas caso omiso de los signos. Si quieres contratar a alguien para enyesar paredes, tal vez no te importe la mala ortografía…, tal vez.

¿En qué actividades participó en el colegio? La gente emprendedora comienza a edad temprana. Conocer sus actividades extracurriculares te deja ver también el tipo de ambiciones que tiene esta persona. Si era miembro activo de la Sociedad de Futuros Maestros de Estados Unidos, por ejemplo, ¿la vas a contratar para un puesto en que deberá estar sentada sola en una oficina sin contacto humano durante días y días? En cambio, si esta persona ganó altos premios en los Futuros Granjeros de Estados Unidos y quieres contratar guardias forestales, eso podría ser un fabuloso punto a favor. ¿Necesitas un empleado que tenga un sagrado respeto a las fechas topes, y esta persona perteneció al personal del diario o libro del año del colegio? ¡Fantástico!

Los buenos terapeutas profesionales hacen retroceder a la infancia a sus clientes con el fin de que puedan conectar una verdadera pasión con verdaderos trabajos. Cuando la persona trabaja en lo que desea, normalmente lo hace bien. El tesorero del club de ajedrez del colegio podría ser mal candidato para el trabajo de dar la alegre bienvenida a bordo.

Si tu candidato se pasó todos sus años de estudiante debajo del motor de viejos cacharros y quieres contratar mecánicos de autobús, tal vez has encontrado lo que te conviene.

En calidad de jefe has de recordar que no puedes ser todas las cosas para todos. Tu tarea como guru contratador es encajar clavijas redondas en agujeros redondos, aun cuando las clavijas cuadradas se presenten como redondas.

4. *La entrevista: Tú diriges la conversación, no el candidato.* Has de estar descansado, haberte preparado, y no hacer más de cuatro entrevistas en un día. Si la persona va a trabajar con hombres y mujeres, haz la entrevista en equipo con una persona del sexo opuesto.

Consejos para la entrevista

Haz preguntas que inviten a explayarse: Preguntas que no se puedan contestar con un sí o un no. Lo que se dice de trabajos anteriores es un fabuloso indicador de autosabotaje.

Entrevista en equipo si es posible: La entrevista en equipo te permite tomar nota especial de la frecuencia con que el/la candidato/a te mira y contesta a ti o a tu acompañante. ¿Da la impresión de querer mirar solamentre al hombre? ¿Es evidente que se siente más cómodo/a hablando con la mujer? ¿Habla solamente a la persona que está en la «posición de poder»? ¿O se comunica con igual agrado o comodidad con los dos?

Muy importante: Haz preguntas «de situación»: ¿Y eso qué es? Se trata de poner situaciones hipotéticas tomadas de la vida real en el lugar de trabajo. No hay respuestas «correctas» ni «incorrectas» para estas preguntas; son juicios acerca de la vida real.

Por ejemplo, supongamos que necesitas una persona para hacer recados. Le preguntas: «Va en dirección al banco en la camioneta de la empresa, con los cheques para pagar las nóminas y 30.000 dólares en efectivo. En la carretera tiene una avería. El teléfono móvil está sin batería. ¿Qué hace?»

Necesitas un impresor y le preguntas: «Hay tres trabajos por imprimir y cada uno requiere dos horas en prensa. Son las dos de la tarde y tienen que estar listos a las cinco. ¿Qué hace?»

Al candidato a recepcionista: «En la línea uno tiene a la madre del gerente de la empresa, en la línea dos a un airado cliente, y en ese momento por la línea 3 llama un conocido periodista, del programa *60 minutes*. ¿Qué hace?»

Al candidato a jefe: «¿Cómo llena los puestos y selecciona empleados nuevos? ¿Qué criterio sigue o cuál es su sistema?»

Haz preguntas de situaciones de equipo: Incluso puedes inventar preguntas simbólicas, por ejemplo, en qué posición le gustaría jugar en un equipo de fútbol, para evaluar su grado de adaptación o comodidad en trabajos en equipo. Si no necesitas a alguien para trabajar en equipo, no lo busques, pero ¿cuándo se da eso? Mientras no exista un puesto de «ermitaño», todos estamos conectados en cierto modo con un equipo.

Sigue la directriz de igualdad de oportunidades para todos: Esto no es un corsé, es un trabajo.

Pon atención a las frases: «Pero lo que realmente deseo es….»; «No me permitían…»; «No logré conseguir que…»; «No fue por mi culpa que…»; «Tenían un equipo fatal…»; «Lamento haber llegado tarde a…».

Observa el leguaje corporal: El problema del lenguaje corporal es que, basándose en un solo gesto o postura corporal, la gente saca todo tipo de conclusiones. Brazos cruzados significa que la persona es cerrada; bueno, no necesariamente, es una postura muy cómoda. Pero si observas mucho despliegue de lenguaje corporal interesante, deberían alzarse tus antenas captadoras de autosabotaje (cubrirse continuamente la boca con la mano podría indicar que la persona querría decir muchas más cosas; rascarse la nariz es un gesto que indica una mentira, según estudios recientes; repetidos encogimientos de hombros indican que la persona no asume responsabilidad).

Fíjate si hay incongruencias: ¿El comportamiento está de acuerdo con lo que dice el candidato? ¿Dice «izquierda» e indica a la «derecha»? «Mi meta en la vida es ayudar a todos los niños del mundo. Cogí el dinero de mi graduación y me fui en un crucero a Hawai»; o dice: «Quiero terminar de pagar los préstamos universitarios», y cuarenta segundos después comenta: «Me compré ese fabuloso equipo de cine en casa».

No llenes los silencios: El estadounidense se siente incómodo con tres segundos de silencio en una conversación, e incomodísimo con diez segundos. Deja que tu candidato llene los silencios, y verás como te dará la información que necesitas para tomar la decisión de contratarlo o no.

No hagas preguntas estúpidas: ¿Qué es una pregunta estúpida? Mi favorita es: «¿Qué le gustaría estar haciendo dentro de cinco años?» Creo que la respuesta a esta pregunta que más me gustó (hablando con el entrevistador): «Su trabajo».

Fíate de tu instinto: Los policías dicen que las víctimas casi siempre tienen una escalofriante sensación de aprensión justo antes de que ocurra el crimen. Dicen que hay que fiarse del instinto y actuar según él, *aunque vaya contra el pensamiento racional.* Este mismo consejo vale para contratar. Cuando estés a punto de acabar la entrevista, pregúntate: «¿Va a sabotear su trabajo esta persona?», y luego escucha atentamente a tu personaje interior que toma las decisiones.

Deseo sinceramente que puedas decir: «Nunca he tenido que despedir a nadie que haya contratado», porque es caro y doloroso para todos; es un factor estresante importante. La persona despedida experimenta un 200 por ciento en su grado de estrés, pero la persona que hace el despido experimenta un 500 por ciento de aumento en su grado de estrés.

Contrata bien. Duerme bien.

15

El mellizo malo/El guerrero

Tengo esas partes, la optimista y la pesimista, la deprimida y la jubilosa, y todas tienen acceso a mí y a mi trabajo.

Richard Avedon

¿Así que debes bajar de peso cuando tienes una parte más poderosa que desea conservarlo? ¿Cómo puedes escribir tu novela si no logras oír a tu escritor interno? ¿Cómo puedes tener éxito en una relación cuando una parte de ti se atrofia sin soledad?

Hemos conocido al enemigo, y es nosotros.

Pogo (Walt Kelly)

No es de extrañar que se hable de «demonios interiores», y que las personas se extrañen de sus propios comportamientos. «El demonio me obligó a hacerlo.» Los psicoterapeutas escriben acerca del Saboteador interior. Un libro que está en la actual lista de best-séllers dice que cuando uno está descarrilado por el miedo o siente lástima de sí mismo, ése es el mellizo malo del yo: el ego. Es como si una parte fea de nosotros tomara el mando cuando abrimos el refrigerador o vamos de compras.

No hay ningún «mellizo malo». Todo es el yo. E incluso aunque yo tenga un personaje interior que cree que tener peso extra (¡45 kilos!) me va a proteger, yo conservo mi peso normal. Esto se debe a que no creo que ninguna parte sea mala. Todo lo contrario; son mecanismos de supervivencia y nos quieren, y desean cuidar de nosotros. Simplemente tienen algunos cables pelados, eso es todo.

Nuestras partes, nuestras voces interiores, nos aman más de lo que nadie de fuera nos va a amar jamás. Su *expresión* de ese amor es protegernos de tener dinero, de tener salud, de tener éxito profesional o de una relación. Son astutas, desconcertantes, poderosas y eficaces. Pero este es un trabajo a jornada completa, y es posible que estén agotadas por trabajar tanto. Tanto trabajo que han hecho por nosotros, y las gracias que reciben es ser tachadas de «mellizo malo».

Hemos de cuidar de esas partes así como ellas cuidan de nosotros. Cuando nos tomamos un respiro de nuestra incesante actividad, nos callamos y escuchamos, entonces nos hablan. Entonces descubrimos lo que han estado haciendo por nosotros y por qué. Una vez que sepas que tu beneficio es protección, conexión con otros, rebelión o volver a Seattle, sé lo bastante inteligente para darte ese beneficio. Respeta, honra a tus voces, descifra sus mensajes amorosos y ámalas, dándoles lo que desean.

No hay ningún «enemigo» interior. Si hay un enemigo, sería el mundo de prisas frenéticas, continuas, que nos separa de nuestros yoes interiores. Con una lista de cosas por hacer en una mano y el teléfono móvil en la otra nos pasamos el día escuchando a todo el mundo excepto a las personas que cuentan, aquellas que tenemos dentro de la cabeza. Recibimos mensajes por *e-mail*, *v-mail* y *s-mail*; los que necesitan nuestra atención son los mensajes por *i-mail* (correo interior), los que nos llegan por nuestro *intra*net.

La próxima vez que oigas a una amiga quejarse de que no logra adelgazar, mientras se come un suculento helado de caramelo, sabe que no ha mirado su *i-mail*. Los circuitos funcionan, pero nadie contesta.

En lugar de intentar ser «más listos que el enemigo interior», ¿por qué no le damos lo que desea? En cantidad. Entonces no es necesario el sabotaje. Un popular libro de actualidad sugiere que al ego hay que decirle que se calle, y luego poner una música hermosa para no oír su voz. Pues, te diré que ni siquiera «Louie, Louie», tocado a un volumen de miles de decibelios acalla a mi equipo interior. Me inclino ante su poder y prefiero que sean mis amigos (equivocados a veces, raros, sin duda) a pensar que tengo enemigos interiores.

Eres el guardián de tus «hijos»

Fui al sur del Pacífico a hacer un curso intensivo sobre la historia, cultura y antiquísima religión polinésica. Durante una demostración acerca de una tradición, a algunos se nos eligió para ser los «guardianes» de otros alumnos que iban a reexperimentar un trauma de su pasado. Llegado el momento, ellos podían pedir auxilio a sus «guardianes», y nosotros íbamos a defenderlos y atacar a ese contrincante del pasado. Los guardianes estábamos «armados» con largos palos del tamaño de un cayado de pastor.

No hay palabras para explicarte el tipo de energía que pasó por mí cuando mi protegido, angustiadísimo, me pidió auxilio. No sólo estaba recordando, estaba *reviviendo* una situación con una cruel parienta. La golpeé con una fuerza que no creía poseer. Mi instinto de protección por ese compañero de clase me sorprendió y a él también, ciertamente. Yo era la madre tigresa defendiendo a su cachorro como si de eso dependiera algo más que nuestras vidas.

Esta sensación sólo se puede *experimentar*, no se puede aprender de alguien que te la explique. Fue una demostración verdaderamente pasmosa. Me enteré de que servir de guardián es un honor, no una obligación. Comprendí eso porque *acepté la responsabilidad* de defender y proteger, y cuando llegó el momento, la sentí con toda su furia. Me di cuenta de que, cuando me lo piden, reacciono con una intensidad tal que no deja lugar a dudas. Comprendí que tengo un guerrero interior dispuesto a responder con energía rápida y feroz para cuidar de otros.

No sabía el nombre de ese alumno, pero tuve la sensación de que una parte de mí lo protegería por el resto de su vida. No existe medida para explicar la intensidad demostrada por esa antiquísima tradición.

Antiguamente formaba parte de la vida humana defender y proteger a nuestras familias, nuestros pueblos, nuestras comunidades. Lo más que nos acercamos hoy a eso es defender el honor de de un jugador estrella en un partido de fútbol profesional. Hemos perdido el contacto con nuestros guerreros interiores porque en nuestro mundo moderno no es apropiada esa intensa fiereza. ¿O sí?

Si pude ser buena guardiana de ese compañero de clase, ¿no podría serlo también de otra persona? ¿He necesitado alguna vez un guardián para mi Yo? ¿No hay momentos en que una parte interior mía tiene necesidad de un protector, y le iría muy bien su ayuda? ¿No sería posible que este guerrero interior fuera el guardián de todas esas partes de mí que lo necesitan?

¿No hay ocasiones (bufés libres y reuniones sociales) en que sólo la energía de un guerrero nos puede proteger de la mesa de los postres? ¿No hace falta la energía de un guerrero para terminar de escribir un libro cuando fuera hace un hermoso día de otoño? ¿No es *fiereza* la que se necesita cuando se tiene una idea para una nueva empresa y sólo uno puede hacerla realidad? Un guerrero sabría qué hacer cuando nos encontramos ante un gran ¿Y qué? ¿Y ahora qué?

Si había demostrado que podía ser un guerrero fiable para otra persona, entonces podía serlo para mí también. Como en esa ocasión, se necesitarían dos cosas. Para ser el guardián tuve que:

1. Aceptar la responsabilidad.
2. Estar ahí cuando me lo pidieran.

Ya no podía alegar que no tengo la fiereza capaz de protección activa. Si podía hacer eso por mí, me sentiría envuelta en seguridad. Sabría que estoy totalmente protegida y escoltada por alguien en quien puedo confiar. ¡Qué maravilloso!

Si no logras hacer las cosas, quiere decir que tu guerrero está durmiendo. Si estás en una relación abusiva, tu guerrero te ha abandonado. Si has comenzado la universidad y luego la has dejado, te falta tu guerrero.

Tu guerrero interior puede cuidar de la persona gorda interior que desea conservar el peso; puede defender su causa: protección, conexión, seguridad. A veces sólo la energía del guerrero logra hacerlo ocurrir.

Si un amigo te diera la responsabilidad de cuidar y vigilar a su perro ganador de premios, ¿la aceptarías? ¿Se puede contar contigo para cuidar bien de ese carísimo animal? ¿O le darías una basura de comida, le inyectarías productos de alcohol y tabaco y lo expondrías a ambientes insalubres? Si no cuidarías así de un perro, ¿por qué te haces eso a ti mismo?

La antigua declaración (oración) de los polinésicos, «Soy el guardián, soy el guerrero, soy el guardián de mis hijos», significa ser el guardián de nuestro imperio (ese reino situado entre nuestras orejas), y los «hijos» son las partes de nosotros que necesitan nuestro cuidado.

No hay ningún «enemigo interior», sólo hay hijos que necesitan un guardián.

Muchos de los que habéis leído esto os habéis encontrado en situaciones difíciles en vuestra vida... os han ocurrido cosas tristes, malas... Ojalá no os hubieran ocurrido cosas malas.

• • •

De niños no recibisteis todo el reconocimiento que os merecíais. Quiero dar reconocimiento a todos los niños creativos que oyeron: «¿Quién te crees que eres?».

A todos los niños gordos o de aspecto raro que sufrieron burlas o malos tratos: lamento muchísimo que os haya ocurrido eso. Deseo que todos los niños se puedan criar en hogares felices, seguros, no maltratados.

A todos los niños cuyos padres no estaban por ellos: te fallaron; no fue culpa tuya, ojalá no hubieras sido traicionado.

A todos los niños que se criaron solos: ojalá hubierais recibido más amor y más respeto. Os aplaudo, reconozco vuestros esfuerzos; cómo quisiera haber estado allí con vosotros.

Ojalá hubieras estado allí conmigo. Sé que habrías hecho un buen trabajo.

12/18 Ø